UNDERSTANDING OF HUMAN PSYCHOLOGY

인간심리의 이해

윤혜영 · 유민 · 장승옥 공저

정문각 JMK

머리말

『인간 심리의 이해』는 인간 행동과 정신 과정을 통합적으로 이해하고자 하는 이들을 위한 학제 간 입문서이다. 심리학의 이론적 기초에서부터 사회환경 속의 인간행동의 이해, 생물학적 기반에 이르기까지 폭넓은 내용을 아우를 수 있도록 내용을 구성하였다. 본서는 심리학, 사회복지학, 생물학을 전공한 연구자들이 각자의 전문성을 바탕으로 집필하였으며, 분야 간의 경계를 넘나들며 인간발달을 이해하려는 공동 작업의 성과이자 즐거운 지적 여정의 산물이다.

1부에서는 심리학의 과학적 성격과 연구 방법론을 비롯해, 인지 · 발달 · 학습 · 정서심리학의 핵심 이론들을 다룬다. 인간이 어떻게 배우고, 기억하며, 감정을 조절하고, 성장하는지를 설명하는 다양한 심리학적 틀은, 독자가 자신의 삶을 더 깊이 이해하는 데 실질적인 단서를 제공한다. 각 장에서는 '허위기억', '정서 조절', '애착의 중요성' 등 주목할 만한 주제를 함께 제시하여, 독자들이 일상의 문제를 심리학적으로 성찰할 수 있도록 구성하였다.

2부는 인간 정신의 생물학적 기반, 특히 뇌과학과 신경생물학의 최신 연구를 중심으로 인간 마음의 작동 원리를 설명한다. 뇌의 구조와 기능, 성차와 호르몬, 기억과 노화, 인공지능 시대의 자기 이해에 이르기까지 다루며, 생물학 전공 저자의 과학적 시각과 함께 심리학적 해석을 균형 있게 제시한다. 인공지능의 심리학적 한계, 신경경제학, 메타인지와 자기성찰 등은 오늘날의 기술사회 속 인간성에 대해 함께 사유할 기회를 제공한다.

3부는 사회적 맥락 속에서 실천적 도구로 삼을 수 있는 심리학적 관점을 탐색한다. 생애주기별 발달과제, 중독 문제, 차별의 심리, 그리고 존엄사와 같은 윤리적 쟁점은 단지 학술적 논의를 넘어, 오늘날 우리 사회가 직면한 쟁점에 대한 현실적인 의사결정에 도움이 되기를 바라는 마음이 담겨져 있다. 심리적 개념들이 어떻게 사회제도, 문화, 법과 연결되는지를 탐색하는 3부에서는, 특히 사회복지 전공자의 관점을 통해 사회환경 속 인간 행동에 대한 깊이 있는 통찰이 더해졌다.

『인간심리의 이해』는 각 장마다 학문적 개념과 동시대적 쟁점을 연결 지어, 독자가 지식 습득뿐 아니라 삶과 사회, 과학에 대한 비판적 성찰할 수 있도록 구성되었다. 전공이 다른 저자들이 함께 협업하며 서로의 시선을 교차시킨 본 작업은, 학문 간 융합이 인간 이해의 지평을 어떻게 넓힐 수 있는지를 보여주는 좋은 사례가 되리라 믿는다. 독자들 역시 이 책을 통해 다양한 시선으로 인간을 바라보고, 더 넓은 사고의 지도를 그릴 수 있기를 기대한다.

2025년 6월

저자 일동

차례

8장 성차와 인간행동 - 153

9장 뇌, 손상과 노화 - 163

제3부 사회 속에서 삶 이해하기 - 175

10장 생애주기별 발달과제 - 176

제 1 부

심리학으로 세상 이해하기

01

심리학이란 무엇인가?

1. 심리학의 정의 및 과학으로서의 위치

심리학(Psychology)은 고대 그리스어로 영혼이나 정신을 의미하는 'psyche'와 연구 또는 설명을 뜻하는 'logos'에서 유래되었다. "심리학이란 무엇인가?"라는 질문에 대한 가장 일반적인 대답은 "인간의 행동과 정신 과정을 연구하는 과학"이라고 할 수 있다. 의식, 지각, 기억과 같은 무형의 주제에 접근하기 위해 체계적인 관찰과 실험을 통해 현상을 설명하고 예측하는 지식을 만드는 과정이 바로 심리학의 본질이다.

Wundt과 실험실 동료들

연구에 사용된 실험 도구들

그림 1-1 Wilhelm Wundt와 심리학 실험실

근대 심리학의 아버지로 불리는 Wilhelm Wundt는 1879년 독일 라이프치히 대학에서 세계 최초의 심리학 실험실을 설립하며 심리학을 독립된 학문으로 정립하였다. 이는 심리학을 철학과 생리학의 일부로 간주하던 이전 시대와는 달리, 독립적이고 체계적인 연구 영역으로 발전하는 출발점이 되었다.

19세기 후반, Wundt의 작업은 심리학을 객관적이고 과학적인 방법론을 사용하는 독립된 학문으로 자리잡게 했다. 인간의 마음과 행동을 이해하기 위해 철학적 성찰에만 의존하던 과거와 달리, 데이터 수집과 실험을 통해 인간 행동과 정신 과정을 이해하는 새로운 패러다임을 제시한 것으로 평가된다. 실험적 접근을 강조한 Wundt의 영향은 20세기 심리학의 다양한 분야로 이어졌으며, 행동주의, 인지심리학, 정신분석학 등 여러 이론이 발전하는 데 중요한 토대를 제공하였다.

심리학은 비교적 젊은 학문이지만, 그 뿌리는 인류의 오래된 지적 전통에 깊이 박혀 있다. 이 학문은 철학, 생물학, 의학, 물리학 등 다양한 학문적 전통을 기반으로 성장하며 인간의 마음과 행동을 탐구하는 학제적 접근을 시도해 왔다. 앞서 언급한 바와 같이 독일의 Wundt는 철학과 물리학의 경계를 넘어 최초로 실험심리학을 창시하며 심리학을 과학적 연구로 자리잡게 했다. 반면, 미국의 William James는 철학적 관점에서 인간의 의식과 경험을 탐구하며 심리학의 실용적이고 경험적인 측면을 강조했다. 오스트리아의 Sigmund Freud는 의학적 배경을 바탕으로 심리학을 무의식의 세계로 확장시키며 정신분석이라는 새로운 영역을 열었다. 이와 동시에 러시아의 Ivan Pavlov는 생리학 실험을 통해 학습과 조건 반사의 개념을 정립하며 심리학의 행동주의적 접근을 강화했다. 또한, 스위스의 Jean Piaget는 생물학적 관점을 기반으로 아동의 인지 발달 과정을 체계적으로 연구하며 발달심리학의 초석을 다졌다. 이처럼 심리학은 단일한 전통에 머무르지 않고 다양한 학문적 배경과 융합하여 인간 행동과 마음의 복잡성을 해석하려는 노력의 산물이다.

정리하자면, 심리학은 철학적 성찰, 과학적 실험, 의학적 관찰, 생물학적 탐구가 어우러진 다차원적 학문이다. 이러한 다양성과 융합적 전통은 심리학이 지속적으로 발전하며 현대 사회의 다양한 문제를 해결할 수 있는 강력한 도구로 자리잡게 했다.

2. 심리학에 대한 오해

그러나 심리학은 일반 사람들에게 가장 쉽게 오해받기 쉬운 학문 중 하나이다. 첫 번째 오해는 심리학을 '마음 읽기'라고 생각하는 것이다. 많은 사람들이 심리학자가 다른 사람의 마음을 읽을 수 있다고 믿는 경향이 있다. 심리학자는 사람의 표정이나 행동만 보고 그들의 생각이나 감정을 정확히 알 수 있을 것이라는 오해이다. 사실 심리학은 사람의 행동과 정신 과정을 과학적으로 연구하는 학문이지, 개인의 마음을 직접 읽는 것이 아니다. 심리학자들은 관찰과 연구를 통해 일반적인 행동 패턴과 심리적 현상을 이해하려고 노력할 뿐이며, 초자연적인 능력으로 타인의 마음을 읽는 것은 불가능하다.

두 번째 오해는 심리학을 '단순 상담'이라고 생각하는 것이다. 심리학을 일반적인 대화나 상담과 동일시하여, 대화를 통해 사람들의 문제를 해결해 준다고 간주하는 것이다. 그러나 상담심리학은 심리학의 여러 하위 분야 중 하나일 뿐이다. 심리학에는 인지심리학, 학습심리학, 발달심리학, 임상심리학, 신경과학적 접근 등 다양한 분야가 존재한다. 상담 자체도 과학적으로 입증된 이론과 기술을 바탕으로 이루어지며, 사람의 감정이나 행동을 체계적으로 이해하려는 연구 결과에 기초하여 진행된다. 인지행동치료나 행동수정과 같은 검증된 치료 기법을 사용하여 상담이 진행되며, 상담의 과정이나 결과에 대한 자료를 과학적으로 측정하여 효과를 분석하게 된다.

세 번째 오해는 심리학을 '점성술과 같은 예측 도구'라고 생각하는 것이다. 점성술이나 MBTI, 혈액형과 같은 비과학적 도구가 인간의 성격을 분류하거나 미래를 예측한다고 믿는 것처럼, 심리학도 그러한 능력이 있다고 생각하는 것이다. 그러나 심리학의 주요 목적은 실험, 통계, 데이터 분석 등을 통해 검증된 이론과 원칙을 사용하여 현실을 파악하는 것이다. 심리학에서의 예측은 매우 신중하고 통제된 조건 하에서 이루어진다.

이러한 예들은 심리학이 점성술이나 단순 상담, 상식이나 예측과는 다른 과학적 학문임을 보여준다. 심리학은 과학적 방법을 통해 인간 행동을 체계적으로 연구하며, 그 과정에서 객관적인 데이터를 수집하고 이론을 검증한다.

3. 심리학의 다양한 영역들 : 기초부터 응용까지

심리학은 인간의 마음과 행동을 연구하는 학문으로, 기초 심리학과 응용 심리학으로 크게 나눌 수 있다. 기초 심리학은 심리학의 이론과 원리를 탐구하는 학문으로, 인간 행동의 보편적인 패턴에 대한 이론을 도출하는 데 중점을 둔다. 반면, 응용 심리학은 기초 심리학에서 밝혀진 행동 원리를 실제 문제 해결에 활용하는 분야이다. 미국 심리학회(American Psychological Association, APA)는 2025년 기준 54개의 분과(division)로 구성되어 있으며, 각각의 하위 분야는 인간 행동과 정신 과정을 다각도로 조명하고, 과학적 발견을 실생활에 적용하는 데 기여하고 있다.

기초 심리학(Basic Psychology)은 인지심리학(Cognitive Psychology, APA Division 3), 발달심리학(Developmental Psychology, APA Division 7), 사회심리학(Social Psychology, APA Division 8), 생리심리학(Physiological Psychology, APA Division 6), 심리측정학(Quantitative and Measurement Psychology, APA Division 5) 등으로 구성된다. 인지심리학은 기억의 구조와 작동 방식, 의사결정 과정 분석과 같은 인간의 사고, 기억, 문제 해결, 언어, 주의와 같은 정신 과정을 연구한다. 발달심리학은 아동기의 인지 발달이나 노화 과정, 기억력의 변화와 같이 유아기부터 노년기에 이르는 인간의 발달 과정을 연구한다. 사회심리학은 집단 의사결정, 편견, 설득 효과와 같이 개인이 다른 사람들과 상호작용하며 나타나는 행동과 태도를 연구한다. 생리심리학은 뇌, 신경계, 호르몬과 같은 생물학적 요소가 행동이나 정서에 미치는 영향을 연구한다. 심리측정학, 혹은 계량심리학은 성격검사나 신뢰로운지, 타당한지를 연구하는 등 심리학 연구에서 사용하는 통계적 방법과 심리 검사의 개발을 주로 다룬다.

응용 심리학(Applied Psychology)은 임상심리학(Clinical Psychology, APA Division 12), 상담심리학(Counseling Psychology, APA Division 17), 산업 및 조직심리학(Industrial-Organizational Psychology, APA Division 14), 교육심리학(Educational Psychology, APA Division 15), 건강심리학(Health Psychology, APA Division 38), 법심리학(Forensic Psychology, APA Division 41), 스포츠 심리학(Sport Psychology, APA Division 47), 환경심리학(Environmental Psychology, APA Division 34) 등으로 구성된다. 임상심리학은 불안장애, 우울증, 트라우마 치료와 같은 정신 건강 문제의 진단과 심리 평가, 치료를 주로 다룬다. 상담심리학은 직업 상담, 스트레스 관리, 인간관계 문제 해결과 같이 개인의 일상적 문제나 삶의 과도기에서 필요한 상담을 제공한다. 산업 및 조직심리학은 리더십 스타일 분석, 조직문화 개선과 같이 직장에서의 인간 행동을 연구하며 업무 효율성과 직무 만족도를 개선하는 연구를 진행한다. 교육심리학은 학습 동기, 교수법 설계와 같이 학습 과정과 교육 환경을 연구하며 효과적인 교육 방식을 개발한다. 건강심리학은 스트레스와 면역력, 건강 행동 변화 연구와 같이 건강 유지와 질병 예방에 영향을 미치는 심리적 요인의 역할을 탐구한다. 법심리학은 범죄자 프로파일링, 법정에서의 증언 신뢰성 평가와 같이 법적 문제와 관련된 심리학 지식을 다룬다. 스포츠 심리학은 경기 전 불안 감소, 목표 설정 전략과 같이 운동선수의 심리적 역량을 강화하고 팀 동기 부여를 연구한다. 환경심리학은 도시 설계가 스트레스와 웰빙에 미치는 영향과 같이 인간과 물리적 환경 간의 상호작용을 연구한다.

표 1-1 심리학의 다양한 분야들 (기초 및 응용)

기초

심리학자	심리학자가 하는 일
생물심리학자	두뇌와 마음 간의 관계를 탐구함
발달심리학자	출생에서부터 무덤에 이르기까지 변화하는 인간의 능력을 연구함
인지심리학자	지각하고 사고하며 문제를 해결하는 방법에 대해 실험적으로 접근하여 연구함
성격심리학자	인간의 지속적인 특질을 탐구함
사회심리학자	우리가 상대방을 어떻게 바라보며 영향을 주는지를 연구함

응용

심리학자	심리학자가 하는 일
임상심리학자	심리장애를 가진 사람들을 연구하고, 평가하며, 치료함
상담심리학자	학업, 직업, 그리고 결혼 등의 여러 문제들에 대처할 수 있도록 도와줌
교육심리학자	학교와 교육 장면에서의 개인들을 연구하고 도움
산업 및 조직심리학자	작업장면에서의 행동을 연구하고 조언을 함

이와 같이 심리학의 하위 영역은 단순히 독립된 분야로 작동하지 않으며, 종종 통합적인 접근을 통해 더 깊은 이해를 제공한다. 예를 들어, 건강심리학은 생리심리학, 상담심리학, 사회심리학의 지식을 함께 활용하며, 발달심리학은 교육심리학과 연계되어 아동의 학습 환경을 개선한다. 법심리학에서는 범죄자의 행동 분석이나 증언의 신뢰성을 연구하는 데 사회심리학의 이론과 연구 방법을 활용하기도 하며, 도시 환경에서의 녹지 공간 증가가 스트레스를 줄이고 정신 건강을 증진하는지 연구할 때 환경심리학과 건강심리학을 함께 활용할 수도 있다. 심리학의 통합적 접근은 인간 행동의 복잡성을 깊이 이해하고, 이를 바탕으로 보다 효과적이고 실용적인 개입 전략을 마련하는 데 필수적이다. 이러한 융합은 심리학이 단일 학문을 넘어선 다학문적 도구로 기능하도록 만든다.

4. 왜 우리는 잘못된 판단을 내리는가?

최근의 기사나 SNS를 통해 접했던 정보를 고려하여 '청소년의 흉악범죄는 매년 증가하고 있는가?'에 대해 답해 보자. 이 질문에 대해 과학적 자료를 토대로 답하지 않고 자신의 직관에 의존하면 쉽게 잘못된 판단을 내릴 수 있다. 이는 다음과 같은 심리적 요인들로 인해 발생한다.

후견편향(hindsight bias). 범죄 사건이 발생한 후, 사람들은 "그럴 줄 알았다"며 과거의 사건들을 자신이 예측할 수 있었던 것처럼 생각한다. 이를 통해 청소년 흉악범죄가 증가하고 있다는 결론에 이르기 쉽다. 그러나 이는 실제로 데이터를 분석하거나 사건의 전후 맥락을 고려하지 않은 왜곡된 판단이다.

과신(overconfidence). 자신의 경험이나 주변에서 접한 사례만을 근거로 '청소년 범죄가 확실히 늘고 있다'고 단정짓는 경향이 있다. 이 과신은 통계적 근거를 무시한 채 직관을 사실로 받아들이도록 만든다.

무작위 사건에서 질서를 지각하려는 경향성(tendency to perceive order in random events). 사람들이 뉴스를 통해 접하는 몇몇 흉악 사건들은 무작위로 발생한 개별 사건일 가능성이 크다. 그러나 인간은 이러한 사건들 속에서 패턴을 찾으려 하며, '청소년 흉악범죄가 전반적으로 증가하고 있다'는 잘못된 결론에 도달할 수 있다.

이처럼 직관은 우리가 실제 데이터를 고려하지 않고 특정한 결론을 내리도록 오도할 수 있으므로, 현실을 분석하기 위해서는 과학적인 탐구를 할 수 있는 능력이 필요하다. 과학적 탐구는 체계적이고 객관적인 방법을 통해 데이터를 수집하고 분석함으로써 현실을 올바르게 이해하도록 돕는다. 예를 들어, 청소년 흉악범죄의 증감 여부를 정확히 파악하려면, 범죄 통계를 장기간에 걸쳐 분석하고, 인구 대비 범죄율이나 사회적 요인 등의 맥락을 고려해야 한다.

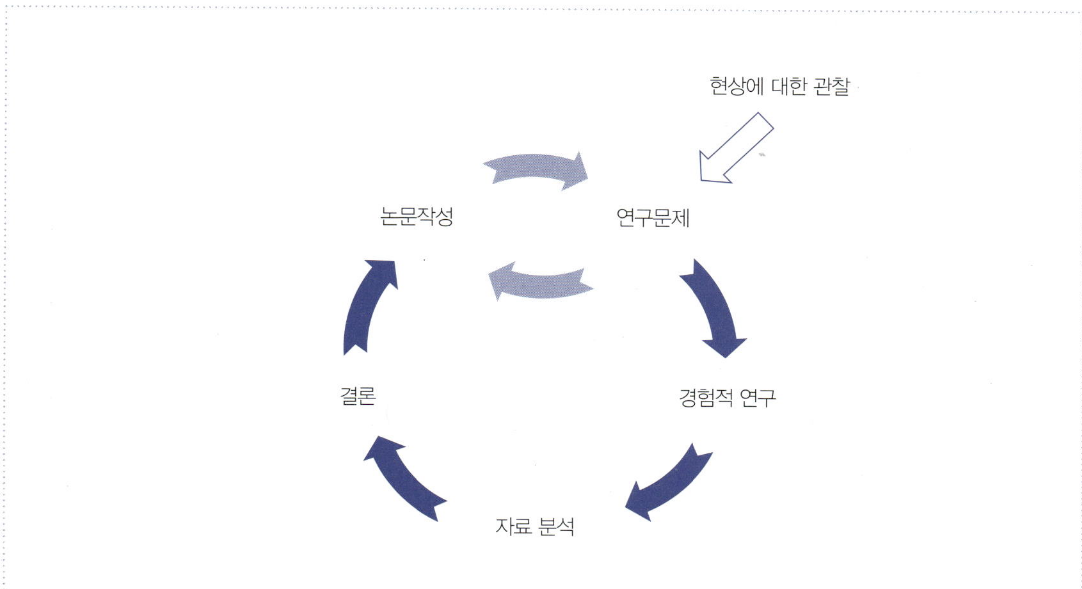

그림 1-2 심리학적 연구과정

이 과정에서 과학적 방법론은 다음과 같은 역할을 한다.

① 관찰과 데이터 수집. 청소년 범죄와 관련된 공신력 있는 자료를 체계적으로 수집한다.

② 가설 검증. '청소년 흉악범죄가 증가하고 있다'는 가설을 통계적 분석을 통해 검증한다.

③ 객관적 결론 도출. 데이터를 기반으로 청소년 흉악범죄의 실제 경향성을 확인하며, 감정적 반응이나 직관이 아닌 객관적 결론을 도출한다.

따라서 과학적 탐구는 직관과 착각에 의존하지 않고 현실을 명확히 이해하는 데 필수적인 도구로 작용한다. 이를 통해 잘못된 판단을 교정하고, 사실에 기반한 논의를 가능하게 한다.

5. 심리학 연구방법

현실을 관찰해서 이 현실을 제대로 설명할 수 있는 이론을 만들어 내거나 혹은 기존의 이론들을 확장하여 새로운 가설을 도출하고 이를 다시 현실에 적용하는 것, 이를 통해 기존의 이론들이 실제로 확정되거나 수정되는 것이 바로 심리학에서의 연구라고 생각해 볼 수 있을 것이다. 현실을 살아가는 과정에서 자신이 개발한 우울증상 치료 프로그램이 효과가 있을까 혹은 인스타그램이나 페이스북과 같은 SNS를 많이 사용하는 것이 실제로 청소년의 정신건강을 더 악화시킬 것인가, 나이가 들수록 지혜로와 지는가와 같은 의문점이 발생한다면, 심리학자들은 이를 검증하기 위해 연구를 진행하게 된다. 일상적인 의문에 대해 과학적으로 대답할 수 있으려면 심리학적인 연구가 필요하다. 이러한 의문에 답하기 위해, 검증 가능한 방식으로 연구문제를 설정하고, 이를 확인하기 위해 경험적인 연구를 수행하며, 실질적인 자료를 수집하고, 수집된 자료를 바탕으로 적절한 분석 방식을 통해 해당하는 연구 문제에 대한 결론을 내리게 된다. 이러한 결론을 바탕으로 다른 사람들과 의사소통할 수 있도록 연구 결과를 발표하게 되고 이러한 연구 결과가 축적되어 이론이 확립되게 된다. 특정한 학문이 과학인가 아닌가로 접근하는 것이 아니라, 실제로 자신이 관찰 가능한 특정한 현실에 의문을 제기하고, 그 관찰 가능한 현실에서 과학적인 방법론을 사용해서 자신이 궁금해하는 것들에 대한 답을 찾아는 과정, 자신이 도출한 결론을 타인들과 의미있게 소통하는 과정이 과학을 만들어 내는 것이라 할 수 있다.

심리학 연구는 인간의 행동과 정신 과정을 이해하고 설명하기 위해 다양한 연구 방법을 활용한다. 각 연구 방법은 고유한 강점과 한계를 지니고 있어, 특정 연구 질문에 적합한 방법을 선택하는 것이 중요하다. 우선, 관찰법으로 자연스러운 행동을 기록하며 연구의 기초를 다지고, 역학 연구를 통해 대규모 데이터를 활용한 경향 분석을 살핀다. 이어서, 상관법으로 변수 간 관계를 탐구하고, 횡단연구와 종단연구를 통해 특정 시점의 차이와 시간의 흐름에 따른 변화를 분석한다. 또한, 실험법을 통해 인과관계를 명확히 하고, 사례 연구를 통해 개별 사례를 심층적으로 파악한다. 마지막으로, 정성적 접근과 정량적 접근을 결합한 혼합설계를 통해 다양한 관점에서 문제를 조명한다. 심리학 연구에 다각적인 방법이 필요한 이유는 인간의 행동과 심리 현상이 복잡하고 다차원적이기 때문이다. 단일한 방법론만으로는 문제를 완전히 이해하거나 해결하기 어렵다. 따라서 여러 연구 방법을 활용함으로써 보다 종합적이고 신뢰할 수 있는 결론에 도달할 수 있다.

1) 관찰연구

관찰법은 자연적인 환경에서 대상자의 행동을 관찰하고 기록하는 방법으로, 연구자가 개입하지 않고 자연스러운 행동을 관찰할 수 있다는 장점이 있다.

① 자연관찰

실제로 내가 관찰하려고 하는 것들이 우연 수준에서 관찰되지 않는 경우들이 너무나 많아서 그래서 자연상태의 관찰에서는 내가 얻고자 하는 변인들의 관계성이나 인과성을 찾아내기 어렵다는 단점이 존재한다. 놀이터에서 나타나는 5세 아동의 폭력적 행동을 관찰하고자 할 때에도 그 날의 날씨나 아동의 기분, 함께 노는 친구의 성향에 따라 관찰하고자

그림 1-3 Ainsworth의 낯선 상황 관찰연구

하는 행동이 나타나지 않을 수 있다. 뿐만 아니라 관찰자 혹은 카메라가 존재한다는 사실로 인해, 자신의 행동이 관찰되고 있음을 인식하는 순간 자연스러운 행동이 나타나기 어렵다는 한계도 존재한다. 자연관찰은 연구의 아이디어를 설정하는 초기 단계에서 유용한 연구방법이며, 실생활에서의 자연스러운 행동을 관찰할 수 있다는 장점이 있지만 관찰된 행동을 해석하는 과정에서 연구자의 주관이 개입될 가능성이 높다는 점, 관찰된 행동만으로 인과관계를 규명하기 어렵다는 점이 단점으로 지적된다.

② 통제된 관찰

자연 상태의 관찰과는 달리 통제된 관찰은 관찰자가 관찰하고자 하는 맥락을 구조화하여, 연구자가 관찰하려는 행동을 짧은 시간 안에 다양하고 다채롭게 나타나게 조작하는 방법이다. 통제된 관찰을 적용한 가장 대표적인 연구자 Mary Ainsworth(1979)의 '낯선 상황' 실험이다.

낯선 상황 실험에서의 경우, 부모와 아이가 함께 있는 곳에 낯선 사람이 입장한 후, 그 상황에서 부모가 떠났을 때의 아동 반응, 다시 부모가 돌아왔을 때의 아동 반응을 차례로 관찰하면서 아동의 애착 유형을 평가하게 된다. 부모가 갑자기 방에 나갔을 때 아이가 어떻게 반응하는지, 낯선 사람과 둘만 남겨졌을 때 얼마나 불안해 보이는지, 양육자와 재결합할 때 아이가 어떤 행동을 보이는지에 대해 구체적으로 시나리오와 자극 환경을 설정하고, 해당 맥락의 행동을 관찰함으로서 연구자의 가설을 검증할 수 있다.

2) 역학연구

역학연구는 특정 집단에서 행동 특성이나 질병의 분포를 조사하여 위험 요인과 보호 요인을 파악하는 데 사용된다. 대규모 데이터를 기반으로 우울증과 경제적 상태의 관계를 조사하거나, 지역별 스트레스와 불안 수준을 비교할 수 있다. 심리학 연구에서 가장 많이 이용되는 역학연구는 특정한 모집단에서 어떤 질환이 특정 기간 동안 얼마나 발생하고 있느냐, 얼마나 많이 발생하고 있느냐, 어떤 방식으로 퍼지고 있느냐와 같은 것들을 탐구하는 것이다. 특정한 설문지에 자기 보고식으로 응답하거나 전문적으로 훈련받은 임상가들의 인터뷰를 통해 다양한 질환의 존재 유무를 파악할 뿐만 아니라, 성별이나 경제 수준, 결혼여부와 같이 특정 질환의 발현을 더 많이 예측하는 위험요인들을 파악할 수 있다. 지역사회 인구, 혹은 우리 나라 성인과 같이 대규모 데이터로 신뢰도 있는 경향을 분석할 수 있다는 장점이 있으나, 인과 관계를 입증하기 어렵고, 외부 변수를 통제하기 어렵다는 한

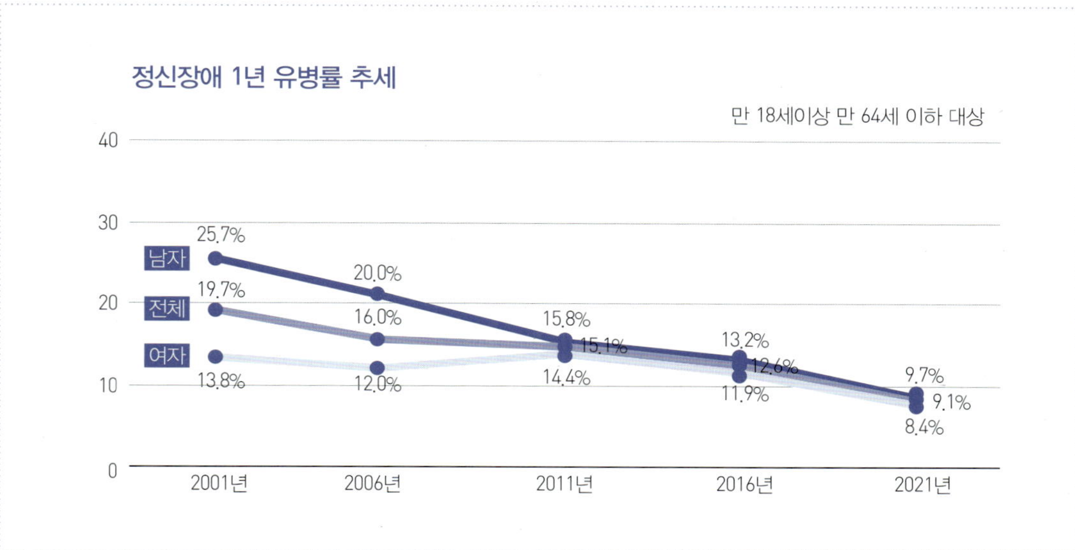

그림 1-4 정신질환 1년 유병율 추세(보건복지부, 2023)

계가 존재한다.

3) 상관연구

상관연구는 두 변수 간의 관계를 분석하는 방법으로, 수면 시간과 학업 성취도의 상관관계를 파악하거나 스트레스 수준과 신체 건강 상태 간의 연관성을 탐구할 때 유용하다. 독립변수인 X의 변화량에 따라 종속변수로 설정한 Y값이 얼마나 변화하는지를 보여주는 상관계수를 통해 두 변수 관계의 방향과 관계의 강도를 확인할 수 있다. 변수의 관계를 살펴보기 위해 가장 용이하게 사용할 수 있는 연구방법이지만, 두 변수의 관계가 반드시 인과적 관계로 설명하기 어렵다는 단점이 존재한다.

심리학에서 상관연구를 진행할 때 제3변인을 통제하지 않으면 상관관계가 왜곡될 가능성이 크다. 제3변인은 두 변수 간의 상관관계를 허위로 보이게 하거나, 실제 관계를 숨기게 만드는 요인이다. 예를 들어, 아이스크림 판매량과 익사 사고 건수 간에 정적 상관관계가 있다고 가정할 때, 제3변인인 '여름철 기온'을 통제하지 않으면, 아이스크림 판매량이 익사 사고를 직접적으로 증가시키는 것처럼 잘못된 결론에 이를 수 있다. 사실 두 변수 모두 높은 기온이라는 공통 요인에 의해 영향을 받는 것이다. 따라서 상관연구를 설계할 때, 제3변인의 영향을 고려해야 한다. 자료를 수집한 후 다중회귀분석이나 공분산 분석(ANCOVA)과 같은 방법을 활용하면 제3변인의 효과를 통제할 수도 있고, 연구 설계 단계에서

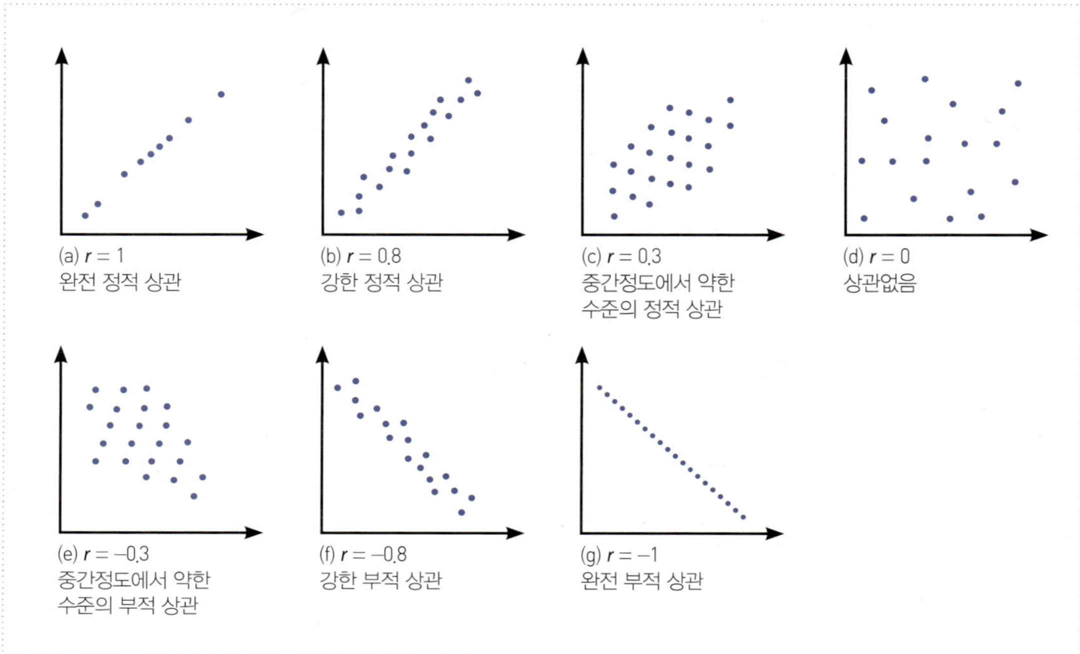

그림 1-5 다양한 상관계수

연구 집단을 무작위로 배정하거나, 제3변인이 일정하도록 통제된 환경에서 자료를 수집하는 것도 이러한 문제를 해결할 수 있는 방법이라 할 수 있다.

4) 실험연구

심리학 연구에서 변수 간의 관계에서 원인과 결과를 명확히 구분할 수 있는 방법론을 제공하기 때문에 변수간 관계를 인과적으로 파악할 수 있는 가장 좋은 방법은 실험연구이다. 상관연구에서 두 변수 사이에 의미있는 관계가 나타난다 하더라도, 그 관계가 우연에 의한 것인지, 제3변인 때문인지, 또는 두 변수 중 무엇이 원인인지 알기 어렵다. 그러나 실험연구는 독립변수를 조작하고, 종속변수를 측정하며, 외부 변수들을 통제하여 인과관계를 명확히 분석하기 때문에 연구자가 한 변수가 다른 변수에 직접적으로 영향을 미친다는 결론을 도출할 수 있다.

예를 들어, 상관연구는 폭력적 비디오게임 시청과 공격적 행동 간의 관계를 탐구하는 데 유용하지만, 인과관계를 명확히 규명할 수는 없다. 반면, 실험연구는 독립변수를 조작하고 외부 변수를 통제하여 폭력적 비디오게임이 공격적 행동을 유발한다는 인과관계를 도출할 수 있다. 이러한 이유로, 인과관계를 확인하려면 실험연구가 더 적합한 방법이다. 그렇지만 이러한 실험 연구 역시, 연구자가 인위적으로 조작한 실험실 환경에서 도출된 결과를, 복잡한 현실 세계에서 그대로 적용하는 것이 가능한지에 대한 생태학적 타당도의 문제가 존재한다.

심리학적 실험 연구에서 실험집단(experimental group), 통제집단(control group), 그리고 무선할당(random assignment)은 연구의 신뢰성과 타당성을 높이는 핵심 요소라 할 수 있다. 이들은 실험의 결과가 실제로 독립변수의 영향 때문인지, 아니면 다른 외부 요인에 의한 것인지를 구별하는 데 중요한 역할을 한다. 실험집단은 연구자가 독립변수를 조작하여 그 효과를 관찰하고 측정하는 참가자 그룹으로, 이 집단은 연구자가 가설을 검증하기 위해 설정한 특정 처치(treatment)나 자극(stimulus)을 제공받는다. “SNS 사용이 우울감을 야기하는가”라는 연구 질문에 답하기 위해 Allcott(2019)가 실시한 연구에서 페이스북 계정을 한 달간 차단하는 집단에 할당된 참가자들이 실험집단이 된다. 통제집단은 실험집단과 동일한 조건에 놓여 있지만, 독립변수의 조작을 받지 않는 그룹으로, 자연적인 변화나 외부 요인의 영향을 비교할 기준선을 제공하게 된다. 통제집단과의 비교를 통해 연구자는 독립변수가 종속변수에 미치는 영향을 객관적으로 평가할 수 있다. 알코트의 연구에서는 페이스북 계정을 차단하지 않은 채 자유롭게 이용하는 집단에 할당된 참가자들이 통제집단이 된다. 참가자들이 통제집단에 속할지 실험집단에 속할지를 결정할 때, 무작위로 배정하는 과정을 무선할당이라 한다. 이를 통해 각 집단 간의 나이, 성별, 성격 특성, 기질과 환경 등과 같은 사전 차이를 최소화하여, 독립변수 외의 다른 요인이 결과에 영향을 미치는 것

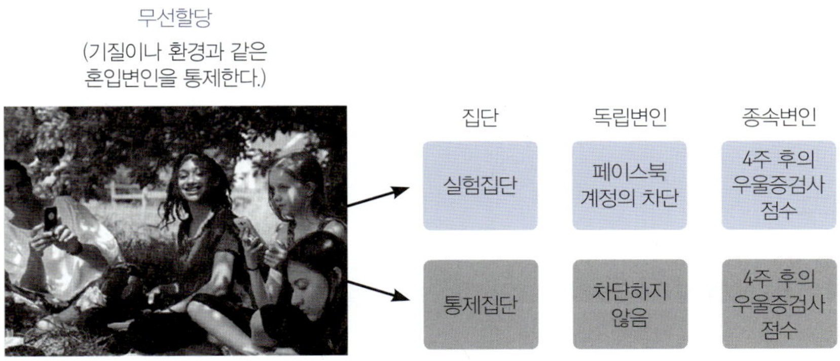

그림 1-6 실험법 연구설계

실험법 : 인과관계를 분별해내기 위해서 심리학자들은 참가자들을 실험집단과 통제집단에 무선할당한다. 종속변인(우울검사 점수)의 측정이 독립변인(소셜 미디어에의 노출)의 효과를 결정한다.

box 1 상관연구와 실험연구의 비교

'폭력적 비디오게임 시청이 공격적 행동을 만드는가?'라는 질문에 대답하기 위해 어떤 연구 방법을 설정할 수 있을까? Anderson과 Dill(2000)은 이 문제에 답하기 위해서 폭력적 비디오게임 시청과 공격적 행동 간의 상관관계를 실시하였다. 설문조사를 통해 참여자들의 게임 습관과 행동 특성을 수집했으며, 폭력적인 게임을 즐기는 시간이 많을수록 공격적 행동 성향이 높게 나타났음을 발견했다. 하지만, 연구는 제3변인(예: 가정 환경, 성격, 또래의 영향)을 통제하지 못했다는 한계가 있었다. 실제로 평상시에 공격적인 행동을 많이하는 아이들이 폭력적인 비디오게임을 더 선호했을 가능성과 같이 원인과 결과를 뒤집어 해석할 수도 있다.

따라서 폭력적 게임에 노출되는 것이 원인, 공격적 행동을 하는 것이 결과가 되려면 실험 연구를 진행하는 것이 더 타당하다. Anderson과 Bushman(2001)은 연구 참가자들을 두 집단으로 무작위로 배정한 후, 실험집단에게는 폭력적인 비디오게임(예: 사격 게임)을 시청하게 하고, 통제집단에게는 비폭력적인 비디오게임(예: 퍼즐 게임)을 시청하게 하였다. 이후 게임 시청 후 공격성을 측정하는 과제를 제공하여 공격성을 측정할 수 있는 행동 관찰을 실시하거나 자기보고 설문을 통해 비디오 시청 전후 공격성 수준의 변화를 측정한다면, 독립변인이 종속변인에 미치는 영향을 보다 효과적으로 검증할 수 있을 것이다. 실제로 실험연구는 독립변수(폭력적 비디오게임 시청)를 조작하고 나머지 조건을 동일하게 통제하기 때문에, 공격적 행동의 변화가 게임의 폭력성 때문임을 명확히 확인할 수 있었다.

을 방지하게 된다. 무선할당은 내적 타당성을 높이는 데 필수적이며, 인과관계를 명확히 규명하는 데 중요한 역할을 한다. 이러한 실험 설계 요소들은 심리학 연구에서 인과관계를 밝히는 데 필수적이며, 특히, 무선할당은 참가자의 개인적 특성이나 외부 변수의 영향을 통제하여, 결과가 독립변수의 조작에 의한 것임을 확신하게 만든다. 이러한 연구 설계는 심리학이 과학적 연구 방법론을 활용하여 객관적이고 신뢰할 수 있는 지식을 생산하는 학문임을 보여주는 중요한 근거가 된다.

5) 횡단연구

횡단연구는 한 시점에서 다양한 연령대나 집단을 조사하여 특정 시점의 차이를 비교하는 연구 방법으로, 이를 통해 연령에 따른 기억력 차이를 분석하거나, 학습 동기와 학업 성과 간의 관계를 비교할 수 있다. 연구 진행이 빠르고 비용이 저렴하며, 특정 시점에서 집단 간의 차이를 명확히 비교할 수 있다는 장점이 있지만, 시간에 따른 변화를 파악할 수 없으며, 연령 차이를 세대 차이로 잘못 해석할 가능성이 있다. 연령에 따른 기억력 차이를 분석하기 위해 청소년, 성인, 노인 집단의 기억력 검사를 한 시점에서 비교한다.

횡단연구에서 가장 중요하게 고려해야 할 사항은 코호트 효과(cohot effect)이다. 코호트 효과는 특정 세대(코호트)가 그들만의 고유한 사회적, 문화적, 역사적 경험에 의해 영향을 받는 현상을 의미한다. 특정 시점에서 다양한 연령대 간의 차이를 비교하는 횡단연구는 코호트 효과를 통제하기 어렵기 때문에 세대 간의 차이를 아동기의 발달적 변화로 착각하여 연구 결과를 잘못 해석할 가능성이 있다. 예를 들어, 1990년대 세대와 2010년대 세대의 공격성을 비교할 때, 세대 간 경험 차이를 배제하지 못했다는 문제점이 있기 때문이다. 동일한 코호트 집단을 장기간 추적하여 시간의 흐름에 따른 변화를 관찰함으로써 코호트 효과를 최소화할 수 있다.

6) 종단연구

종단연구는 동일한 집단을 장기간 추적하며 시간에 따른 변화를 관찰하는 연구이다. 시간의 흐름에 따른 변화와 원인-결과 관계를 명확히 분석할 수 있다는 장점이 있지만, 한 사례를 오랜 시간 추적, 관찰해야 한다는 측면에서 비용과 시간이 많이 들며, 연구 참여자 탈락률이 높아 결과의 신뢰도가 낮아질 위험이 있다는 단점이 존재한다.

만약 '아동기의 공격성 수준이 성인기의 사회적 행동에 미치는 영향'에 대한 연구문제에 답하고 싶을 때, 연구자가 횡단연구를 진행하고자 한다면, 다양한 연령대(예: 초등학생, 중학생, 고등학생, 성인)의 공격성 수준과 사회적 행동(친사회적 행동, 반사회적 행동)을 한 시점에서 조사한 후, 연령대가 높아질수록 공격성 수준이 낮아지고 친사회적 행동이

표 1-2 횡단연구와 종단연구

출생연대	나이				
1990	65	70 b	75	80	85
1995	60	65	70	75	80
2000	55	60	65	70	75
2005	50	55	60	65	70
2010 a	45	50	55	60	65
2015	40	45	50	55	60
2020	35	40	45	50	55
2025	30	35	40	45	50
측정시기	2055	2030	2035	2040	2045

box 2 코호트 효과를 고려하지 않는다면?

아동기 공격성과 사회성의 발달적 변화를 논의할 때, 코호트 효과를 고려하지 않으면 세대 간 차이를 발달적 변화로 잘못 해석할 위험이 있다. 2020년대에 1990년대에 태어난 세대(코호트)와 2010년대에 태어난 세대를 비교하여 아동기의 공격성과 사회성 발달을 연구한다고 가정했을 때, 우리는 30대와 10대의 공격성과 사회성 수준에 대한 자료를 얻게 된다. 집단간 공격성, 사회성 수준을 비교한 결과 1990년대 세대가 2010년대 세대보다 더 높은 공격성 수준을 보이고, 사회성 발달은 더 낮은 수준이었고, 이러한 결과를 '공격성이 시간이 지남에 따라 감소하고 사회성이 증가한다'고 잘못 결론지을 가능성이 있다.

1990년대에 출생한 세대는 폭력적인 TV 프로그램과 오프라인 놀이 환경에 더 많이 노출된 반면, 2010년대에 출생한 세대는 디지털 미디어(스마트폰, 게임 등)와 온라인 상호작용 환경에서 성장하였다. 따라서 1990년대 코호트와 2010년대 코호트를 각각 종단적으로 추적하여 공격성과 사회성의 변화를 비교하는 방식으로 여러 세대를 각각 독립적으로 추적 관찰한다면 코호트 효과와 발달적 변화를 동시에 분석할 수 있다.

증가하는지 분석할 수 없다.

실제로 연령의 증가가 공격성의 감소나 친사회적 행동의 증가에 영향을 미치는지, 인과적 설명을 하고 싶다면 유아기에서 성인기까지 동일한 개인 집단을 추적하며 각 시점에서 공격성 수준과 사회적 행동을 측정하는 종단적 연구를 실시해 볼 수 있다. 다양한 아동의 추적 관찰을 통해서 유아기 공격성이 높은 개인이 성인기에도 반사회적 행동을 보이는 경향이 발견된다면, 아동기의 공격성 수준이 성인기의 행동을 예측할 수 있다고 결론지을 수 있다. 실제로 뉴질랜드에서 진행된 듀네인 다학제 건강 및 발달 연구(Dunedin Multidisciplinary Health and Development Study)는 동일한 개인들을 수십 년간 추적하여 아동기의 행동 특성이 성인기의 삶의 결과(범죄 행동, 직업 성공 등)에 영향을 미친다는 것을 입증하였다.

즉, 횡단연구는 연구가 빠르고 간단하며 연령대별 차이를 이해하는 데 유용하지만, 세대 차이와 발달 변화의 영향을 구분하기 어렵다. 반면, 종단연구는 시간의 흐름에 따른 변화를 명확히 관찰하고 원인-결과 관계를 분석할 수 있지만, 비용과 시간이 많이 들며 탈락률 관리가 어렵다. 연구 목적과 자원에 따라 적합한 방법을 선택하는 것이 중요하다.

7) 사례연구

사례연구는 특정 개인이나 집단을 심층적으로 연구하는 방법이다. 트라우마를 겪은 환자의 회복 과정을 분석하거나, 서번트 증후군과 같은 극단적인 기억 능력을 가진 사람의 심리적 특징을 연구할 수 있다. Freud가 히스테리아, 전이, 공포증 등을 개념화할 때 Anna O 사례나 Dora, Little Hans 사례를 이용한 것과 같이 한 사람에 대한 깊이 있는 이해를 통해 구조화된 심리학적 개념을 도출할 수 있다. 이러한 연구방법은 희귀하거나 독특한 현상에 대한 깊은 이해가 가능하다는 장점이 있으나, 일반화가 어렵고 연구자의 주관적 해석 가능성 있다는 문제점이 존재한다.

8) 혼합설계

마지막으로, 혼합설계는 정성적 연구와 정량적 연구를 결합하여 데이터를 분석하거나 상관연구와 실험연구를 결합하여 현상을 분석하는 연구방법이다. 예를 들어, 학교 폭력의 원인을 설문조사와 인터뷰를 통해 분석하거나, 심리 치료의 효과를 실험적으로 분석할 때 조절변인을 함께 고려하여 연구를 진행할 수 있다.

특정 모집단을 대상으로 각기 다른 치료적 개입 실시하여 치료의 효과를 비교하는 연구를 진행한다고 했을 때, 특정 모집단에서 무선적으로 추출한 집단을 서로 다른 실험 집단들에 할당하고 치료적 변화를 측정하는 것은 실험연구이다. 그렇지만 '치료 효과가 장애의 심각한 정도(분류변인-심각, 덜 심각)에 따라 달라지는가?'와 같은 연구 문제를 설정했을 때, 장애의 심각도는 특정한 실험적 조작이 가해지지 않은 분류변인이 되며, 심각도의 정도와 향상 수준을 함께 고려하는 상관연구의 성격을 띠게 된다. 즉, 세 가지 형태의 치료라는 실험적 조작에 따라 치료적 향상을 단순비교 했을 때에는 그림 1-7의 a에 제시된 바와 같이 치료 3이 가장 효과적인 치료라 할 수 있을 것이다. 그러나 그림 1-7 b와 같이 '증상 심각도'라는 조절변인을 포함시켜 연구 결과를 비교해 보았을 때, 치료 1은 증상이 덜 심각한 사람들에게 가장 효과적인 치료법이며, 치료 2는 증상이 심각한 사람들에게 가장 효과적인 치료법이라는 사실을 알 수 있게 된다. 치료 3은 좋은 치료의 선택지라고 할 수 있지만, 심각도를 구분하지 않았을 경우에만 그러하다라고 결론내릴 수 있을 것이다. 이와 같이 성별, 연령, 사회적 지지 수준과 같이 적절한 분류변인을 추가한다면 특정 대상에게 더욱 적합한 치료를 구분할 수 있게 된다.

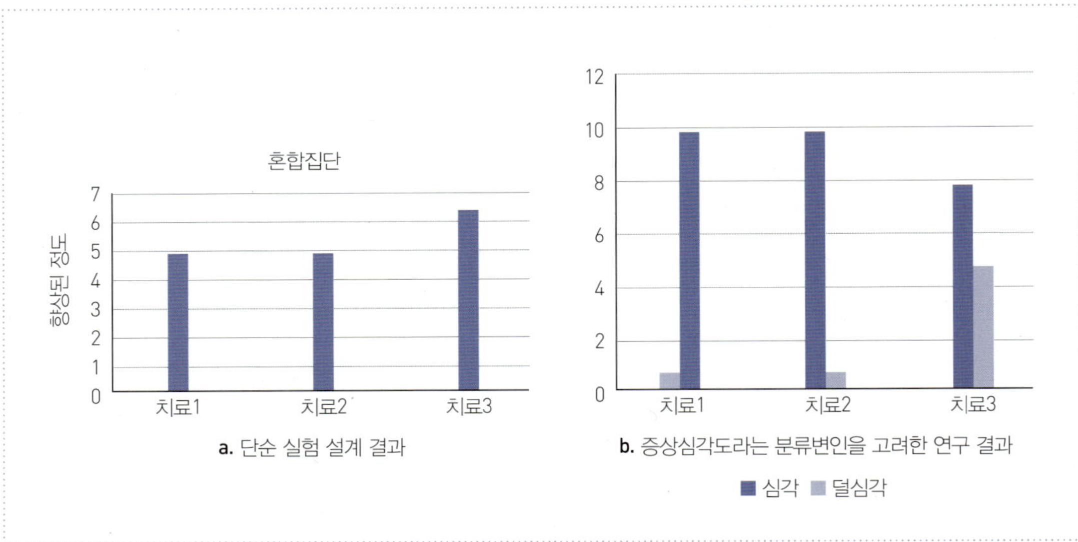

그림 1-7 혼합설계 예시

조절변인(장애의 심각도)이 포함되지 않은 결과와 포함된 결과를 구분하여 해석해야 한다.

6. 심리학 연구에 필요한 윤리적 지침

심리학은 인간과 동물의 행동, 사고, 감정을 과학적으로 탐구하는 학문으로서, 실험과 관찰을 통해 객관적인 데이터를 수집하고 이를 바탕으로 이론을 발전시켜 나간다. 그러나 이러한 연구 과정에서 연구 대상이 되는 인간과 동물은 고유한 생명과 권리를 가진 존재이기 때문에, 연구의 모든 단계에서 윤리적 고려가 필수적이다. 연구윤리는 단순히 법적 요구 사항을 넘어서, 심리학자가 책임 있는 태도로 연구를 수행하고 연구 대상자의 권리와 복지를 보호하기 위해 반드시 필요하다.

심리학 연구에서 윤리적 지침은 단순한 규칙이 아니라, 연구자가 대상자의 권리와 복지를 보호하고 과학적 신뢰성을 유지하기 위해 반드시 지켜야 하는 기본 원칙이다. 동물과 인간을 대상으로 하는 연구 모두에서 연구의 필요성과 정당성을 검토하고, 가능한 한 고통과 위험을 최소화하는 노력이 필요하다. 또한, 연구자의 가치관과 편향이 연구 결과에 미칠 수 있는 영향을 인식하고, 이를 최소화하는 방법을 적극적으로 활용해야 한다. 이러한 윤리적 고려는 심리학 연구가 인간과 사회에 긍정적인 영향을 미치는 데 필수적인 요소이다. 결국, 심리학 연구는 과학적 탐구와 윤리적 책임이 결합된 학문임을 인식하고, 연구 과정 전반에서 윤리적 기준을 준수하는 것이 중요하다. 이는 학문적 신뢰성을 유지할 뿐만 아니라, 심리학이 사회적, 윤리적 책임을 다하는 학문으로 자리매김하는

데 기여할 것이다.

1) 심리학자가 동물을 연구하는 이유

심리학자는 동물 연구를 통해 인간 행동의 근본적인 메커니즘을 이해하고자 한다. 동물은 인간과 유사한 신경생리학적 구조와 행동 패턴을 공유하기 때문에, 동물 연구는 인간 심리의 기본 원리를 탐구하는 데 유용하다. 예를 들어, Pavlov의 조건반사 연구나 Skinner의 조작적 조건형성이론은 동물 실험을 통해 개발되었으며, 이는 인간 학습 이론에 중요한 기여를 하였다. 또한, 동물 연구는 윤리적 이유로 인간에게 직접 적용하기 어려운 실험을 가능하게 하여, 새로운 치료법이나 약물의 효과를 사전에 검증하는 데에도 중요한 역할을 한다.

동물 연구는 신경과학, 행동과학, 약리학 등 다양한 분야에서 인간의 정신 건강 문제를 이해하고 치료법을 개발하는 데 기여한다. 예를 들어, 동물 모델을 통해 스트레스 반응, 중독 행동, 신경 발달 장애 등의 메커니즘을 탐구할 수 있으며, 이는 인간 심리학 연구에 중요한 기반이 된다. 이러한 연구는 새로운 심리 치료 기법이나 약물 개발에도 필수적이다.

그러나 동물 연구는 동물의 생명과 복지를 침해할 수 있는 잠재적 위험을 동반하기 때문에, 연구자는 반드시 엄격한 윤리적 기준을 따라야 한다. 동물 실험의 필요성을 명확히 하고, 가능한 한 고통을 최소화하는 방법을 선택해야 한다. 이를 위해 3R 원칙(replacement, reduction, refinement)이 강조된다. 즉, 동물 실험을 다른 방법으로 대체할 수 있는지(replacement), 필요한 최소한의 동물만 사용할 수 있는지(reduction), 동물의 고통과 스트레스를 줄일 수 있는 방법이 있는지(refinement)를 고려해야 한다.

2) 인간 연구 참가자를 보호하는 윤리적 지침

인간을 대상으로 하는 심리학 연구에서는 더욱 엄격한 윤리적 기준이 요구된다. 연구자는 참가자의 자율성과 권리를 최우선으로 존중해야 하며, 이를 위해 자발적 동의(informed consent) 절차를 철저히 준수해야 한다. 자발적 동의란 연구의 목적, 절차, 예상되는 위험과 이익, 그리고 참가자가 언제든지 연구를 중단할 수 있는 권리가 있다는 정보를 충분히 제공받고, 이를 이해한 후 자발적으로 연구에 참여하는 것을 의미한다.

또한, 연구자는 참가자의 익명성과 비밀 유지(confidentiality)를 보장해야 한다. 수집된 데이터는 참가자의 신원을 식별할 수 없도록 처리해야 하며, 연구 결과 발표 시에도 개인 정보를 보호해야 한다. 연구 과정에서 참가자에게 신체적 또는 심리적 고통이 발생할 가능성이 있는 경우, 연구자는 그 위험을 최소화하고 참가자의 복지를 우선적으로 고려해야 한다.

특히, 미성년자, 정신적 또는 신체적으로 취약한 집단을 대상으로 하는 연구에서는 추가적인 보호 장치가 필요하다. 이러한 집단은 자신의 권리를 충분히 이해하고 보호할 능력이 제한될 수 있기 때문에, 법적 보호자나 윤리 위원회의 승인을 받는 절차가 필수적이다.

3) 동물과 인간 연구 참가자 보호의 공통 윤리 기준

동물과 인간 연구 모두에서 연구의 정당성과 최소한의 피해 원칙은 공통적으로 적용된다. 연구자는 반드시 연구의 목적이 과학적, 사회적으로 의미 있는지를 검토해야 하며, 불필요한 고통이나 피해를 줄이기 위해 최선을 다해야 한다. 또한, 연구 과정에서 예상치 못한 부작용이나 문제가 발생할 경우 즉각적으로 연구를 중단하고 적절한 조치를 취해야 한다.

윤리적 연구 수행을 보장하기 위해 대부분의 심리학 연구는 기관윤리심의위원회(Internal Review Board, IRB)의 승인을 받아야 한다. 이 위원회는 연구 계획이 윤리적 기준에 부합하는지 검토하고, 연구 대상자의 권리와 복지가 적절히 보호되고 있는지를 평가한다. IRB의 승인을 받지 않은 연구는 공식적으로 수행될 수 없으며, 이는 학문적 신뢰성을 유지하기 위한 필수적인 절차이다.

또한, 연구자는 연구 대상자와의 관계에서 권력 불균형이 발생하지 않도록 주의해야 한다. 예를 들어, 교수와 학생, 치료자와 내담자 간의 연구 참여 관계는 참가자가 자발적으로 동의했더라도 본인의 의지와 상관없이 압력을 느낄 수 있다. 이러한 상황에서는 제3자의 중재를 통해 공정성을 확보하는 절차가 필요하다.

4) 심리학자의 가치관이 연구 결과 해석에 미치는 영향

심리학 연구는 과학적 방법론에 기반하지만, 연구자의 개인적 가치관이나 편향(bias)이 연구의 설계, 수행, 해석 과정에 영향을 미칠 수 있다. 연구자가 특정 이론이나 가설에 대한 선호를 가지고 있을 경우, 데이터를 수집하거나 해석하는 과정에서 무의식적으로 편향이 개입될 수 있다. 이는 연구 결과의 객관성과 타당성을 저해할 수 있으며, 잘못된 결론에 도달하게 만들 수 있다.

이를 방지하기 위해 연구자는 자신의 가치관과 편향 가능성을 인식하고, 이를 최소화하려는 노력을 기울여야 한다. 예를 들어, 이중맹검(double-blind) 절차를 사용하거나, 데이터를 분석할 때 통계적 검증을 통해 결과의 신뢰성을 확보하는 방법이 있다. 또한, 연구 결과를 해석할 때는 다양한 관점을 고려하고, 자신의 가설에 부합하지 않는 결과도 동일하게 보고하는 투명성을 유지해야 한다.

심리학자는 연구 결과가 사회적, 윤리적 맥락에서 어떻게 활용될 수 있는지에 대해서도 책임감을 가져야 한다. 연구 결과가 특정 집단을 낙인찍거나 차별을 조장하는 데 사용될 위험이 있는 경우, 연구자는 이러한 오용을 방지하기 위한 적절한 주의 문구를 포함해야 한다. 이는 심리학이 단순한 과학적 탐구를 넘어, 사회적 책임을 동반하는 학문임을 의미한다. 예를 들어, 지능검사 결과가 인종적 또는 사회적 편견을 강화하는 데 사용되지 않도록 연구자는 결과 해석과 발표 시 신중을 기해야 한다. 또한, 연구자의 개인적 신념이 연구 과정에 영향을 미치지 않도록 객관적인 방법론을 지속적으로 검토하고 적용해야 한다.

02

발달심리학적 관점
〈인간은 어떻게 성장하는가?〉

역사상 거의 모든 시간 동안 사람들은 아이를 단순히 생각은 어른과 똑같이 하지만 지식은 똑같은 수준으로 갖추지 못한 '성인의 축소판'이라고 생각했다. 20세기가 돼서야 심리학자들이 자라는 동안 신체가 점점 발달하듯이 생각도 발달한다는 사실을 깨달았다. 이 장에서는 인간 발달의 복잡성과 다양성을 이해하기 위해 심리학의 주요 발달 이론들을 소개하고자 한다. Piaget의 인지발달 이론과 Vygotsky의 사회문화적 접근을 중심으로 인간의 인지 발달을 통합적으로 살펴보고, 정서 발달과 언어 발달의 과정을 확인함으로서 실제 임상 및 교육 현장에서 발달심리학적 개념 어떻게 적용될 수 있는지에 대한 통찰을 얻을 수 있기를 기대한다.

1. Piaget의 인지발달 이론

Stanley Hall은 발달심리학의 창시자로 여겨지며, 인간 발달이 연속적인 과정이 아닌, 뚜렷하게 구분되는 여러 단계를 통해 이루어진다고 주장한 최초의 인물이다. 그는 아동기, 청소년기, 성인기로 나뉘는 각 발달 단계를 질적으로 서로 다른 심리적 특징과 행동 양식을 지니는 시기로 설명하였다. 특히 그는 청소년기를 '질풍노도의 시기(storm and stress)'로 표현하였는데, 이는 자아 정체성을 탐색하고 사회적 · 정서적으로 혼란을 겪는 시기를 뜻한다. 이 시기의 청소년은 자의식이 급격히 증가하며, 자신이 누구인지에 대한 고민이 깊어지거나 외부 자극에 민감하게 반응하며, 감정 기복이 크고 충동적인 행동을 빈번하게 저지르거나 때로는 무모한 행동을 일삼기도 하지만, 이는 결국 성숙한 어른으로 이행하는 하나의 전환기로 해석된다. Hall은 이러한 발달 단계를 통해 인간이 점차 '교양을 갖춘 성인'으로 변화한다고 보았으며, 이는 현대 청소년 발달 이론의 기초가 되었다.

이러한 발달의 단계를 아동기에 적용한 사람이 Jean Piaget이다. 스위스 심리학자 Piaget는 1930년대에 아동의 인지 능력 발달에 주목하며, 인지 구조가 어떻게 변화하고 정교화되는지를 연령에 따라 네 가지 단계로 설명하였다. Piaget는 모든 아이가 동일한 순서로 이 단계를 거치며, 이전 단계를 충분히 경험하고 완성해야만 다음 단계로 넘어갈 수 있다고 보았다. 단순 반사에서부터 성인의 추상적 추리에 이르기까지, 보편적이고 비가역적인 일련의 단계를 통해 발달하게 되며, 아동들은 특정한 순간에 특정한 개념을 획득하게 되면서 스키마가 확장되며, 스키마의 변화를 통해 인지적 변화가 발생한다고 설명한다.

1) Piaget의 인지 개념: 스키마, 동화, 조절

스키마(schema)란 아동이 세상을 이해하고 해석하는 정신적 틀이나 구조를 의미한다. 쉽게 말해, '정보를 정리하고 분류하는 인지적 '서랍' 또는 '도식' '이라고 할 수 있는데, 예를 들어, 아기가 '강아지'를 처음 봤을 때 "네 발 달린 동물"이라는 스키마가 생긴다면, 이 스키마는 이후 동물에 대한 인식의 기준이 된다.

동화(assimilation)란 기존 스키마에 새 정보를 맞추기는 과정이다. 즉, 아이가 이미 알고 있는 틀에 맞춰 세상을 이해하려는 시도라고 볼 수 있는데, "네 발 달린 동물"은 '강아지'라는 스키마를 가지고 있는 아동이 '고양이'를 보고 "강아지야!" 라고 말한다면, 이는 기존 '강아지' 스키마에 새로운 정보를 동화시킨 것이라 할 수 있다. 이 경우, 아이는 고양이와 강아지를 같은 범주로 인식하고 있는 것이다. 자신이 가지고 있는 인지적 스키마를 이용해서 새로운 정보를 이해하려 하는 시도라 볼 수 있다.

조절(accommodation)은 '동화'의 과정을 통해 세상을 이해하기 어려울 때 발생한다. 기존 스키마만으로는 새 정보를 설명할 수 없을 때, 스키마 자체를 수정하거나 새롭게 만드는 과정이라 할 수 있다. 앞선 예에서 부모가 "이건 고양이야. 강아지랑 다르단다"라고 설명해주면, 아이는 기존 '강아지' 스키마'에서 '고양이'라는 새로운 범주를 분리하여 새로운 스키마를 만드는 방식으로 자신의 스키마를 조정한다. 조절은 아동의 인지 발달에 매우 중요한 계기로 작용하며, 복잡한 세계를 더 정교하게 이해하게 해준다.

Piaget는 아이들이 동화와 조절을 반복하면서 세상에 대한 더 정확한 인식을 가지게 된다고 보았으며, 이 두 과정은 '인지적 평형(cognitive equilibrium)'을 유지하려는 노력에서 비롯된다. 즉 현재 가지고 있는 스키마로 세상에 대해 쉽게 이해되는 상황이 평형 상태라면, 새롭게 알게된 정보가 기존 스키마로 설명되지 않아 혼란이 생길 때가 불균형의 상태이

그림 2-1 동화와 조절

며, 이를 해결하기 위해 조절이 발생하고, 새로운 평형 상태로 재구성된다는 개념이다.

2) Piaget의 네 가지 인지 발달 단계

"아이의 정신세계는 어른의 정신세계와 근본적으로 다르다."

Piaget는 어린 시절 처음 몇 년이 중요한 역할을 함을 깨달았다. Piaget는 정신 발달과 관련된 네 가지 단계를 설명했다. 모든 아이는 이 단계를 같은 순서로, 하나씩 차례대로 거쳐야만 더 높은 수준의 사고로 나아갈 수 있다. 이러한 인지적 변화는 명령이나 지시에 따르거나 반복적으로 주어지는 교육에 의해 나타나는 것이 아니라, 아동이 실질적으로 세상을 탐구하고, 자신의 스키마를 조절하여 정신 발달을 완성해 나가는 것이라 강조하였다. 아이들은 혼자 힘으로 여러 가지 일을 천천히 해보면서 지식과 기술을 쌓게 된다.

감각운동기(sensorimotor stage, 0~2세)

Piaget가 말한 첫 번째 단계(0~2세)를 거치는 동안 아이들은 시각과 청각, 촉각, 미각,

후각을 사용해 주변 세상에 대해 배우고 신체의 움직임을 통제하는 방법을 익힌다. '눈, 손, 입으로 세상을 만져보고 느끼는 시기'로, 아이들은 이 시기에 오감을 통해 세상을 탐색하게 된다. 눈으로 보고, 손으로 만지고, 입으로 물어보고, 소리를 내며 반응을 살피는 시기이다. 이 단계에서 아이들은 사물 및 다른 사람을 점점 인식하게 되지만 모든 것을 자신만의 관점에서 바라보며 다른 사람들의 관점이 자신과 다르다는 사실을 이해하지 못한다. 이 시기의 중요한 개념은 '대상 영속성(object permanence)'이다. 보이지 않는 물건도 여전히 존재한다는 개념을 배우는 것으로 흔히 까꿍놀이를 하거나 장난감을 수건을 덮었을 때

그림 2-2 Piaget의 인지 발달

표 2-1 Piaget의 인지 발달

전형적 연령	단계의 기술	발달 현상
출생부터 2세	감각운동 단계 감각과 행위(보고, 만지고, 입에 넣고, 쥐기 등)를 통해 세상을 경험한다.	• 대상영속성 • 낯가림
2세부터 6, 7세	전조작 단계 단어와 이미지로 대상을 표상한다. 논리적 추리보다는 직관을 사용한다.	• 가상놀이 • 자기중심성
7세부터 11세	구체적 조작단계 구체적 사건에 대해서 논리적으로 사고한다. 구체적 유추를 이해하며 수리적 연산을 수행한다.	• 보존 개념 • 수학적 변환
12세부터 성인기	형식적 조작단계 추상적 추리를 한다.	• 추상적 논리 • 성숙한 도덕 추리 잠재성

찾을 수 있는 능력을 기는 것이다. 대상 영속성이 확립되면 아이들은 두 번째 단계로 돌입하게 된다.

전조작기(pre-operational stage, 2~7세)

두 번째 단계인 '전조작기'는 '말이 트이고 상상력이 폭발하는 시기'이다. 아이들이 높이나 색깔에 따라 사물을 움직이고 배열하는 능력 같은 여러 가지 새로운 기술을 습득하기도 하고, 언어가 급속히 발달하며, 상징적 사고(사물이나 행동에 의미 부여)를 시작하게 된다. 이러한 인지적 발달로 다른 사람들에게 각기 다른 자신만의 생각과 느낌이 있음을 깨닫게 되지만, 여전히 자기중심적 사고를 하기 때문에 다른 사람의 입장을 이해하기 어려워하기도 하고, 비논리적이고 직관적인 사고를 하는 경향이 있다.

이 시기의 아이들에게 가장 유명한 것은 물컵 실험이다. 같은 양의 물을 '넓은 컵'과 '좁은 컵'에 따를 때, 좁은 컵에 물이 더 많다고 생각하는데, 세상을 자신의 시각에서만 해석하는 자기중심적 사고와 눈에 보이는 표면적 특징을 바탕으로 사고하는 직관적 사고 때문이다. 마찬가지로 넓은 접시에 있던 반죽을 길쭉하게 늘이면 "양이 늘어났어!"라고 말하는 경향이 있는데, 실질적인 양이 같다는 생각보다, '더 길어 보인다'는 직관에 기반해 판단하

보존의 유형	초기 상태	변형	질문	전조작기 아이들의 대답
액체의 양	두 개의 동일한 비커에 같은 양의 액체가 들어 있음 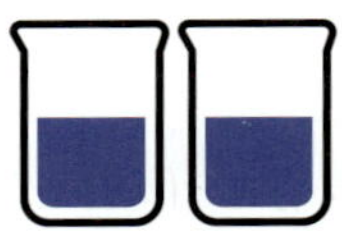	한 비커의 액체를 더 길고 좁은 비커에 부음 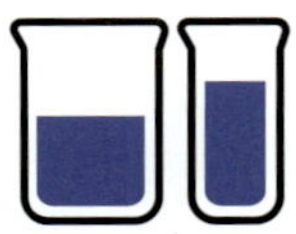	"어느 비커에 액체가 더 많니?"	"더 키가 큰 비커요." → 액체의 높이만 보고 판단 
수	같은 수의 체크판(말)을 두 줄로 배열 	한 줄의 간격을 넓힘 	"어느 줄에 말이 더 많니?"	"더 긴 줄이요." → 수량이 같다는 것을 이해하지 못하고, 길이에 따라 수를 판단 
질량	같은 양의 점토 두 덩이 	한 덩이를 길쭉하게 늘림 	"어느 쪽이 점토가 더 많니?"	"길쭉한 거요." → 모양이 바뀌면 양도 바뀐다고 생각 
길이 보존	같은 길이의 막대 두 개 	한 막대를 옆으로 조금 이동 	"어느 막대가 더 길어?"	"더 오른쪽에 있는 막대요." → 막대 위치의 변화에 영향을 받아 실제 길이보다 위치에 의존 

그림 2-3 전조작기 보존개념

기 때문이다. 전조작기 아동은 사고를 역으로 되돌리는 능력이 아직 발달하지 않았기 때문에, 변화 이전 상태를 머릿속에서 되짚어보는 정신적 조작이 불가능하다. 이런 가역성(reversibility) 개념의 부족 역시 자기 중심적 사고를 공고히 하게 된다. 자기 중심성을 극복하고 보존의 개념을 획득하게 되면 아이들은 세 번째 단계로 돌입하게 된다.

구체적 조작기(concrete operational stage, 7~11세)

세 번째 단계(7~11세)인 '구체적 조작기'에 이르면 아이들이 더욱 논리적으로 생각할 수 있다. 자기 중심성이 줄어들고 다면적 사고와 가역성 개념이 발달하게 되면서 보존 개념이 형성되는데, 아직은 오직 형체가 있는 사물에 대해서만 논리적인 사고가 가능한 단계이다.

이 시기의 아이들은 '높이가 낮고 폭이 넓은 유리컵'에 담긴 액체를 '높이가 높고 폭이 좁은 유리컵'으로 옮겨 담더라도 액체의 양이 똑같이 유지된다는 사실을 이해한다. 분류와 서열화 역시 가능해지는데, 아이가 동물 카드 놀이를 하며 고양이, 개, 사자, 호랑이를 '포유류', '육식동물' 등으로 분류할 수 있으며, '4+3=7'이니까 '7-3=4'라고 수학적 개념을 유추하는 것도 가능해 진다. 현실 세계의 규칙과 구조를 이해하고 적용하는 힘이 생기면서, 학교 교육에서 배우는 수학, 과학 개념이 본격적으로 자리 잡기 시작한다. 아이들이 이 단계를 지나 사랑이나 공포, 죄책감, 질투, 옳고 그름 같은 추상적인 개념에 대해 생각할 능력을 갖추려면 네 번째 단계(11세 이후)인 형식적 조작기(formal operational stage)'에 들어서야 한다.

형식적 조작기(formal operational stage, 11세 이후)

마지막 단계인 '형식적 조작기'는 "눈에 보이지 않아도 사고할 수 있는 능력" 즉 추상적 사고가 시작되는 시기이다. 이 시기에 들어서면 아이들은 가설 설정, 과학적 추론, 복합적 문제 해결 능력이 생기게 되며, 자유나 정의, 사랑과 같은 추상적 개념에 대해 생각해 볼 수 있는 능력이 발달하게 된다. 단순히 '무엇이'가 아니라, '왜 그런지', '어떻게 될지'를 상상하고 예측할 수 있으며, '만약 ~라면 어떨까?'와 같은 역지사지적 사고를 하기 시작한다.

가장 대표적인 능력이 가설설정의 능력이다. "식물은 햇빛을 얼마나 받아야 가장 잘 자랄까?"라는 질문에 대해 대답하기 위해서, 햇빛의 양을 조절한 실험 계획을 세우고, 조건에 따른 결과를 예측하며, 결과를 관찰하고 비교 분석할 수 있게 되는 등, 단순히 식물 성장에 대한 관찰 결과만 기술하는 것이 아니라, 변인 통제나 결론 도출의 논리성을 고려할 수 있게 된다. 수학에서도 문자(예: x, y)를 사용해 문제의 해를 논리적으로 구하는 능력이 생기게 되며, "100명이 탄 배에 음식이 5일치 있을 때, 50명이면 며칠 먹을 수 있을까?"와 같은 질문에 대해 비례 추론과 가상의 수 조작을 통해 문제를 해결할 수 있게 된다. "내가 저 상황이었다면 어떻게 느꼈을까?"와 같이 다른 사람의 입장에서 생각하기가 가능해지면, 등장인물의 감정과 동기를 분석하거나, 자신과 다른 의견을 수용할 수 있게 된다. "법이 항상 옳을까?", "정의로운 사회란 무엇일까?"와 같은 질문처럼 사회 규범이나 정의에 대해 추상적 사고를 발달시킬 수도 있고, 도덕적인 딜레마 상황에 대해 복잡한 감정과 가치 판단을 수행하기도 한다.

3) Piaget의 인지발달 이론의 의의

Piaget의 인지발달 이론은 단순한 아동 발달 설명을 넘어, 심리학과 교육학 전반에 깊고 지속적인 영향을 남긴 혁명적인 관점의 전환이라 할 수 있다. 그의 이론은 인간의 인지적 성장 과정을 생물학적 성숙에 따른 질적 변화로 본 최초의 시도 중 하나이며, 아이들의 사고는 단순히 미성숙한 형태가 아닌, 어른과는 질적으로 다른 구조를 지닌 독립적인 세계임을 강조하였다.

아동을 작은 어른이 아닌 능동적 탐구자로 재정의

기존에는 아동을 단지 아직 어른이 되지 못한 존재, 즉 수동적인 존재로 바라보는 경향이 있었으나, Piaget는 아이를 세상을 탐구하고 스스로 의미를 구성하는 '작은 과학자'로 지각하였다. 그는 아이들이 단지 주어진 지식을 수용하는 것이 아니라, 직접 환경과 상호작용하며 스키마(인지 구조)를 확장해 나간다는 사실을 지적하였다. 아이가 물컵의 높이에 따라 물의 양이 달라졌다고 착각할 때, 이는 아이가 논리적 사고를 하지 못해서가 아니라, 자신의 인지적 발달 단계에서 나름의 규칙에 따라 세계를 해석하고 있다는 사실을 강조하였다. Piaget는 이러한 사고의 '틀'을 밝히며, 아동 발달을 더 이상 결과 중심이 아닌 과정 중심으로 바라보게 만들었다.

교육 현장에서의 패러다임 전환

Piaget의 인지발달 이론은 교육 현장에서 아이들을 수동적인 지식 수용자가 아닌, 능동적인 지식 구성자로 바라보는 데 중대한 전환점을 제공하였다. Piaget는 아이들이 지식을 외부로부터 주입받는 것이 아니라, 자신의 경험과 탐색을 통해 스스로 만들어 나가는 존재라고 보았으며, 이런 관점은 오늘날 교육 실천에서 아동 중심 수업, 활동 중심 학습, 개별화 교육 등 다양한 방식으로 실현되고 있다.

그는 아동이 발달 단계에 따라 배울 수 있는 내용과 방식이 달라야 한다고 주장하였다. 감각운동기(0~2세) 아동은 오감을 활용한 감각 탐색 중심의 놀이를 통해 세계를 이해하고, 전조작기(2~7세) 아동은 상징적 사고와 자기중심성을 고려한 이야기 구성 활동이 효과적이며, 구체적 조작기(7~11세) 아동에게는 수학 · 과학의 기초 개념을 실험과 조작을 통해 가르쳐야 한다. 형식적 조작기(11세 이후) 아동이 되어서야 비로소 토론, 문제 해결 중심의 고차원적 사고 훈련이 가능해진다. 따라서 자신의 인지 발달 연령에 적합한 교육을 넘어선 자극이 제공된다면, 아동은 자신이 이미 형성해 놓은 인지 구조마저 혼란을 경험하게 될 것이다. 이러한 관점은 '발달에 적합한 교육(developmentally appropriate practice)'이라는 개념으로 이어졌으며, 교사는 아이들의 현재 인지 수준을 고려하여 수업을 구성해야 한다는 교육 원칙이 확립되었다.

Piaget의 관점에서는 부모와 교사가 지식과 기술을 억지로 주입하려고 해서는 안 되며, 그저 아이들이 혼자서 배울 수 있게 격려해야 했다. Piaget는 아이들이 주변을 둘러싼 세상에 대해 배우기 위해서는 주위를 탐구하면서 스스로 창의력을 발휘해야 한다고 생각했다. Piaget가 주장한 이론의 중심에는 교육이 개인적인 과정이라는 생각이 바탕에 깔려 있다. 아이마다 서로 다른 자신만의 경험을 한다는 뜻이다. Piaget는 아이가 사물이 동작하는 원리를 알아내기 위해 실험을 실시하고, 실험에서 나온 결과를 관찰하고 이해함으로써 원리를 터득하는 과학자와 같은 존재라고 생각했다. Piaget의 아이디어는 더욱 아동을 중심으로 생각하는 교육 제도를 도입하는 데 커다란 영향과 자극을 주었다. 아동 중심 교육 제도가 시행되는 곳에서는 아이들이 수동적으로 관찰하기보다는 실천 위주로 행동하면서 배우게 된다.

성인기 이후 발달 논의와의 연결

하지만 Piaget는 청소년기(형식적 조작기) 이후의 정신 발달은 자세히 다루지 않았다. 이에 대해 1950년대 미국 심리학자 Erik Erikson은 새로운 시각을 제시하였다. Erikson은 인간의 발달이 성인기 이후에도 멈추지 않고, 전 생애에 걸쳐 이어지는 심리 · 사회적 도전과 적응의 연속이라고 보았다. 그는 유아기부터 노년기까지 이어지는 8단계의 발달과업을 제시하며, 각 시기마다 중요한 심리적 갈등이 존재한다고 설명하였다. 이는 Piaget가 조명하지 않았던 정서적 · 사회적 발달의 흐름을 포괄하며, 인간 발달에 대한 논의를 더욱 풍부하게 만들었다.

결론적으로 Piaget는 인간의 정신 발달을 고정된(static) 개념이 아니라 다이나믹하게 변화하는(dynamic) 개념으로 전환시켰으며, "아이의 사고는 단지 어른의 축소판이 아니다"라는 통찰을 심리학과 교육학 전반에 뿌리내리게 하였다. 그의 이론은 아동에 대한 이해, 수업 방식, 교재 개발, 놀이 치료, 심리 검사 등 다양한 영역에서 지금까지도 가장 큰 영향력을 미치는 이론 중 하나로 남아 있다. 비록 성인기 이후의 발달은 다른 이론가들(예: Erikson)이 보완했지만, 인지 구조가 어떻게 형성되고 변화하는가를 설명하는 데 있어 Piaget 만큼 깊이 있는 설명을 제시한 이론은 드물다고 할 수 있다.

4) Piaget 이론의 비판 : 아이들은 Piaget가 생각한 것보다 더 똑똑하다.

Piaget는 아동의 인지 발달이 '감각운동기 → 전조작기 → 구체적 조작기 → 형식적 조작기'의 네 단계를 거쳐 점진적으로 이루어지며, 각 단계는 순차적으로만 진행되고 이전 단계를 충분히 완성해야 다음 단계로 넘어갈 수 있다고 보았다. 그러나 현대의 실험적 연구들은 Piaget가 주장한 발달 단계의 경계가 지나치게 엄격하고, 유아기의 인지 능력을 과소평가했다는 점을 지적하고 있다. Piaget는 전조작기 이전, 특히 0~2세 감각운동기의 유아는 논리적 사고가 부족하며, 보존 개념, 물리 법칙, 수 개념 등은 나중에야 이해된다고 주장하였다. 그러나 최근 연구들은 Piaget가 과소평가한 유아기의 능력을 다양한 방법으로 밝혀내었다.

유아수학(naïve mathematics): "생후 몇 개월 유아도 수를 인식한다"

위니 박스 실험(Wynn, 1992)을 통해 연구자들은 5개월 된 영아도 '더하기/빼기'와 같은 수량 변화에 민감하다는 사실을 밝혀내었다. 인형 하나를 상자에 넣은 후, 다른 인형을 추가하거나 제거한 다음 다시 상자를 열었을 때, 논리적으로 예상되는 수량과 다른 인형이 놓여 있을 경우 그 상황을 유아가 더 오래 쳐다보는 현상이 나타난 것이다. 이 결과는 유아가 단순히 수를 '센다'기보다는, 기초적인 수 개념과 수량 보존에 대한 기대를 이미 형성하고 있음을 보여준다. Piaget는 감각 운동기의 아동이 수 개념을 갖지 못한다고 보았지만, 유아는 이미 수량 변화에 반응할 만큼의 초기 수 인지 체계를 갖추고 있음을 시사한다.

유아물리학(naïve physics): "영아는 물리 법칙의 기본을 알고 있다"

유아가 단순히 감각자극에 반응하는 것이 아니라, 세상이 어떻게 작동해야 한다는 물리적 이해를 내면화하고 있다는 증거 역시 존재한다. 생후 4~6개월 아기들은 사물이 계속해서 존재하며, 물체가 공중에 뜨거나 벽을 통과하는 상황은 '불가능하다'는 기대를 이미 가지고 있음이 밝혀졌다. 기대 위반 패러다임은 말을 하지 못하는 유아의 인지 능력을 측정

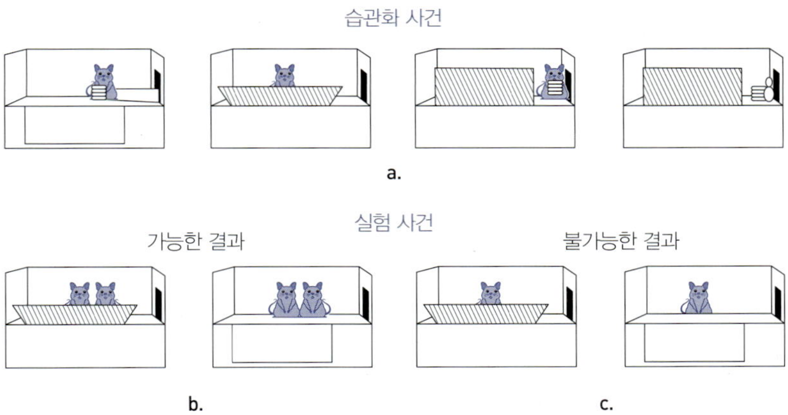

그림 2-4 유아수학

불가능한 덧셈을 사용하여, 어린 영아들의 유아 수학에 대한 이해 시험하기
(a) 인형을 상자에 넣은 후 스크린이 올라오면. 두 번째 추가된 후 빈속이 사라지게 된다. (b) 가능한 결과의 경우 스크린이 올라가면 두 개의 인형이 나타난다. 이 경우 2개월 반에서 3개월 반이 된 영아들은 잠깐 응시한 후 흥미를 잃는 모습을 보인다. (c) 불가능한 결과의 경우, 스크린이 올라가면 한 개의 인형이 나타난다. 기대하지 않았던 사건을 보게 되면 아이들은 이 장면을 더 오래 응시한다. 불가능한 덧셈을 더 오래 바라보는 것은 그들이 대상 영속성에 대한 얼마간의 이해를 가지고 있음을 나타낸다.

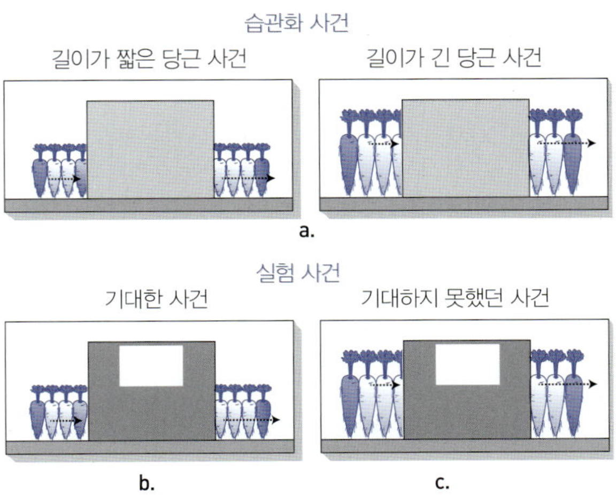

그림 2-5 유아물리학

기대 위반 기법을 사용해서 어린 영아들의 유아 물리학에 대한 이해 시험하기
(a) 처음에 영아들은 두 개의 사건들에 습관화 된다-교대로 스크린 뒤를 이동하는 길이가 짧은 당근과 긴 당근. 영아들이 창문을 알아차릴 수 있도록 스크린의 색을 바꿨다. (b) 기대 한 사건에서, 창문의 아래쪽 가장자리보다 높이가 낮았던 당근은 파란색 스크린 뒤로 이동했다가 다른 쪽에 재등장했다. (c) 기대하지 않았던 사건에서, 창문의 아래쪽 가장자리보다 높이가 높았던 당근은 스크린 뒤로 이동한 뒤에 창문에 모습이 나타나지 않았지만, 다른 쪽에서 원래의 모습으로 다시 나타났다. 2개월 반에서 3개월 반이 된 영아들은 기대하지 않았던 사건에 대해서 회복을 함으로써(더 오래 바라봄으로써, 그들이 대상 영속성에 대한 얼마간의 이해를 가지고 있음을 나타냈다.

하기 위해 개발된 실험 방식으로, 이를 통해 유아가 논리적 추론이나 예측이 가능한지를 간접적으로 살펴볼 수 있게 되었다.

기대 위반 실험(Baillargeon, 1987)에서 스크린 뒤로 넘어간 물체가 사라지거나 중력을 무시하고 떠 있는 장면을 보여주자, 유아는 물리법칙을 위반한 상황에 더 오랫동안 시선을 고정하였다. 스크린 뒤에서 물체가 이동할 때, "사라질 리 없어"라는 기대를 위반한 장면을 본 유아는 놀람과 주의를 보이는 것이다. 높이가 높았던 당근 앞으로 창문이 뚫린 스크린이 지나가는 실험에서도, 뚫린 창문 사이로 당근이 모습이 나타나지 않는 기대 위반 사건이 발생하면 그 장면을 더 오래 바라보는 등, 대상 영속성에 대한 얼마간의 이해가 존재한다는 증거가 존재한다. 즉 아이들은 생각보다 훨씬 이르고 정교하게 세상을 이해할 준비가 되어 있으며, 그 사고는 단지 '비논리적'이기보다는 '다르게 논리적'일 수 있다는 점에서 Piaget 이론은 현대 연구에 의해 계속해서 확장되고 재해석되고 있다.

2. Vygotsky의 사회문화적 발달 이론

"우리는 다른 사람을 통해 우리 자신이 된다."

Vygotsky는 Piaget와 동시대의 심리학자였지만, 학습과 발달의 기원에 대한 관점에서 큰 차이를 보였다. Piaget가 아이를 '작은 과학자'로 비유했다면, Vygotsky는 아이를 '사회 속 견습생(apprentice)'으로 보았다. 그에 따르면, 아동은 혼자 세상을 탐색하며 지식을 만들어 가는 존재라기보다는, 사회적 상호작용을 통해 의미 있는 지식과 문화를 전달받는 존재이다. 다시 말해, 학습은 단지 개인의 발견이 아니라 상호작용과 대화를 통한 문화의 내면화 과정일 것이다.

Vygotsky는 부모, 교사, 또래, 문화적 환경이 아동의 인지 발달에서 결정적인 역할을 한다고 강조하였다. 교사나 부모는 아이가 스스로 깨닫기를 기다리는 것이 아니라, 직접 설명하고 시범을 보이며 도와주어야 한다고 보았다. 이때 아동은 단순히 모방하는 것이 아니라, 타인의 행동과 언어를 통해 사고 구조를 구성해 나가게 된다. 유아가 블록을 쌓을 때, 어른이 "작은 블록을 아래에 두면 무너질 거야"라고 설명해 주면, 아이는 이를 통해 안정성과 균형이라는 개념을 내면화하게 되고, 보다 쉽게 해당 개념을 이해할 수 있게 된다.

1) 근접발달영역(zone of proximal development, ZPD)

Vygotsky 이론의 중심에는 '근접발달영역(ZPD)'이라는 개념이 존재한다. 이는 아이가 현재 혼자서 할 수 있는 일과, 어른이나 유능한 또래의 도움을 받아 할 수 있는 일 사이에 존재하는 간주를 의미한다. 이 ZPD 안에서 제공되는 교육이 가장 효과적이며, 아이는 이 영역 안에서 타인의 도움을 통해 점차 독립적 수행 능력을 획득하게 된다. 아동이 혼자서는 구구단을 외울 수 없지만, 교사가 노래와 손동작으로 도와주면 아이가 이를 따라하게 되고, 혼자서 암송의 과정을 거치면서 구구단을 익히게 된다. 이와 같이 약간의 도움을 통해 개념을 습득할 수 있는 영역이 바로 ZPD이다.

그림 2-6 Vygotsky의 근접발달영역(ZPD)과 비계

2) 비계(scaffolding)

Vygotsky의 또 다른 핵심 개념은 '비계'이다. 이는 건설현장에서 임시로 설치하는 '발판'처럼, 아이의 학습을 도와주기 위한 일시적 지원을 의미한다. 교사는 아이의 현재 능력을 고려하여, 너무 쉽지도 어렵지도 않게 조절된 도움을 제공하게 되는데, 아이가 점점 능숙해지면, 지원은 점차 줄어들고 스스로 해결하는 능력이 생기게 된다. 퍼즐 맞추기 활동에서 처음에는 퍼즐 조각 위치를 손으로 가리키거나 색깔 힌트를 주지만, 익숙해지면 점점 개입을 줄이고 아이 스스로 완성하도록 유도하는 방식으로 비계가 지원된다.

3) 언어 - 사고의 발달 도구이자 무대

Vygotsky는 언어를 단순히 생각을 표현하는 도구가 아니라, 사고 자체를 조직하는 인지 도구라고 보았다. 처음에는 타인과의 의사소통을 위해 언어를 사용하지만, 점차 이 언어는 자기 자신과의 대화로 전환되며, 내면의 사고 도구가 된다. 아동은 언어를 이용하여 문제를 해결하고, 기억을 조작하고, 계획을 세우는 등 '생각하는 방식'을 만들어주는 틀로 기능하게 된다.

4) 문화 - 사고의 내용과 형식을 제공하는 틀

문화는 아이에게 어떤 지식을 배우고, 어떻게 사고할지를 결정하기에 Vygotsky는 문화가 곧 학습의 내용이자 틀이라고 보았다. 각 사회는 고유한 방식으로 지식, 가치, 기술, 언어 체계를 갖고 있으며, 아이는 이를 사회적 상호작용을 통해 내면화하게 된다. '하나, 둘, 많다'만으로 수 개념을 구분하며, 복잡한 계산은 요구하지 않는 문화 속에서는 숫자의 개념이 잘 발달하지 않지만, 어떤 문화권에서는 12진법을, 어떤 문화권에서는 10진법을 사용하며 이러한 문화의 틀이 언어의 구조와 사고의 구조를 형성하게 된다.

즉, 언어, 숫자, 쓰기, 문제 해결 방식, 정서 표현 방식 등 사회로부터 배우는 다양한 요소들이 '문화적 도구(cultural tools)'가 되며, 아이는 이를 통해 자신만의 인지 구조를 형성하게 되는 것이다.

5) Vygotsky 이론의 교육적 적용

Piaget 이론이 '아이 스스로의 탐색'을 강조해 아동 중심 교육을 유도했다면, Vygotsky의 이론은 교사 중심의 교육 방식에도 정당성을 부여하였다. 교사는 학습 목표와 내용을 바탕으로 아동에게 지속적이고 구조화된 지시와 설명을 제공하며, 확립된 학습 지침과 구조화된 과제 중심으로 전환되기도 하였다. 따라서 20세기 후반 이후 Vygotsky 이론은 커리큘럼 중심의 교수 전략을 정당화하는 근거가 되었고, 자유롭게 탐색하는 방식의 수업에서, 사회문화적 맥락 속에서 교사와의 상호작용을 강조하는 방식의 수업으로 변화하는 이론적 근거를 제공해 주었다. Vygotsky는 인간 발달의 핵심을 '사회적 존재로서의 인간'으로 보았고, 언어와 문화는 그 인간을 길러내는 두 축의 도구라고 할 수 있다. 따라서 협동 학습, 교사의 직접적 피드백과 시범, 또래와의 협력을 통한 문제 해결, 문화적 맥락을 반영한 교

표 2-2 Piaget와 Vygotsky 이론의 비교

구분	피아제	비고츠키
학습 관점	스스로 구성	타인과의 상호작용을 통해 구성
아동 비유	작은 과학자	사회적 견습생
교사의 역할	촉진자 (방향만 제시)	안내자 (적극적 설명)
언어의 역할	사고 발달의 결과	사고 발달의 도구
학습의 핵심	개인적 탐구	사회 문화적 맥락 속 상호작용

수 설계가 이루어지는 교육 환경이 매우 중요하다.

3. Harlow의 애착 형성

애착(attachment)이란, 아동이 특정한 사람(주로 부모나 주 양육자)에게 형성하는 정서적 유대감이며, 신체적 · 정서적 안정과 보호를 추구하려는 행동 경향성을 의미한다. 영국의 정신분석학자 John Bowlby는 애착에 대해 '아이가 특정한 사람과 가까이 있으려 하고, 불안하거나 스트레스를 받을 때 그 사람을 '안전기지(safe haven)'와 '피난처(secure base)'로 삼으려는 본능적 행동 체계'라고 정의하였다. 즉, 애착은 단순한 감정이 아니라, 생존과 발달을 위한 적응적 메커니즘으로 작동한다.

1950년대 행동주의 이론이 유행하던 시기에는 아동과 부모의 애착을 '자극과 반응'으로

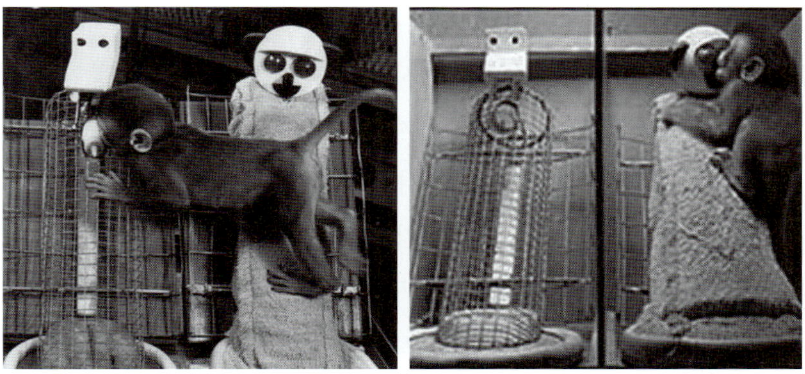

그림 2-7 Harlow 대리모 실험

새끼 원숭이는 먹이를 제공하는 철사 엄마에 비해, 따뜻한 접촉 위안을 제공하는 천 엄마 옆에서 더 오랜 시간을 보냈다.

설명하려 하였다. 즉 아기의 애착 행동도 선천적인 정서가 아닌, 학습의 결과로 보는 것이다. 고전적 조건형성적 설명에 따르면 무조건 자극인 분유가 무조건 자극인 포만감, 안정감, 긍정정서를 야기하는데, 중립자극이던 엄마의 얼굴이나 목소리, 냄새가 분유와 함께 반복적으로 제시되면 분유와 엄마가 연합되면서 엄마만 보아도 안정감과 기대, 애착이 형성될 수 있다는 설명이었다.

Skinner의 조작적 조건형성으로도 애착을 설명할 수 있는데, '아기가 울면 → 엄마가 나타나 분유를 주고 달래줌 → 아기는 안정되고 기분이 좋아짐'이라는 경험의 반복을 통해 아기는 "불편감을 느낄 때 내가 울면, 엄마가 와서 나를 도와준다"는 경험을 내면화하고 엄마와 함께 있는 상황을 긍정적으로 학습하게 된다는 것이다.

미국의 심리학자 Harry Harlow는 당시 유행하는 행동주의 이론에 따라 애착이 형성된다는 주장에 의문을 품고, "정말 아기는 음식을 주는 존재에게만 애착을 형성하는가?"라는 질문을 던지며 애착의 본질을 실험적으로 탐색하고자 하였다.

1) 대리모 실험으로 밝혀진 접촉 위안

Harlow는 자신들의 학습 연구를 위해 원숭이들을 대상으로 실험을 실시하고 있었다. 새끼 원숭이들의 경험을 동일하게 하고, 질병을 차단하기 위해 출생 직후 어미로부터 격리하여 위생 처리된 개별 우리에서 사육하였는데, 여기에는 얇은 무명으로 만든 유아용 담요가 들어있었다. 위생을 위하 담요를 세탁하려 했을 때, Harlow는 비탄에 빠진 원숭이를 관찰하게 되었으며, 이에 착안하여 '철사 엄마(wire mother)'와 '천 엄마(cloth mother)'라는 대리모 실험을 시작하게 되었다.

이 연구에서 Harlow는 새끼 원숭이를 출생 직후 어미로부터 떼어낸 후, 두 가지 인공 대리모를 제공하였다. 철사 엄마는 딱딱한 철사로 만들어졌으며, 우유병이 달려 있어 우유를 먹을 수 있었지만, 부드러운 천으로 감싸져 있는 천 엄마는 우유를 제공하지 않는 조건이었다. 그 결과 원숭이들은 철사 엄마에게서 우유를 먹긴하였지만, 대부분의 시간을 천 엄마에게 안겨서 보냈다. 놀라거나 위협적인 자극(큰 소리, 낯선 물체)이 주어졌을 때도 천 엄마에게 달려가 안기며 정서적 안정을 추구하였다. 천 엄마가 없는 조건에서는 극심한 불안, 위축, 사회성 결핍 등의 문제를 보였으며, 천 엄마의 조건을 다양하게 하여 흔들리거나 더 부드럽고 따뜻한 천을 사용하거나, 우유가 매달려 있을 경우 천 엄마를 선호하는 가능성이 더욱 높아지는 것을 관찰할 수 있었다. 이를 통해 접촉 위안과 안전 기지라는 애착의 핵심적 개념이 밝혀졌다.

접촉 위안(contact comfort)과 안전기지(secure base)

아동에게 정서적 안정감을 주는 물리적 접촉은 음식보다 더 강력한 애착 형성 요인이라는 개념으로, 인간 아기도 배고픔만이 아닌, 따뜻함과 편안함을 주는 접촉에서 안정감을 느낀다는 점과 연결된다. 아기는 엄마 품에 안겨 있을 때 더 잘 울음을 멈추고, 편안한 표정을 짓는데, 이것이 접촉 위안의 표현이라 할 수 있다.

천 엄마는 원숭이에게 탐색 행동의 출발점이자 위급 시 되돌아갈 수 있는 안전기지(secure base) 역할을 하였다. 아동이 낯선 환경이나 새로운 상황을 탐색하러 나설 때 기꺼이 멀어졌다가도 필요할 때 되돌아갈 수 있는 심리적 안식처가 되는 애착 대상(주로 부모나 주 양육자)은 안전 기지의 역할을 한다고 말할 수 있는데, 아동은 애착 대상이 근처에 있다는 정서적 안정감을 바탕으로 세상을 탐색할 용기를 얻게 된다. 위험하거나 불안한 상황이 닥치면, 다시 그 안전기지로 돌아가 안정을 되찾고 외부의 새로운 상황을 탐색할 수 있는 안전감을 획득하게 된다. 즉 '탐색 → 낯선 자극 → 불안 → 어미에게 돌아감 → 안정 → 다시 탐색'이라는 순환은 아동의 정서적 안정감과 자율성 발달의 핵심 구조이다.

2) Harlow 애착 실험의 의의

Harlow의 실험에서 천 엄마인 대리모는 원숭이 새끼에서 접촉위안을 제공할 뿐만 아니라 안전 기지의 역할을 하는 것으로 보고되었으며, 애착을 발달시키는 아동에게 따뜻하고 부드러운 감각이 탐색 행동의 가반이 될 뿐만 아니라, 정서 조절 능력의 발달, 건강한 대인관계의 기초가 될 수 있음을 보여주었다.

가장 중요한 발견은 '애착의 본질은 정서적 교감에 있다'는 사실이다. 1950년대 행동주의자들이 이야기했던 것처럼 단순한 수유와 같은 양육 기능만으로는 애착이 형성되지 않으며, 정서적 유대와 따뜻한 접촉, 상호작용이 애착 형성의 핵심임을 실험으로 입증하였다. 대리모의 움직임, 따뜻함, 수유 가능성과 같은 다양한 조건들이 보다 공고한 애착을 형성하는 중요한 요소임을 반복적으로 검증함으로서, 어린 아동과 어머니의 애착 형성에 따뜻하고 온정적인 접촉이 매우 중요하다는 사실을 확인해 주었다.

뿐만 아니라 아동기 접촉과 정서적 보살핌의 중요성을 확인할 수 있었다. 정서적 접촉과 애착 형성은 아동의 불안 조절, 사회성, 자존감 발달에 매우 중요한 역할을 한다는 사실이 강조되었다. 특히 유아기 정서적 결핍은 사회적 위축, 공격성, 학습능력 저하로 이어질 수 있다는 경고를 준 연구로, 병원, 보육 시설, 위탁가정 등에서 '기본적인 보호' 이상으로 정서적 돌봄과 신체 접촉의 필요성이 인정되었고, 유아 보육 정책과 교사 교육에서도 정서적 유대 형성의 중요성이 반영되기 시작하였다.

4. Ainsworth의 애착 유형 연구

Ainsworth는 아동 발달, 특히 모자 관계에 대한 연구로 유명하다. Ainsworth는 사람들에게 잉크 반점으로 구성된 불규칙한 무늬를 보고 어떤 생각이 드는지 물어봄으로써 성격을 판단하는 방법인 '로르샤흐 검사(Rorschach test)'의 전문가였다. 제2차 세계대전이 진행되는 동안 Ainsworth는 캐나다 여군 육군 부대(Canadian Women's Army Corps)에 입대해 소령까지 진급했다. 군인으로 복무할 당시 Ainsworth는 장교가 되기에 적합한 후보자를 가려내기 위해 병사들을 면접하였고, 그 시간은 그녀에게 인터뷰하고, 기록을 남기고, 결과를 해석하는 기술을 쌓는 귀중한 경험을 선사했을 뿐만 아니라 개인의 심리적 발달에 관해 관심을 갖도록 자극했다.

1950년대 Ainsworth는 아프리카 우간다에서 몇 년 동안 지내며 부족 사회에서 엄마와 아이 사이에 형성된 관계를 연구했다. 최대 9개월에 걸쳐 그녀는 생후 1개월에서 2년까지에 해당하는 아이를 키우는 엄마와 정기적으로 인터뷰했다. 아프리카에서 보낸 시간은 Ainsworth가 유대관계와 애착, 특히 아이의 요구에 민감하게 반응하는 엄마의 행동이 얼마나 중요한지에 관한 자신의 아이디어를 발전시킨 기간이었다.

표 2-3 Ainsworth의 낯선 상황 실험 절차

에피소드	기간	설명
1	1분	부모, 유아: 방으로 소개된다
2	3분	부모, 유아: 유아가 정착하고, 탐험을 한다. 부모는 필요할 때만 도움을 준다
3	3분	부모, 유아, 낯선 사람: 낯선 사람이 소개되고 낯선 사람은 마지막 1분간 유아와 놀이를 한다
4	3분	유아, 낯선 사람: 부모가 유아를 낯선 사람과 두고 떠난다(첫 번째 분리)
8	3분	부모, 유아 : 부모가 돌아오고 (첫 번째 재회), 낯선 사람은 조용히 떠난다
6	3분	유아: 부모가 방에 유아를 혼자 두고 떠난다(두 번째 분리)
7	3분	유아, 낯선 사람: 낯선 사람이 방으로 들어가서 유아와 머무르고, 필요에 따라 상호작용을 한다
8	3분	부모, 유아 : 부모가 돌아오고(두 번째 재회), 낯선 사람은 떠난다

1) 낯선 상황 실험

1969년 Ainsworth가 엄마와 아이 사이에 형성된 서로 다른 애착관계의 종류를 연구하기 위해 '낯선 상황'이라고 알려진 한 실험을 실시했다. Ainsworth는 생후 1년 된 아이와 엄마를 대상으로 엄마의 존재 여부와 낯선 사람과의 상호작용, 이에 대한 아이의 반응을 관찰하고 애착 유형을 정립하였다.

간단하게 실험 절차를 정리하면 다음과 같다. (1) 아이와 엄마가 함께 방에 들어감 (새로운 장난감이 있는 방에서 엄마를 안전기지로 두고 탐색하는지를 관찰) (2) 낯선 사람 등장 (안전기지가 있을 때 낯선 자극에 대한 반응 관찰) (3) 엄마가 방을 떠남 (분리 불안 관찰) (4) 아이가 낯선 사람과 단둘이 남음 (5) 엄마가 돌아와 아이를 안아줌 (재회 반응 관찰).

이러한 설정 속에서 Ainsworth는 아이가 분리와 재회 시 어떻게 반응하는지를 분석하여, 애착 유형을 분류하였다. 각기 다른 아이들이 어머니와의 애착 관계에 따라 다양한 반응을 보였다.

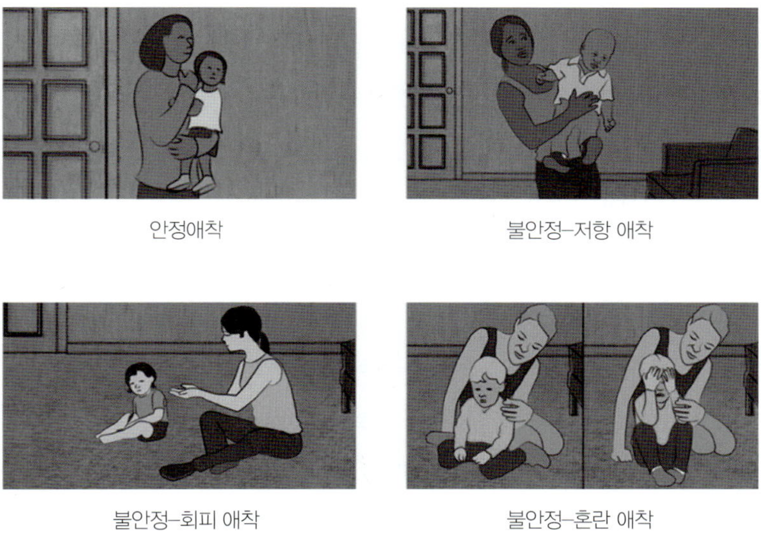

그림 2-8 Ainsworth의 애착 유형

2) 애착 유형의 분류

안정 애착(Secure Attachment). 이 유형의 아이들은 낯선 사람이 등장하여도 엄마라는 안전 기지가 있으면 안심한 상태에서 낯선 사람을 관찰하나, 엄마가 떠나면 심각하게 불안해 한다. 그러나 재회 단계에서 엄마가 돌아오면 기뻐하며 쉽게 안정을 찾는 모습을 보인다. 엄마가 아기의 신호에 민감하고 일관되게 반응하는 양육을 할 때 나타나는 특징으로 안정 애착 아동의 경우, 사회성이 뛰어나고, 정서 조절이 잘 되며, 새로운 상황에 적응력이 높은 것으로 알려져 있다. 전체 아동의 대략 60~70%가 이 유형에 해당한다.

불안-회피 애착(Avoidant Attachment). 이 유형의 아이들은 낯선 사람과 유아만 남겨두고 엄마가 떠나도 무심하거나 무반응하며, 돌아와도 특별한 반응 없이 거리를 두는 모습을 보인다. 엄마가 아이의 요구에 무관심하거나, 지나치게 통제적일 경우, 이러한 애착 양상을 나타내는 경우가 많으며, 발달 과정에서 감정 표현을 억제하고, 사회적 관계에서 거리를 두는 경향이 관찰된다. 전체 아동의 대략 15~20%가 이 유형에 해당한다.

불안-저항(양가) 애착(Ambivalent/Resistant Attachment). 이 유형의 아이들은 엄마가 떠날 때 극도로 불안해하고, 돌아와도 쉽게 진정되지 않은 채 엄마에게 과도하게 달라붙거나 화를 내는 모습을 보인다. 엄마가 일관되지 않은 반응을 보이며, 예측 불가능한 양육을 할 경우, 불안-저항 애착의 형태가 나타나며, 발달 과정에서 타인에 대한 의존과 불안이 공존하며, 관계 속에서 불안정성을 보이기도 한다. 전체 아동의 대략 10~15%의 아동이 이 유형에 해당한다.

혼란 애착(disorganized attachment). Ainsworth의 초기 연구에서는 안정 애착, 불안-회피 애착, 불안-저항(양가) 애착만 있는 것으로 보고되었으나, 추후 연구에서는 어머니와의 애착 형성에 실패한, 가장 극단적이고 불안정한 애착 형태로 혼란 애착이 보고되기도 하였다. 이 유형은 학대, 방임 등 극단적 양육 환경에서 보이는 아동의 혼란스러운 반응(가까이 가려다 회피하거나 얼어붙음 등)을 특징으로 하는데, 애착 대상에게 접근하려는 욕구(사랑 · 보호받고자 하는 욕구)와 그 대상이 두렵고 위협적인 존재라는 감정 사이에서 심리적 갈등과 모순된 행동을 보이는 상태로, 재회 단계에서 엄마에게 다가가려 하다가 갑자기 멈춰서서 얼어붙거나 접근과 후퇴를 반복하는 혼란스러운 행동 양상을 보이게 된다. 이러한 아동은 정서적 불안정, 공격성, 주의력 문제, 또래와의 갈등을 보일 가능성이 높으며, 성장 과정에서 자기정체감 혼란과 낮은 자존감을 경험하여 향후 불안, 우울, 외상 후 스트레스장애(PTSD) 가능성이 높아지게 된다.

3) Ainsworth 애착 유형 연구의 의의

Ainsworth의 애착 유형 연구는 단순한 이론적 성과를 넘어서, 현대 사회의 양육 방식과 가족 구조에 대한 실천적 방향성을 제시했다는 점에서 중요한 함의를 지닌다. 그녀는 '낯선 상황 실험'을 통해 애착을 과학적으로 측정 가능한 개념으로 정립함으로써, 애착이 단지 정서적 개념이 아닌 발달 예측과 개입의 근거가 될 수 있는 객관적 틀로 자리매김하도록 하였다. 낯선 상황 실험을 통해 애착을 행동 관찰을 통해 분류하는 표준화된 방법을 개발하였으며, 이를 통해 애착이 심리학적 개념에서 구체적이고 실증 가능한 영역으로 확장되었다.

뿐만 아니라 양육자의 민감성과 정서적 반응의 일관성이 아동의 애착 유형 형성에 결정적인 영향을 미친다는 점을 밝혀내어, 좋은 양육이란 단순히 아이와 많은 시간을 보내는 것이 아니라, 아이의 정서에 얼마나 민감하고 적절하게 반응하는가에 달려 있음을 강조하였다. 이러한 발견은 현대 부모들이 처한 일-가정 양립 현실 속에서 중요한 통찰을 제공한다. Ainsworth는 전업 육아만이 애착 형성의 전제 조건이 아님을 분명히 했으며, 부모가 직장 생활과 양육을 병행하면서도 양질의 정서적 상호작용을 지속할 수 있다면 안정 애착은 충분히 형성될 수 있다는 가능성을 제시하였다. 다시 말해 Ainsworth는 엄마와 안정적인 애착관계를 형성하는 것이 아이에게 얼마나 중요한지 강조했으나, 엄마가 아이와 강한 애착관계를 맺기 위해 자신의 경력을 희생시켜야 할 필요는 없다고 설명하였다. Ainsworth는 엄마들이 하루 종일 집에 있으면서 아기를 돌보기보다는 직장과 육아를 병행함이 가능하다고 생각했다. 또한 아빠의 역할 및 아빠와 아이 사이에 형성된 유대관계의 중요서에 대한 더 많은 연구가 진행돼야 한다고 여겼다.

더 나아가, 그녀는 아버지와의 애착 관계 또한 독립적인 영향력을 가지며, 가족 내 역할 분담이 다양화되는 현대 사회에서는 아버지의 정서적 참여와 유대 형성이 매우 중요함을 강조하였다. 따라서 Ainsworth의 연구는 오늘날 가족 구조의 다양성, 여성의 사회 진출 증가, 양육 방식의 유연화와 같은 사회 변화 속에서 애착 형성의 핵심은 시간의 '양'이 아니라 '질'이라는 점, 그리고 누가 돌보느냐보다 어떻게 돌보느냐가 중요하다는 점을 일깨워 주는 매우 시의적이고 적용 가능한 이론적 자산이라고 할 수 있다.

5. 언어는 어떻게 발달하는가?

아동의 인지발달, 정서발달과 함께 주요하게 살펴보아야 할 대상은 언어발달이다. 인지 - 정서 - 언어의 각 발달 영역은 상호 긴밀하게 연결되어 있으며, 이를 통해 아동의 전인적 발달 과정을 더 정확하고 통합적으로 이해할 수 있다. 예를 들어, 아동은 정서적으로 안정된 환경에서 타인의 말을 경청하고 표현할 수 있는 여유를 가지며, 이는 언어 습득에 직접적인 영향을 미친다. 또, 인지 발달은 언어의 의미를 이해하고 논리적으로 구성하는 능력과 맞물리며, 언어 표현은 다시 사고의 구조를 확장하는 도구로 기능한다. 따라서 발달의 각 영역을 고립된 개별 과정으로 보기보다는, 서로 영향을 주고받는 유기적 흐름 속에서 시기별 특성과 상호작용을 파악하는 것이, 아동의 성장에 맞는 교육과 돌봄을 설계하는 데 있어 필수적이다. '언어 이전의 시기 - 일어문기 - 전보어시기 - 학령전기 - 화용론 - 통사론'으로 발달하는 언어 발달 과정을 통해 아동은 단순한 소리 내기에서부터 문맥과 문법을 이해하며 타인과 의미 있게 소통하는 능력으로까지 발전하게 된다.

1) 언어 이전 시기(pre-linguistic stage)

대략 생후 0~12개월의 시기에 해당하며, 이 시기는 언어를 말하기 전, 비언어적 수단(울음, 몸짓, 소리)으로 의사소통이 이루어지는 단계이다. 주로 울음(crying)으로 배고픔, 불편함, 졸림 등과 같은 욕구를 표현하다가 생후 6개월경부터 "마마마", "다다다"와 같은 반복적 소리와 같은 옹알이(babbling)를 시작하게 된다. 이 시기의 아이들은 배고프면 울고, 엄마가 말 걸면 "우~ 아~" 같은 소리로 반응하다가, 점점 의사소통의 기능이 발달하여 누군가 "안녕~" 하면 활짝 웃으며 손을 흔드는 모습을 보이기도 한다.

2) 일어문기(one word sentence stage)

대략 생후 12~18개월의 시기에 해당하며, 아동이 하나의 단어로 전체 문장을 표현하기 시작하게 된다. 단어가 상황 전체를 대표하기에 한 단어가 한 문장의 역할을 하게 된다. 주로 "엄마", "우유", "멍멍이"와 같은 한 단어로 자신의 기분이나 욕구를 표현하며 동일한 단어라 하더라도 상황에 따라 의미가 달라지는 단어를 사용한다. 예를 들어, "우유!"라는 단어 안에는 "우유 줘!", "우유 마실래!", "우유 어디 있어?" . "우유 싫어"와 같은 다양한 의미가 포함된다.

3) 전보어시기(the one word speech stage)

대략 생후 12~18개월의 시기에 해당하며, 이 시기의 아이들은 말 그대로 전보문(전보처럼 핵심 단어만 남긴 문장)처럼 의사소통을 시도한다. 주로 문법적 요소(조사, 접속사 등)가 생략된 채 '명사 + 동사 + 형용사'로 구성된 언어를 구사하며 핵심 단어를 나열하여 자신의 의사를 표현한다. 이 시기는 하루에 배우는 단어 수가 급격히 증가하는 어휘 폭발의 시기로, 다양하게 학습한 단어를 이용하여 기본 문장 구조가 형성되기 시작한다. "엄마 물", "개 간다", "아기 자", "더 먹어", "아빠 회사(아빠 회사 갔어)"와 같이 단어로 연결된 문장 구사가 가능해 지는 시기이다.

4) 학령전기

만 3~6세 전후가 되면 문장의 길이가 늘어나고, 문법 구조도 다양해지며, 본격적인 문장 구성 능력이 발달하게 된다. 복문, 의문문, 부정문 등의 문장 변형 구조를 사용할 수 있으며, 시간 표현, 장소 표현 등 어휘의 범주 역시 확대된다. "내가 오늘 유치원에서 그림 그리고 친구랑 놀았어.", "왜 언니는 나보다 사탕 많이 먹어?", "이거 안 할래, 재미없어!"와 같이 의도나 의사를 명확하게 표현할 수 있으며, 문법적 표현이나 시제 표현이 가능해진다.

5) 화용론

화용론(Pragmatics)은 문법적 문장을 상황에 맞게 사용하는 능력으로, 사회적 맥락 속에서 언어의 목적과 방식을 이해하고 사용하는 능력을 의미한다. 이러한 능력은 만 3세 이후에 점진적으로 발달하며 상황이나 상대에 따라 말투나 어조를 조절하거나 차례 지키기 등이 가능해진다. 대화의 규칙을 이해하여 말차례의 순서를 지켜야 한다는 사실을 이해하게 되며, 상대의 이야기를 모두 들은 다음에 자신이 이야기할 수 있다는 것을 이해하게 된다. 낯선 사람에게 "안녕하세요"라고 말하지만, 친구에겐 "야~ 놀자!"라고 말하거나, "에어컨 좀 켤까?"라는 말에 정말 더운가 보다라고 생각한 후 자신이 에어컨을 직접 켜는 반응을 하는 등 대화에 내포된 의미를 이해하는 능력이 발달하게 되는 것이다.

6) 통사론

만 6세 이후에는 문법적 기능이 향상되면서, 문장을 구성하는 문법적 규칙 체계가 완성되어 가게 된다. 아동은 이 시기에 주어-서술어 일치, 시제, 수, 복잡한 문장 구조를 점점 더 정확하게 사용하게 된다. 복문, 관계절, 간접화법을 사용할 수 있게 되며, 시제, 높임말, 조사, 접속어 등 다양한 문법 요소 역시 정확하게 사용하게 된다.

이러한 언어 능력의 확장과 함께 앞서 Piaget가 이야기했던 추론적 사고가 가능해진다. 추상적 사고, 가설-연역적 사고, 논리적 체계 구성이 요구되는 형식적 조작기의 아동들은 단순히 구체적인 경험에 기반한 사고를 넘어서, 언어와 상징을 활용한 복잡한 사고를 할 수 있게 된다. 아동의 통사론 발달은 Piaget가 말한 형식적 조작기의 추상적 · 논리적 사고가 언어를 통해 외현화된 결과라고 볼 수 있다. 즉, 통사론적 능력은 단순히 문법을 잘 쓰

box 1 영어교육은 언제 시켜야 할까?

'한국어-영어'의 이중 언어 교육을 설계할 때는, 단순히 언어만이 아니라 아동의 인지발달 단계와 언어 습득 능력의 민감기를 고려해야 한다. Piaget의 인지발달 이론과 언어발달 이론을 함께 고려했을 때, 아동의 인지 발달 수준에 맞지 않는 영어 교육은 오히려 아동의 학습을 방해할 수 있기에, 모국어 발달과 경쟁하지 않으면서 각 언어를 서로 강화할 수 있는 방식의 교육 설계가 필요하다.

① 감각운동기(0~2세)의 경우 영어에 대한 긍정적 감각과 노출이 중요하다. 오감을 통한 경험을 중심으로 모국어든 영어든 구분 없이 소리를 습득할 수 있도록 하는 것이 필요하다. 반복적이고 정서적으로 안정된 환경에서의 언어에 청각적으로 반복 노출하고 그림책과 같은 시각적 자극을 제공해 보는 것이 추천된다.

② 전조작기(2~7세)의 경우, 언어적 상징화와 의미 중심의 구어 사용 능력의 기초를 다질 필요가 있다. 놀이 기반의 상황 중심 영어 학습이 요구되며, 영어 노래 + 동작, 플래시카드 게임, 그림책 연계 놀이와 같이 청각-시각을 결합한 활동 중심의 학습이 추천된다.

③ 구체적 조작기(7~11세)의 경우, 영어의 규칙을 이해하고 읽기와 쓰기의 본격적 도입이 필요한 시기이다. 단수 · 복수, 시제, 의문문 등의 기초 규칙에 대한 설명이 시도될 수 있으며, 책 읽기나 글쓰기 활동과 같은 의미와형식을 통합한 학습이 권장된다. 이 시기에는 영어 문법을 구체적으로 학습하기 보다는 대화와 쓰기 맥락 속에서 자연스럽게 지도할 필요가 추천된다.

④ 형식적 조작기(11세 이후)의 경우, 추상적 사고 능력을 바탕으로 고급 영어 사고력 및 표현력 확장이 필요한 시기이다. 토론 및 글쓰기 중심의 수업이나 문학작품 감상, 기사, 뉴스, 설명문 등을 분석하고 요약하기와 같은 비판적 독해와 학술 영어를 시도해 볼 만한 시기이다.

는 능력을 넘어, 아동의 사고 구조가 얼마나 복잡하고 정교해졌는지를 보여주는 지표이다. 따라서 인지 발달과 언어 발달은 분리된 것이 아니라 상호작용하며 함께 성장하는 영역이며, 교사와 부모는 이 시기의 아동에게 사고의 깊이를 키울 수 있는 언어적 자극과 표현 기회를 적극적으로 제공할 필요가 있다.

아이의 발달 수준을 고려하지 않은 조기 영어 사교육, 특히 영어유치원 입시 중심의 선행 학습은 인지적 · 정서적 · 사회적 측면에서 다양한 문제를 유발할 수 있다. 언어 발달은 즐거움, 반복, 의미 있는 상호작용 속에서 촉진되는데, 암기와 기계적 반복에만 의존하게 될 경우, 기억 중심의 언어 학습은 실제 언어 사용 능력과 연결되지 않아, 의미 없는 '암기형 영어'가 될 가능성이 높아 진다. 과도한 선행 학습은 영어에 대한 불안, 거부감, 자기비하를 야기하게 되며, 이는 장기적으로 영어 학습 동기와 정서적 안정감에 부정적 영향을 줄 수 있다.

가장 큰 문제는 모국어 발달과의 간섭 및 혼란이다. 유아기에는 모국어의 문법과 어휘구조가 급속도로 정착되는 시기이며, 모국어는 모든 사고의 기초가 되는데, 영어만을 조기 집중 학습할 경우, 모국어 발달이 지연되거나 비문법적으로 모국어가 정착되어 일반적인 화용론과 통사론 발달이 저해될 위험이 있다. 이는 국어 개념의 형성이나 문제 해결, 자기 표현 능력에도 부정적 영향을 미칠 수 있다. 따라서 영어와 같은 제2언어를 학습하기 위해서는 아이의 현재 수준에서 '할 수 있는 것'을 확장해주는 비계(scaffolding) 방식의 교육이 필요하다. 영어와 모국어가 상호 강화되는 균형적 언어 환경을 조성해야 하며, 이 과정에서 가장 중요한 것은 '일찍 시작하는 것'이 아니라, 내 아이에게 맞는 가장 '적절한 방식으로 시작하는 것'이라 할 수 있다.

표 2-4 언어발달의 단계

단계	시기	특징	예시
언어이전 시기	0~12개월	울음, 옹알이, 모방	"우~ 아~", 웃기, 손 흔들기
일어문기	12~18개월	단어 = 한 문장	"엄마!", "우유!"
전보어시기	18개월~2.5세	핵심 단어 중심	"엄마 물 줘", "개 가"
학령전기	3~6세	문장 구조 다양화	"왜 언니는 나보다 많아?"
화용론	3세 이후	상황에 맞게 말 사용	말차례 지키기, 말투 조절
통사론	6세 이후	문법적 완성	"내가 숙제하고나서 놀러 갔어."

03

학습심리학적 관점

〈인간은 어떻게 배우는가?〉

학습과 기억(learning and memory)은 인간의 행동과 정신 과정을 이해하는 데 있어 핵심적인 심리학적 개념이다. '학습'이란 경험을 통해 비교적 지속적인 행동의 변화를 일으키는 과정을 말하며, '기억'은 이러한 경험을 저장하고 인출하는 능력을 뜻한다. 두 개념은 각각 독립적인 주제로 연구되어 왔지만, 실제로는 긴밀히 상호작용하며 인간의 인지 기능을 구성하는 중심축을 이룬다.

심리학에서의 학습 개념은 고대 철학자들의 사유로부터 시작된다. Platon은 선천적 지식(즉, 인간이 태어날 때부터 지식을 내재하고 있다고 보았음)을 주장한 반면, Aristotle는 경험주의를 바탕으로 학습이 감각 경험에 의해 축적된 과정임을 강조하였다. 이 시점에서 학습은 '경험을 통해 무엇인가가 변화한다'는 점에서 중요한 철학적 주제로 자리잡게 되었다. 그러나 이러한 논의는 주로 추상적 사유에 머물렀고, 실험적 접근은 거의 이루어지지 않았다.

20세기에는 행동주의 심리학의 영향을 받아 학습 이론이 급속히 발전하였고, 인지 심리학의 부상은 학습과 기억을 뇌 기능과 정보처리 관점에서 조망하게 만들었다. Ivan Pavlov는 '고전적 조건형성(classical conditioning)'을 통해 자극-반응 연결이 학습의 기초임을 증명하였고, Edward Thorndike는 효과의 법칙(law of effect)을 제시하며 '행동의 결과가 학습에 미치는 영향'을 설명하였다. Skinner는 Thorndike의 법칙을 더욱 정교하게 발달시켜 '조작적 조건형성(operant conditioning)'을 통해 강화(reinforcement)의 원리가 행동의 형성과 유지에 어떻게 작용하는지 분석하였다. 본 장에서는 오직 관찰 가능한 행동 변화만이 심리학의 대상이었던 행동주의적 관점에서 학습이 어떻게 발생하는지 살펴볼 것이다.

이후 학습의 신경심리학적 적용이나 사회적 환경이 학습에 미치는 영향을 살펴보면서, 학습심리학적 이론이 현재에 어떻게 적용될 수 있을지에 대한 임상적, 교육적 함의에 대해 논의하고자 한다. 실제로 학습 이론은 수업 설계, 피드백, 평가 방식 등 교육 현장에 직접적으로 적용할 수 있으며, 아동이나 정신증 환자들의 행동치료, 노출치료 등 치료 기법의 이론적 기초로 활용되는 등, 교육심리학이나 임상심리학의 이론적 기초가 되고 있다.

1. 학습의 기본 개념

1) 학습의 정의와 특성

심리학에서의 '학습(Learning)'은 단순한 정보 습득을 넘어서, 경험을 통해 비교적 지속적인 행동 변화가 발생하는 과정으로 정의되는데, 이 정의는 다음과 같은 세 가지 핵심 요소를 포함한다. 첫째, '학습은 반드시 경험에 기반한다'는 점에서 본능적 반사나 생득적 행동과는 구별된다. 이는 학습이 유전적으로 고정된 반응이 아니라, 환경과의 상호작용 속에서 획득되는 변화임을 의미한다. 이러한 경험은 훈련(training), 시행착오(trial and error), 관찰(observation), 또는 반복된 자극 노출(repeated exposure)과 같은 다양한 방식으로 축적될 수 있다. 둘째, 학습은 단지 정보를 받아들이는 것을 넘어서 '행동의 변화를 수반해야 한다'는 것이다. 즉, 어떤 경험을 통해 개인의 행동 방식, 반응 패턴, 또는 문제 해결 전략에 실제적인 변화가 발생해야 학습이 일어났다고 볼 수 있다. 예를 들어, 실수 후 다음에는 다른 선택을 하게 되거나, 관찰을 통해 새로운 기술을 적용하게 되는 것이 이에 해당한다. 셋째, '학습으로 인한 변화는 비교적 지속적'이어야 한다. 일시적인 반응이나 우연한 행동은 학습의 결과라고 보기 어렵고, 시간이 지나도 그 변화가 유지되거나 반복적으로 나타나야 그런 행동이 '학습된 것'이라 간주할 수 있다. 이는 반복 연습이나 강화 과정을 통해 형성된 행동이 점차 습관으로 정착되는 과정을 의미한다. 즉, '학습'이라는 개념은 경험을 통한 행동의 비교적 지속적인 변화를 의미하며, 인간과 동물이 환경에 적응하고 발전해 나가는 핵심적인 심리 과정이라 할 수 있다.

2) 학습이론의 주요 개념

학습은 경험을 통해 행동이나 지식이 변화하는 과정을 의미하며, 심리학에서는 다양한 이론을 통해 이러한 과정을 설명해왔다. 그 중에서도 고전적 조건형성(classical conditioning)과 조작적 조건형성(operant conditioning)은 학습 심리학의 핵심적 개념으로 자리잡고 있다. 두 이론 모두 환경과의 상호작용을 통해 행동이 수정될 수 있음을 강조하며, 자극과 반응, 혹은 행동과 결과 간의 관계를 규명하려 한다는 점에서 공통점을 가진다.

그러나 고전적 조건형성과 조작적 조건형성은 학습이 이루어지는 방식에 있어 분명한 차이를 보인다. 고전적 조건형성은 본래 의미를 지닌 자극(무조건 자극)과 새로운 자극(조건 자극) 사이의 연합을 통해 학습이 이루어지며, 주로 수동적이고 반사적인 반응을 다룬다. 반면, 조작적 조건형성은 특정 행동이 초래하는 결과(보상이나 처벌)에 따라 행동의 발생 빈도가 변화하는 과정을 설명하며, 능동적이고 목표지향적인 행동을 강조한다. 결국, 고전적 조건형성이 자극 간의 연합과 반사적 반응을 설명하는 반면, 조작적 조건형성은 행동과 그 결과의 관계를 통한 학습을 다룬다는 점에서, 두 이론은 학습의 본질을 서로 다른 측면에서 조명하고 있다.

이러한 공통점과 차이점을 바탕으로, 고전적 조건형성과 조작적 조건형성은 학습이 환경에 의해 어떻게 조정되고 강화되는지를 각각의 관점에서 조명한다고 볼 수 있다. 다음 내용에서는 두 조건형성 이론의 주요 개념과 메커니즘을 체계적으로 살펴봄으로써, 학습 이론에 대한 보다 깊이 있는 이해를 도모하고자 한다.

2. Pavlov의 고전적 조건형성

앞 단락에서는 학습의 기본 개념에 대해 살펴보았다. 이 단락에서는 조건형성의 한 가지 중요한 형태인 고전적 조건형성에 대해 알아보자. 고전적 조건형성(classical conditioning)이란 처음에는 아무런 반응을 일으키지 않던 중립 자극이, 본능적인 반응을 유발하는 무조건 자극과 반복적으로 연합된 후, 점차 스스로 반응을 이끌어내게 되는 학습 과정을 의미한다. 대표적으로 Pavlov는 개를 대상으로 한 실험에서 종소리(중립 자극)와 음식(무조건 자극)을 반복적으로 함께 제시하여, 종소리만으로도 침을 흘리는 반응(조건 반응)을 이끌어내는 것을 관찰하였다. 이를 일상적인 예로 살펴보자. 만약 어떤 노래를 듣는 동안 매우 즐거운 경험(예를 들어 사랑하는 사람과의 행복한 시간)을 반복해서 겪는다면, 나중에는 그 노래만 들어도 저절로 행복한 감정이 떠오를 수 있다. 이처럼 원래는 아무런 반응을 일으키지 않던 자극이 특정한 감정이나 행동을 유발하게 되는 과정을 고전적 조건형성이라고 한다.

1) 고전적 조건형성의 개념과 원리

고전적 조건형성(classical conditioning)은 하나의 자극이 다른 자극을 예고하는 과정을 통해 학습이 이루어지는 현상을 설명한다. 사람이나 동물이 경험하는 장면, 소리, 냄새, 맛, 촉감과 같은 다양한 자극들은 서로 연합될 수 있으며, 이 연합을 통해 기존에는 아무런 의미가 없던 자극이 새로운 반응을 유발하게 된다. Pavlov는 개의 소화 시스템을 연구하는 과정에서, 음식을 제공하기 전에 소리나 발자국 소리만으로도 개들이 침을 흘리는 반응을 보이는 현상을 관찰하였다. 왜 개들이 어떤 소리(일차적 자극)를 듣고 침을 흘렸을까? Pavlov는 개들이 그 소리를 들은 후에 자신의 입에 음식(이차적 자극, 두 번째 자극)이 들어올 것이라고 기대하도록 학습되었기 때문이라고 추측하였다. 이를 통해 Pavlov는 특정 자극(소리)이 반복적으로 다른 자극(음식)과 함께 제시될 때, 중립적 속성을 지녔던 해당 자극이 독립적으로 반응을 유발할 수 있다는 중요한 가설을 떠오르게 되었다.

2) 조건 자극과 무조건 자극

고전적 조건형성은 몇 가지 기본 요소로 구성된다. 먼저 그림 3-1의 (1)과 같이 학습 이전에는 특정 자극이 본능적으로 자동적 반응을 이끌어낸다. 예를 들어, 음식은 개에게서

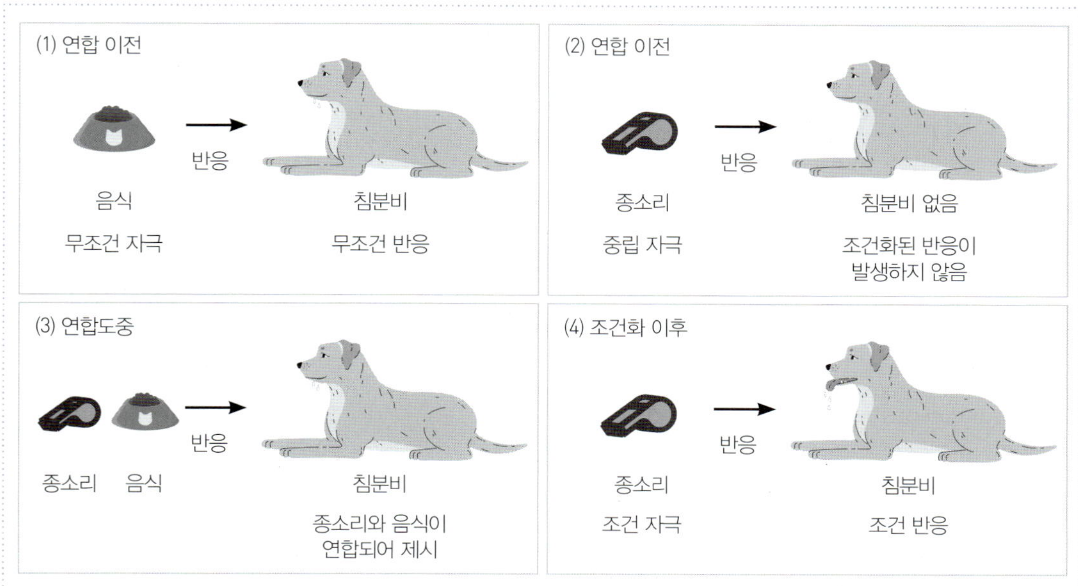

그림 3-1 Pavlov, 고전적 조건형성

침을 흘리게 하는 자연스러운 반응을 유발한다. 이때 음식을 무조건 자극(unconditioned stimulus, US)이라 하고, 음식에 의해 자동으로 일어나는 침 흘림을 무조건 반응(unconditioned response, UR)이라고 한다. 무조건 자극과 무조건 반응은 학습이 필요 없는, 선천적으로 타고난 연결이다.

고전적 조건형성 과정에서 중요한 또 다른 자극은 처음에는 아무런 반응을 유발하지 않는 중립 자극(neutral stimulus)이다. 그림 3-1의 (2)와 같이 연합이 발생하기 전에는 종소리나 소리굽쇠의 소리, 빛, 호루라기 소리와 같은 것들이 중립 자극이었다. 이러한 자극들은 처음에는 개의 침 흘림과 같은 반응을 일으키지 않는다. 그러나 그림 3-1 (3)과 같이 중립 자극을 무조건 자극과 짝지어 여러 차례 반복해서 제시하면, 개는 중립 자극이 제시되었을 때에도 무조건 반응과 유사한 반응을 나타내기 시작한다. 이때, 중립 자극은 이제 조건 자극(conditioned stimulus, CS)이 되고, 그에 대한 반응은 조건 반응(conditioned response, CR)이 된다. 요약하면, 조건 자극은 학습을 통해 새로운 의미를 얻게 되고, 조건 반응은 이러한 학습된 자극에 의해 발생하는 새로운 반응이다. 그림 3-1 (4)와 같이 종소리(CS)와 음식(US)을 여러 차례 연합하여 제시하면, 개는 종소리만 들려도 침을 흘리게 된다(CR). 이 과정을 통해 개는 종소리가 곧 음식을 예고한다고 학습하게 되며, 그 결과 수동적이고 자동적인 침 분비 반응을 보이게 된다. 이러한 학습 과정을 획득(acquisition)이라고 부르며, 조건 자극과 무조건 자극이 짧은 시간 간격(일반적으로 0.5~1초) 내에 짝지어질 때 학습이 가장 효과적으로 이루어진다.

3) 고전적 조건형성의 일반적 학습절차

고전적 조건형성은 단순히 새로운 반응을 학습하는 것에 그치지 않고, 학습 이후 다양한 추가 과정이 일어난다. 그림 3-2에서 보는 바와 같이, 고전적 조건형성은 시간이 흐름에 따라 특정한 단계들을 거쳐 학습이 이루어지고, 이후에는 학습된 반응이 유지되거나 약화되는 과정을 보인다. 그림은 이 과정을 획득(acquisition), 소거(extinction), 그리고 자발적 회복(spontaneous recovery) 의 세 단계로 구분하여 시각적으로 설명하고 있다.

획득 단계: 조건자극과 무조건자극의 반복 제시

가장 처음 단계인 획득(acquisition) 과정에서는 조건 자극(CS)과 무조건 자극(US)이 함께 제시된다. 예를 들어, 종소리(조건 자극)와 음식(무조건 자극)을 함께 제시하는 것이다. 반복적인 연합이 이루어질수록, 조건 자극만으로도 점차 무조건 반응과 유사한 조건 반응

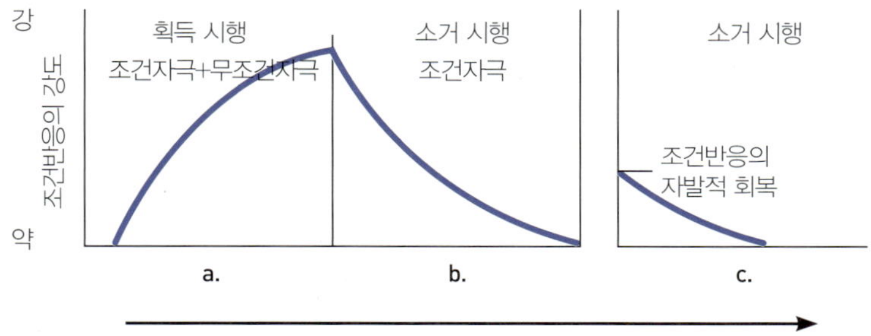

그림 3-2 고전적 조건형성의 일반적 학습절차

(CR)이 나타나게 된다.

그림 3-2 (a)에서는 조건 반응의 강도가 시간에 따라 점진적으로 증가하는 모습을 보여준다. 처음에는 조건 자극이 거의 아무런 반응을 유발하지 않지만, 시간이 지남에 따라 조건 자극이 무조건 자극을 예고하는 신호로 인식되면서 점점 강한 반응이 형성된다. 이처럼 조건 자극과 무조건 자극이 연합되는 경험이 반복될수록 조건 반응은 점차 강화된다.

소거 단계: 조건자극만 제시

획득 이후에는 소거(extinction) 과정이 뒤따른다. 소거란 조건 자극만을 반복적으로 제시하면서 무조건 자극은 더 이상 제시하지 않는 경우를 말한다. 예를 들어, 종소리만 들리고 음식은 제공되지 않는 상황이 지속되면, 개는 점차 종소리에 대해 침을 흘리는 반응을 줄이게 된다.

그림 3-2(b)에서는 조건 반응의 강도가 점점 감소하는 양상이 나타난다. 이는 개가 더 이상 조건 자극이 무조건 자극을 예고하지 않는다는 것을 학습하게 되면서, 조건 반응이 약화되기 때문이다. 이는 조건 자극이 무조건 자극을 예고하는 신호로서의 기능을 상실했기 때문이다. 소거는 학습이 완전히 소멸하는 것은 아니며, 일정 조건에서는 다시 반응이 나타날 수 있다

자발적 회복: 일시적 반응의 재출현

소거가 이루어진 후 일정 시간이 경과한 뒤 다시 조건 자극을 제시하면, 자발적 회복(spontaneous recovery)이 발생할 수 있다. 이는 이미 소거된 조건 반응이 잠시 동안 다시 나타나는 현상이다. 예를 들어, 음식 없이 종소리를 여러 번 들려주어 침 흘림 반응이 사라

졌더라도, 어느 정도 시간이 흐른 뒤 종소리를 다시 들려주면 침 흘림반응이 일시적으로 되살아날 수 있다.

그림 3-2 (c)에서는 소거 시행 후 다시 약간 상승하는 조건반응의 강도를 보여주고 있다. 그러나 이 자발적 회복은 일시적인 것이며, 조건 자극 뒤에 여전히 무조건 자극이 제공되지 않는다면, 조건 반응은 다시 감소한다. 반복되는 소거 과정을 통해 자발적 회복의 강도 또한 점차 약해진다. 이는 학습이 완전히 지워진 것이 아니라 억제되었을 뿐임을 시사한다. 하지만 반복된 소거 과정을 통해 자발적 회복의 강도도 점차 약화된다.

4) 자극 일반화와 자극 변별

앞서 이야기한 획득, 소거, 자발적 회복 외에도, 고전적 조건형성에서는 꼭 알아야 할 두 가지 개념이 더 있다. 바로 자극 일반화와 자극 변별이다. 두 개념을 이해하는 것은, 우리가 환경에 보다 효율적이고 정확하게 반응하며, 생존과 적응을 최적화하는 데 필수적이다.

자극 일반화(stimulus generalization)

자극 일반화가 왜 생존와 적응에 필수적인지 생각해 보자. 자극 일반화란, 반응을 이끌어낸 조건 자극과 비슷한 다른 자극에도 비슷한 반응을 보이는 것을 말한다. 어떤 소리(조건 자극)에 대해 침을 흘리도록 학습한 개가, 그 소리와 비슷한 다른 소리를 들었을 때도 침을 흘리는 경우를 의미한다. 여기서 중요한 것은, 조건 자극과 비슷하면 비슷할수록 반응이 더 강하게 나타난다는 점이다. 예를 들어, 어떤 개에게 물린 적이 있는 사람이 다른

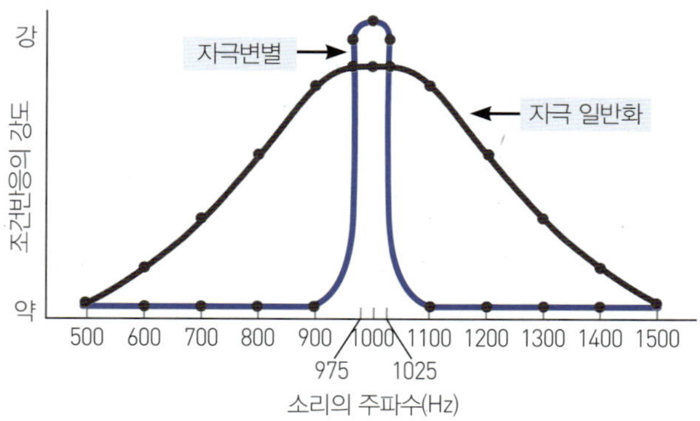

그림 3-3 자극 일반화와 자극 변별

비슷한 개들을 봤을 때도 무서워하거나 피하게 되는 것은, 위험을 미리 피하려는 적응적 반응이라고 볼 수 있다. 만약 우리가 오직 특정 개 한 마리에만 무서워하고, 다른 모든 개에게는 경계를 풀어버린다면 위험할 수도 있기 때문이다.

Pavlov의 실험을 통해 이 현상을 좀 더 구체적으로 설명할 수 있다. Pavlov는 개에게 1,000Hz 주파수의 소리를 들려주고, 이어서 고깃가루를 주는 식으로 침 분비 반응을 학습시켰다. 이후 실험에서는 1,000Hz 소리뿐만 아니라, 그보다 약간 높은 소리(1,025Hz)나 약간 낮은 소리(975Hz)를 들려주었다. 이때 고깃가루는 따로 제공하지 않았다. 그림 3-3의 붉은 선에서 알 수 있듯이, 개는 1,000Hz에 가장 강하게 반응했지만, 1,025Hz나 975Hz와 같이 비슷한 소리에도 어느 정도 침을 흘리는 반응을 보였다. 소리가 원래 들었던 소리와 비슷할수록 반응은 강했고, 차이가 클수록 반응은 약해졌다. 즉, 자극 일반화란 원래 학습한 자극 주변으로 반응이 퍼져나가는 것이라고 이해할 수 있다.

비슷한 현상은 Albert는 아이의 실험에서도 볼 수 있다. 이 실험에서는 흰쥐와 큰 소리를 연합시켜 흰 쥐에 대한 두려움을 학습시킨 뒤, 비슷한 흰색 동물(토끼나 개)이나 흰색 물건(산타클로스 가면, 모피 코트, 면직물)에도 무서운 반응이 나타나는 것을 관찰했다. 하지만 흰쥐와 덜 비슷한 자극일수록, 즉 색깔이나 형태가 다를수록 공포 반응은 점점 약해졌다. 정리하면, 조건 자극과 얼마나 비슷하냐에 따라 반응의 강도는 달라진다는 것이다.

자극 변별(stimulus discrimination)

때때로 우리는 비슷해 보이는 자극들 사이에서 정확하게 구별할 필요가 있다. 모든 개를 무서워하는 것은 지나친 일반화일 수 있다. 그래서 우리는 어떤 개는 위험하고, 어떤 개는 안전한지를 배워야 한다. 이렇게 비슷한 자극들 사이에서 정확히 구별해서 반응하는 것을 자극 변별이라고 한다.

자극 변별을 학습시키기 위해서, 실험자는 원래 조건 자극(예: 1,000Hz 소리) 뒤에는 항상 고깃가루(무조건 자극)를 주고, 다른 소리(예: 900Hz나 1,100Hz) 뒤에는 아무것도 주지 않았다. 이렇게 반복해서 훈련하면 개는 1,000Hz 소리에만 침을 흘리고, 다른 소리에는 점차 반응하지 않게 된다. Pavlov의 실험에서는 변별훈련이 잘 이루어지면, 개가 1,000Hz 소리나 그것과 아주 비슷한 소리에만 침을 흘리고, 다른 소리에는 반응하지 않게 된다. 물론 개나 인간처럼 완벽하게 소리의 차이를 구분할 수 없는 경우, 아주 비슷한 소리(975Hz, 1,025Hz)에는 약간 반응할 수도 있다. 이러한 이유 때문에, 그림 3-3에서 볼 수 있듯이 실제 실험 결과를 보면 반응은 완벽히 1,000Hz에만 나타나는 것이 아니라, 좁은 범위(975~1,025Hz) 안에서도 조금 나타난다.

Pavlov의 연구는 인간과 동물 모두의 학습 과정을 이해하는 데 큰 기여를 하였으며, 특히 자동적이고 반사적인 반응이 환경 자극과 어떻게 연합되는지를 설명하는 데 중요한 기반을 제공했다. 특히 '자극'과 '반응' 간의 연합을 통해 학습이 일어나고, 이러한 학습이 소거, 자발적 회복, 일반화, 변별 등 다양한 과정을 통해 조정될 수 있음을 알 수 있게 되었다. 이는 우리가 주변 환경을 해석하고 적응하는 방식에 대한 중요한 통찰을 제공하며, 특히 무의식적이고 자동적인 반응이 학습될 수 있는 과정을 명확하게 규명했다는 점에서 심리학사에 큰 의미를 갖는다. 고전적 조건형성은 이후 심리학의 다양한 분야, 예를 들어 공포 학습, 광고 심리, 치료적 개입 등에서 광범위하게 응용되었다. 이 이론만으로 인간 행동의 복잡성을 완전히 설명할 수는 없지만, 기본적인 학습 원리를 설명하는 데 매우 강력한 도구로 자리잡았다.

3. Skinner의 조작적 조건형성

앞 단락에서는 고전적 조건형성에 대해 배웠다. 이 단락에서는 조건형성의 또 다른 중요한 유형인 조작적 조건형성에 대해 논의해보기로 하자. 조작적 조건형성(operant conditioning)이란 특정한 행동이 행동의 결과들과 연합하는 학습을 의미한다. 특정한 행동이 강화를 받았을 경우, 그 행동이 발생할 확률이 높아지고, 처벌을 받았을 경우, 해당 행동의 발생 확률이 낮아지게 되는데, 이렇게 강화되거나 처벌받는 행동을 조작행동이라 한다. 우리는 주변 환경을 끊임없이 조작하며 그의 결과로부터 학습하고 있다. 당신이 매우 마음에 드는 상대와 처음으로 데이트를 하게 되었다고 가정해보자. 그 사람을 만났을 때 당신이 했던 말과 행동은 만족스러운 결과(다음 번 데이트 약속)나 불만족스러운 결과(데이트 거절) 중 하나를 야기할 것이다. 만약 만족스러운 결과를 얻었다면 당신은 다음 번 데이트에서도 동일한 말과 행동을 시도해 보겠지만, 결과가 불만족스러웠다면 당신은 이전의 행동을 바꿔야겠다고 생각하게 될 것이다. 이와 같이 특정한 행동의 발생 가능성을 강화와 처벌의 원리로 설명하는 것을 조작적 조건형성이라 한다.

1) Thorndike, 효과의 법칙

효과의 법칙(law of effect)은 미국의 심리학자 Edward Thorndike가 체계적으로 연구한 학습 원리로, 행동의 결과가 이후 그 행동의 발생 가능성에 어떤 영향을 미치는지를 설명한다. 사람이나 동물이 다양한 행동을 시도하는 과정에서, 그 결과가 만족스러우면 해당 행동이 강화되고, 불만족스러우면 행동이 약화되는 경향이 나타난다. 그는 고양이와 다른 동물들이 퍼즐 상자(puzzle box)를 탈출하는 방법을 학습하는 능력에 대해 연구했다. 그 퍼즐 상자 안에서 밖으로 나가는 방법은 레버를 누르는 것, 단 한 가지 방법 밖에 없었다. Thorndike는 퍼즐 상자 안에 동물을 넣어 두고, 외부에 음식을 보이도록 퍼즐 상자를 만든 후 그 동물의 행동을 기록했다. 그림 3-4에서 볼 수 있듯이, 고양이는 처음에는 다양한 행동을 무작위로 시도하다가 우연히 탈출 장치를 작동시키는 방법을 발견했고, 이후 점차 효과적인 행동만을 빠르게 반복하게 되었다. 왜 고양이는 점점 탈출하는 데 걸리는 시간이 짧아졌을까? Thorndike는 고양이가 탈출에 성공한 행동을 긍정적인 결과(먹이에 도달)와 연합하여 학습했기 때문이라고 해석하였다. 그는 이러한 결과를 통해, 만족스러운 결과를 가져오는 행동은 강화되어 반복될 가능성이 높아지고, 불만족스러운 결과를 가져오는 행동은 약화된다는 핵심 원리를 제시하였으며, 이를 '효과의 법칙'이라고 설명하였다.

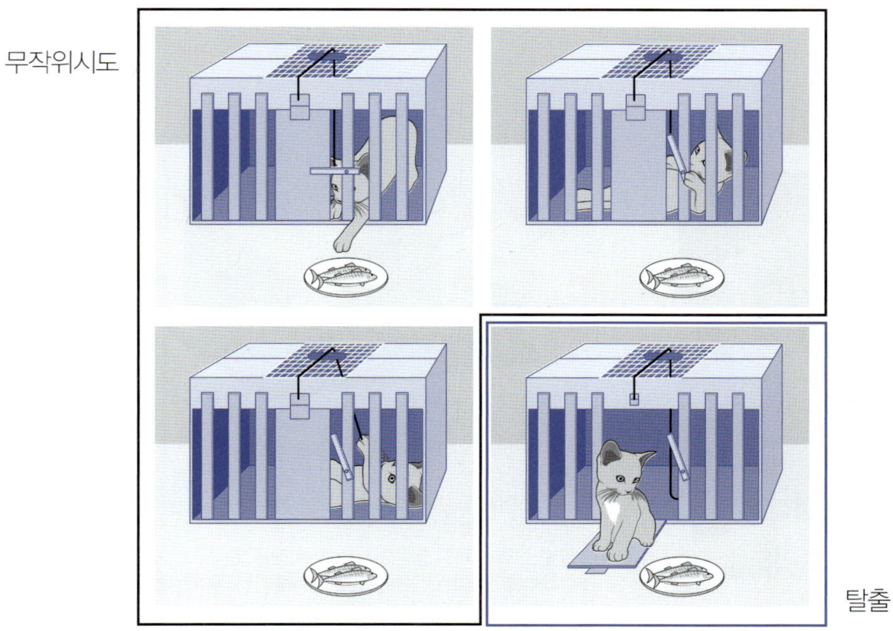

그림 3-4 Thorndike, 효과의 법칙 : 퍼즐 상자

2) 조작적 조건형성의 정의와 원리

1930년대, 행동심리학자 중 가장 영향력 있는 인물인 Skinner는 Thorndike의 효과의 법칙을 보다 객관적이고 과학적인 용어로 재정의했다. 이를 통해 인간과 동물이 어떻게 조작적 조건형성을 통해 학습하는지 본격적으로 연구할 수 있게 되었다. 이제 Skinner가 제시한 재정의와 조작적 조건형성이 어떻게 작용하는지 살펴보겠다.

Thorndike는 행동에 영향을 미치는 결과에 대해 '만족스럽다' 또는 '불만족스럽다'는 주관적인 표현을 사용하였으나, Skinner는 보다 객관적인 용어를 사용하여 행동 변화를 기술하였다. 행동에 긍정적인 결과(강화물)가 뒤따라서 그 행동이 더 자주 일어나는 과정에 대해서는 '강화(reinforcement)'라는 용어를, 행동에 부정적인 결과(처벌제)가 뒤따라서 그 행동이 줄어드는 과정에 대해서는 처벌(punishment)이라는 용어를 사용하였다. 좋은 결과가 따라오면 그 행동을 더 하고 싶어지고, 나쁜 결과가 따라오면 그 행동을 피하게 되는 것에 대하여 '강화'와 '처벌'이라는 용어를 사용하여 행동의 발생 가능성을 설명한 것이다.

그림 3-5에서는 조작적 조건형성의 원리를 설명하기 위해 Skinner가 직접 제작한 Skinner 상자가 제시되어 있다. 상자 안에는 쥐가 발로 누를 수 있는 레버가 있고, 레버를 누르면 먹이가 나오는 먹이 컵(food cup)과 연결되어 있다. 또한 바닥에는 전기가 흐를 수 있는 철망(electric grid)이 설치되어 있어 필요에 따라 전기 충격을 가할 수도 있다. 상자 위쪽에는

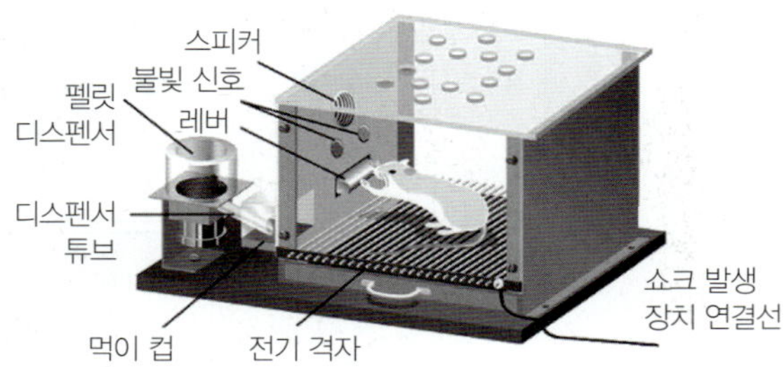

레버 – 쥐가 눌러서 반응을 나타내는 장치
펠릿 디스펜서 – 쥐가 레버를 누르면 먹이(펠릿)를 내보내는 장치
디스펜서 튜브 – 먹이가 나오는 통로
먹이 컵 – 먹이가 도달하는 그릇
불빛 신호 – 특정 행동이 가능한 시점을 알려주는 시각적 신호
(예: 빨간불이면 행동 금지, 초록불이면 레버를 눌러 먹이를 받을 수 있다는 식의 조건 설정)
스피커 – 소리 자극 제공. 특정 소리와 행동 조건화
전기 격자 – 바닥에 설치된 금속 격자 (전기충격장치)

그림 3-5 Skinner, 조작적 조건형성

스피커나 불빛처럼 신호를 주는 장치도 설치되어 있어 다양한 자극을 줄 수 있다. Skinner는 이 상자를 이용해 행동에 따른 결과를 조작함으로써, 강화와 처벌이 동물의 행동에 어떤 영향을 미치는지를 체계적으로 연구하였다.

즉, 쥐가 '우연히 레버를 누르고 나면 먹이가 나온다'는 경험을 하게 된 후, 레버를 누르면 좋은 일이 생긴다는 걸 배워서 레버 누르기를 더 자주 하게 되는데, 이와 같이 어떤 행동이 일어난 후에 그 행동의 발생 빈도가 증가하도록 만드는 결과가 나타나면 이를 '강화'라고 설명한다. 쥐가 '우연히 레버를 누르고 나면 바닥에 전기 충격이 가해진다'는 경험을 하게 된 후, 쥐는 레버를 누르면 고통이 온다는 걸 배우고 레버 누르기를 꺼리게 되는데, 이와 같이 어떤 행동이 일어난 후에 그 행동의 발생 빈도가 감소하도록 만드는 결과가 나타나면, 이를 '처벌'이라고 설명한다.

여러분이 강아지에게 "앉아"라는 언어를 통해 강아지의 행동을 변화하고 싶다고 가정해 보자. 강아지가 앉을 때마다 간식을 주면, 간식이 강화물이 되어 강아지가 '앉는 행동'을 더 자주 하게 되며, 이것이 바로 강화를 통한 행동 수정의 원리가 된다. 반대로, 강아지가 사람에게 뛰어오르는 버릇을 고치고 싶을 때, 뛰어오를 때마다 강아지 얼굴에 살짝 물을 뿌리면, 이 물 뿌리기가 처벌제가 되어 뛰어오르는 행동이 감소하게 된다. 이것이 처벌을 통한 행동 수정의 원리가 된다.

고전적 조건형성에서 무조건 자극이 조건 자극 바로 뒤에 오는 것이 중요했던 것처럼, 조작적 조건형성에서도 행동 직후 결과가 이어지는 것이 매우 중요하다. 만약 어떤 행동이 발생한 후 결과가 한참 뒤에 제시된다면, 학습자는 그 결과가 어떤 행동 때문인지 정확히 연결 짓지 못할 수 있다. 예를 들어, 강아지가 앉은 뒤 5분이나 10분이 지나서 간식을 준다다면, 강아지는 '앉기'와 '간식 받기'를 연결시키지 못할 것이다. 반대로, 강아지가 점프한 뒤 한참 있다가 얼굴에 물을 뿌린다면, 강아지는 어떤 행동이 잘못됐는지 알지 못할 것이다. 강화물이나 처벌의 경우, 즉각적으로 제공되어야 행동과 결과를 정확히 연관 지을 수 있다.

그러나 모든 학습이 행동 직후에 결과가 나오는 것은 아니다. 예외도 존재한다. 당신이 심리학 시험을 준비한다고 해보자. 시험 결과는 2주 후에 나오지만 그럼에도 불구하고, 지금 당장 공부하는 행동은 시험 성적이라는 결과와 연관되어 학습된다. 직장에서도 일을 끝마쳤다고 해서 바로 월급을 받는 것이 아니다. 대개 한 달 중 특정한 날짜에 월급을 받게 되지만 그래도 우리는 일하는 행동과 보상을 연관 짓는다. 이처럼 인간은 인지적 능력 덕분에 행동과 결과 사이의 시간 간격이 존재하여도 인과관계를 파악할 수 있기 때문에, 즉각적으로 주어지는 보상과 처벌이 아니어도 조작적 조건형성이 가능하다.

3) 정적 강화와 정적 처벌 및 부적 강화와 부적 처벌

강화와 처벌은 행동 수정의 핵심 원리이다. 기본적으로 '강화'는 행동의 빈도를 높이는 것이고, '처벌'은 행동의 빈도를 낮추는 것이지만, Skinner의 이론을 깊이 이해하려면, 단순히 '좋은 것을 주느냐, 나쁜 것을 주느냐'만 고려하는 것이 아니라, 이러한 것들이 사라지게 되는 부적(negative) 과정을 함께 고려해야 한다.

Skinner는 강화와 처벌 모두 '정적(positive)' 또는 '부적(negative)'일 수 있다고 보았다. 여기서 '정적'은 단순히 무언가를 추가하는 것을 의미하고, '부적'은 무언가를 제거하는 것을 의미한다. 중요한 것은, 무언가를 '추가'하거나 '제거'하는 것이 각각 행동을 강화할 수도 있고 처벌할 수도 있다는 점이다. 이 때문에 우리는 총 네 가지 개념을 구분해야 한다.

정적 강화(positive reinforcement)

'정적' 과정은 무언가를 추가하는 방식으로 행동을 조정하는 것으로 '정적 강화'에서는 좋은 자극을 추가하여 행동을 더 자주하게 만드는 것을 의미한다. 쥐가 레버를 누르면 먹이 같은 매력적인 자극이 주어져서, 레버 누르기 행동이 증가하는 경우, 숙제를 끝낸 아이에게 칭찬하거나 용돈을 주게 되면, 숙제를 더 열심히 하게 되는 경우, 좋은 성과를 낸 직원

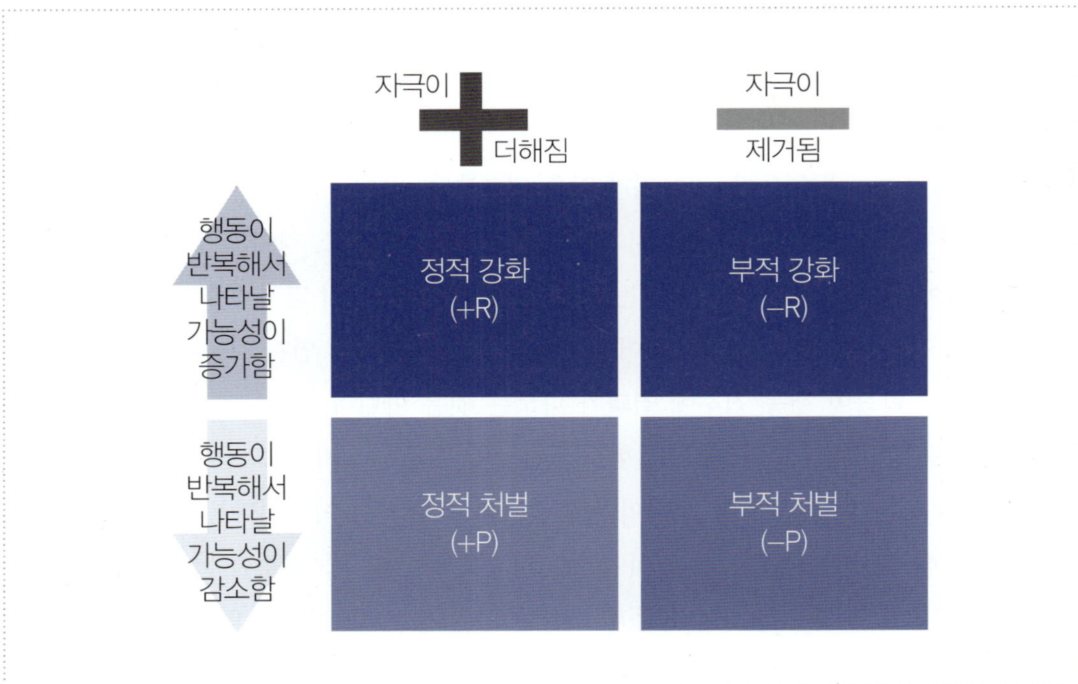

그림 3-6 강화와 처벌

에게 보너스를 주게 되면, 다음에도 열심히 일하려고 하는 경우 등을 의미한다.

정적 처벌(positive punishment)

싫은 자극을 추가해서 행동의 빈도를 감소하게 만드는 것을 의미한다. 쥐가 레버를 누르면 바닥에 전기 충격 같은 혐오 자극이 추가되어, 레버 누르기 행동이 줄어드는 경우, 개가 소파를 긁을 때 무서운 목소리로 "안돼!"라고 외쳐서 소파 긁는 행동이 줄어드는 경우, 아이가 친구를 때려서 선생님이 혼을 내게 된 후 다음부터는 친구를 때리는 행동이 줄어드는 경우 등을 의미한다.

부적 강화(negative reinforcement)

'부적' 과정은 무언가를 없애는 방식으로 행동을 조정하는 것으로 '부적 강화'에서는 싫은 자극을 제거하여 행동을 더 자주하게 만드는 것을 의미한다. 쥐가 레버를 눌러 고통스러운 전기 충격이 제거된다는 것을 학습하게 되면, 쥐들은 고통을 피하기 위해 레버를 더 자주 누르게 된다. 두통이 있을 때 진통제를 먹어서 통증이 사라지게 된다면, 다음에는 아플 때마다 약을 먹는 습관이 생기게 되는 것, 안전벨트를 매지 않을 때 시끄러운 소리가 나고 벨트를 제대로 매게 되면 그 소리가 사라진다면, 다음에는 자동차에 탑승할 때마다 안전벨트를 곧 바로 착용하게 된다.

부적 처벌(negative punishment)

싫은 자극을 제고하여 행동의 빈도는 감소하게 만드는 것을 의미한다. 쥐가 레버를 눌렀을 때 원래 받을 수 있었던 먹이 같은 긍정적인 자극이 사라지는 상황을 경험하면, 이후에 레버 누르기 행동이 줄어들게 된다. 게임 시간을 어긴 아이에게 게임기를 빼앗게 되면 다음에는 약속했던 게임 시간을 지키게 되거나, 시끄럽게 짖고 있는 애완견을 장난감이 사라지게 되면, 짖는 행동의 빈도가 줄어들게 된다.

이러한 구분을 통해 우리는 단순히 '좋은 것을 주는가' 또는 '나쁜 것을 주는가'만으로는 행동을 설명할 수 없음을 확인할 수 있다. 오히려 무엇을 추가하거나 제거하느냐에 따라, 그리고 그것이 매력적인 자극인지 혐오스러운 자극인지에 따라 행동이 발생할 빈도는 매우 달라질 수 있다. 또한, 강화와 처벌의 효과는 절대적이지 않고 상대적이라는 점도 매우 중요하다. 예를 들어, 대부분의 사람들에게 돈은 강화물일 수 있지만, 이미 수십억 달러를 가진 사람에게는 큰 의미가 없을 수 있다. 아이가 집안일을 하고 칭찬을 받았는데, 이후로 집안일을 더 자주 한다면 칭찬은 강화 역할을 했다고 볼 수 있지만, 이 후에 칭찬을 했는데도 집안일을 안 하게 된다면 그 시점에서는 오히려 칭찬이 아이에게 처벌처럼 느껴졌을 수 있는 것이다. 즉, 어떤 자극이 강화물 또는 처벌 자극으로 기능하는지는 개인의 성향, 상황, 그리고 맥락에 따라 달라질 수 있다. 따라서 어떤 결과가 강화인지 처벌인지는 이후에 그 행동의 빈도수가 늘어났느냐 줄어들었느냐를 보고 판단해야 한다.

이러한 점들을 고려할 때, Skinner가 제시한 강화와 처벌 개념은 단순한 보상과 벌 이상의 의미를 가지는 것으로 보인다. Skinner의 조작적 조건형성은 인간과 동물 모두가 외부 환경과 상호작용하며 학습하고 변화하는 방식을 보여주는 강력한 모델이 되었다. 이 모델은 오늘날 교육, 심리 치료, 행동 교정 프로그램 등 다양한 분야에 널리 활용되고 있으며, '행동은 그냥 일어나는 것이 아니라, 결과에 의해 조형된다'는 중요한 사실을 일깨워준다.

4) 강화 스케줄

Skinner는 행동주의 이론을 통해 우리가 원하는 행동을 어떻게 형성하고 유지할 수 있는지를 실험적으로 밝혀냈다. 그는 단지 '무엇을 강화할 것인가'에만 주목하지 않고, '언제 강화할 것인가'에도 깊은 관심을 기울였다. 이러한 시간적 · 빈도적 패턴을 강화 스케줄(reinforcement schedule)이라 부르며, 이는 행동을 지속시키거나 변화시키는 데 결정적인 역할을 한다.

강화 스케줄은 크게 '비율 스케줄(ratio schedule)'과 '간격 스케줄(interval schedule)'로 나뉜다. 비율 스케줄은 일정 횟수의 행동이 일어날 때마다 강화가 주어지는 방식이고, 간격 스케줄은 특정 시간 간격이 지나야 강화가 주어지는 방식이다. 각각은 다시 고정(fixed)과 변

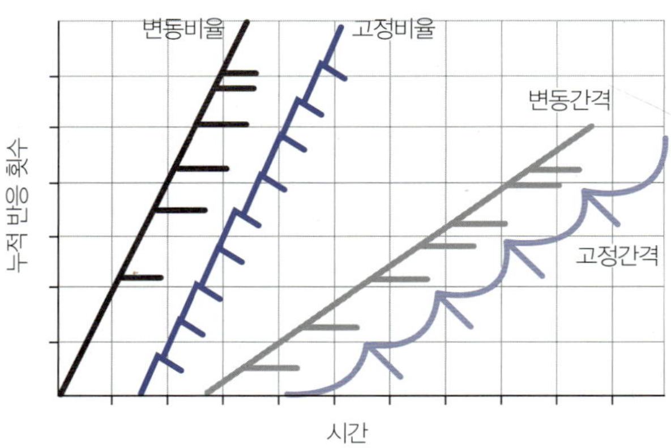

그림 3-7 강화 스케줄

동(variable)으로 나뉘어, 그림 3-7과 같이 총 네 가지 기본 형태의 강화 스케줄을 구성한다.

고정비율강화(fixed ratio, FR)

고정비율강화는 일정 횟수의 반응 후에 보상이 주어지는 방식이다. 예를 들어, '쥐가 레버를 다섯 번 누르면 먹이를 받는 경우'가 이에 해당한다. 인간의 경우, 판매 실적이 10건 달성될 때마다 보너스를 받는 보험설계사도 고정비율강화에 해당한다. 이 방식은 행동을 빠르게 학습시키는 데 매우 효과적이지만, 보상이 주어지지 않으면 행동이 갑자기 중단될 수 있다는 단점이 있다. 실제로 보상이 중단될 경우, 판매원이 곧바로 의욕을 잃고 보험을 더 이상 판매하지 않게 된다.

변동비율강화(variable ratio, VR)

변동비율강화는 강화가 일정하지 않은 횟수의 행동 후에 무작위로 주어지는 방식이다. 가장 잘 알려진 예는 슬롯머신이나 복권이다. 몇 번 만에 당첨될지 모르기 때문에 사람들은 중단 없이 계속해서 행동을 반복한다. 이 방식은 소거 저항성이 매우 강해, 일단 행동이 형성되면 쉽게 멈추지 않는다. Skinner는 이 변동비율강화가 도박과 같은 반복적 행동을 유도하는 강력한 이유라고 지적했다.

고정간격강화(fixed interval, FI)

고정간격강화는 일정 시간이 지난 후에 처음 나타난 행동에 대해 보상이 주어지는 방식이다. 예를 들어, '30분마다 한 번만 레버를 눌러도 먹이가 나오는 경우(FI-30)'가 이에 해당한다. 학교 수업에서 학생들이 수업이 끝나기 직전 질문을 몰아서 하는 것도 이와 유사한 패턴이다. 이 스케줄에서는 강화 시점이 다가올수록 반응 빈도가 높아지는 특징이 있으며, 이는 '스캘럽 효과(scallop effect)'라고 불린다.

변동간격강화(variable interval, VI)

변동간격강화는 시간 간격이 매번 다르지만 평균적으로 일정한 간격으로 강화가 주어지는 방식이다. 예를 들어, '쥐가 레버를 눌렀을 때 10분, 5분, 15분 등의 간격으로 무작위 강화가 주어지는 경우'가 이에 해당한다. 인간 행동으로는 SNS 알림을 확인하는 행동이 대표적이다. 메시지가 언제 올지 모르기 때문에 사람들은 계속해서 스마트폰을 확인하게 된다. 변동간격강화는 행동을 안정적으로 유지시키며, 소거에도 강한 특징을 보인다.

5) 강화 스케줄과 행동 수정

Skinner는 강화의 빈도와 타이밍이 특정 행동을 얼마나 빠르게 학습하고, 얼마나 오래 유지하게 할지를 결정한다고 보았다. 예를 들어, 아동이 수학 문제를 풀었을 때 매번 칭찬을 해주는 것은 정적 강화이며, 이 시점에서는 '고정비율강화'가 사용되었다고 할 수 있다. 그렇지만 이후에는 '변동비율강화'로 전환하여 간헐적으로 칭찬을 제공하게 되면, 행동은 더욱 강하게 유지된다. 이처럼 강화 스케줄은 단기적 습득에서 장기적 유지로 전환할 때 전략적으로 조정되어야 한다.

또한, 행동을 억제할 때도 강화 스케줄은 중요하다. 예를 들어, 부모가 아이의 떼쓰기를 매번 참다 못해 한 번씩 들어주는 경우, 아이는 이를 '변동비율강화'로 경험하게 된다. 이러한 대처는 더 강하게 떼를 쓰면 결국은 부모가 자신이 원하는 것을 해 준다는 것을 학습시켜 오히려 떼쓰기를 강화시키는 결과를 낳는다. 따라서 행동수정의 목표가 바람직한 행동의 증가나 문제행동의 감소라면, 적절한 강화 스케줄을 일관성 있게 적용하는 것이 중요하다.

강화는 단지 '무엇을 줄 것인가'보다도 '언제 줄 것인가'가 더욱 강력한 영향력을 가질 수 있다. Skinner는 이 원리를 체계화하며, 강화 스케줄이 인간 행동의 형성과 유지에 결정적이라는 사실을 밝혀냈다. 고정과 변동, 비율과 간격이라는 네 가지 기본 스케줄은 우리가 일상생활과 교육, 임상, 조직 관리 등 다양한 맥락에서 인간의 행동을 이해하고 조절하는 데 실용적 도구가 된다. 따라서 행동수정의 효과를 극대화하기 위해서는 단순한 보상과 처벌만이 아니라, 그 보상의 리듬과 규칙까지 정교하게 설계하는 것이 필요하다. 이러한 원리는 임상심리학이나 상담심리학, 교육현장에서 매우 실질적인 방식으로 사용되고 있다.

실제로 주의집중의 어려움으로 교실에서 산만한 행동을 보이는 아동을 치료할 때 이러한 행동 수정 스케줄이 적용될 수 있다. 한 교실에서 10분 이상 자리에 앉아 있지 못한 채, 수업에 집중하기 보다는 친구를 방해하거나 교실을 배회하는 경향이 있는 아동에게 교사는 행동수정 프로그램을 도입하여 '고정간격강화'을 활용해 볼 수 있다. 처음에는 5분 동안 자리에 앉아 과제를 수행하면 스티커를 주는 방식으로 시작하게 되는데, 일정 시간이 지나면 보상이 주어지는 것을 인식하게 된 아동은 점차 자리에 머무는 시간이 늘어나게 된다. 이후 '변동비율강화'로 전환하여, 스티커를 받을 수 있는 조건을 불규칙하게 조정하였다. 예를 들어, 어떤 날은 두 번 성공 후 보상이 주어졌지만, 어떤 날은 세 번이나 네 번 성공해야 받을 수 있었다. 이러한 강화 스케줄의 변화는 아동의 기대감을 유지시키고 강화에 대한 의존도를 줄이며 행동의 지속성을 높이는 데 효과적이었다. 게다가 아동이 좋아하는 활동인 컴퓨터 게임을 숙제를 먼저 마친 후에만 할 수 있도록 설정함으로써, '높은 확률로 자주 일어나는 행동(게임하기)'을 '낮은 확률의 바람직한 행동(숙제하기)'의 강화물로 사용하게 되면 바람직한 행동이 발생할 빈도가 늘어나게 된다. 이러한 사례는 강화 스케줄을 계획적으로 전환해가며 아동의 행동을 점진적으로 바꾸어낸 대표적 예가 된다. 단순히 칭찬의 말만 반복하는 것이 아니라, 보상의 타이밍과 빈도를 조절함으로써 동기를 자극하고 자율적 행동으로 발전시킬 수 있는 것이다.

강화는 단지 보상을 주는 행위가 아니다. 강화가 언제, 어떤 방식으로, 얼마나 자주 주어지느냐에 따라 행동의 유지와 일반화가 달라진다. 특히 임상과 교육 장면에서는 강화가 주는 감정적 반응, 개인의 선호, 그리고 맥락을 고려하여 맞춤형 전략을 수립하는 것이 중요하다. 또한, 부적 강화나 부적 처벌이 긍정적 변화를 일으킬 수 있다는 점도 간과해서는 안 된다. 불쾌한 자극의 제거(예: 불안 감소)는 어떤 이들에게는 가장 강력한 강화가 될 수 있고, 특정 행동이 줄어드는 데 가장 효과적인 방법이 될 수 있다. 이와 같이 강화 스케줄과 행동 수정은 단순한 심리학 이론이 아니라, 삶의 질을 높이는 실질적 도구로 작동한다. 임상심리학에서는 불안을 조절하고 강박 행동을 줄이며, 교육심리학에서는 집중력 향상과 자기조절력 증진에 활용된다.

4. 학습의 생물학적 기초

Donald Hebb은 뉴런 사이의 시냅스 강화가 학습의 기본 메커니즘이라는 '헵 법칙(hebbian learning)' 개념을 제시하였다. 이후 실험들은 해마, 편도체, 전전두엽 등 특정 뇌 부위가 다양한 학습 유형에 관여한다는 사실을 보여주며 학습이 단순 행동 변화가 아닌 '신경가소성(neuroplasticity)'과 장기 증강과 같은 신경학적 메커니즘의 결과임을 밝혔다. 즉, 학습은 단순히 행동이나 지식의 변화로 끝나는 것이 아니라, 신경계 내에서 실제로 신경세포(뉴런) 간 연결 구조와 기능이 변화하는 생물학적 과정을 수반한다. 이 과정은 뇌의 다양한 영역이 상호작용하며, 특정한 신경 메커니즘과 생리학적 특성에 의해 조정된다. 학습은 신경세포 간 연결을 변화시키는 생물학적 과정에 기반하며, 다양한 뇌 구조들이 학습 유형에 따라 특화된 역할을 수행한다. 따라서 학습을 이해할 때는 단순히 행동 변화만을 보는 것이 아니라, 그 이면에 자리한 신경생물학적 과정과 뇌 기능을 함께 고려하는 것이 중요하다.

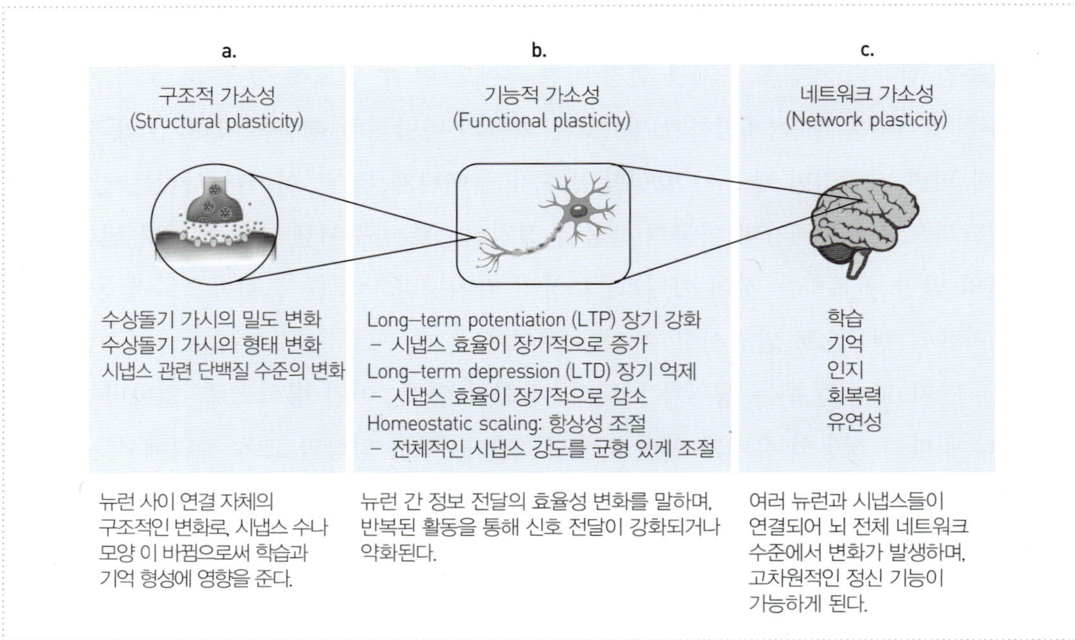

그림 3-8 신경가소성

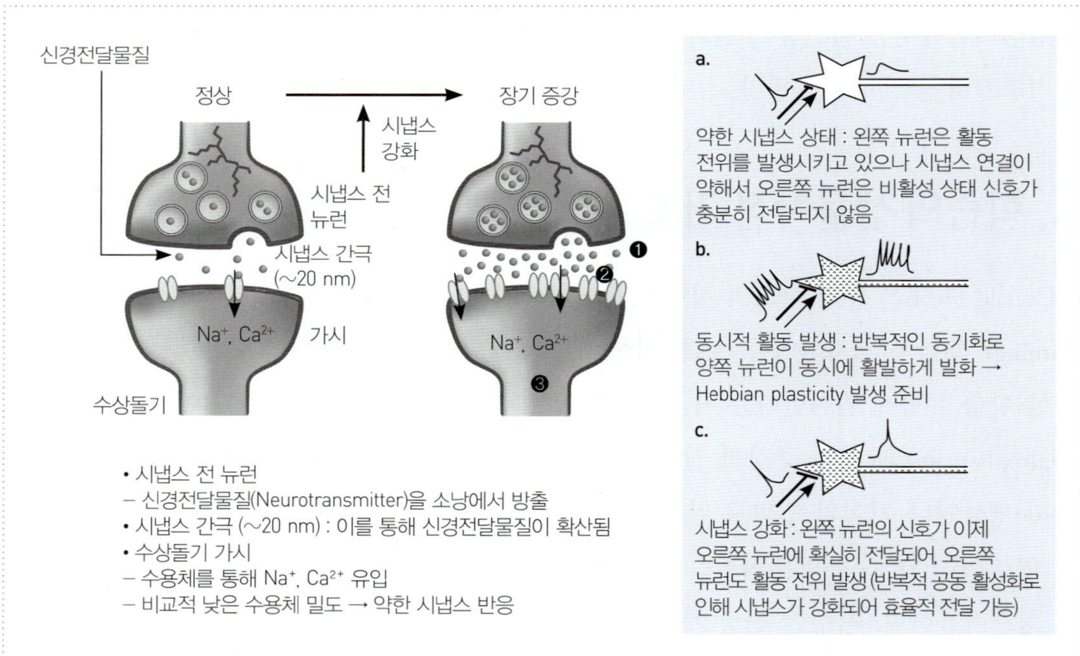

그림 3-9 장기 증강과 헵법칙

1) 신경계와 학습

신경계는 학습 과정의 핵심 기반이 된다. 학습이 일어나기 위해서는 뉴런 간의 정보 전달 방식이 변화해야 하며, 이때 중요한 역할을 하는 것이 바로 신경가소성, 특히 시냅스 가소성(synaptic plasticity)이다. 시냅스 가소성이란, 경험에 따라 뉴런들 사이의 시냅스 연결이 강화되거나 약화되는 현상을 의미하는데, 새로운 정보를 학습하거나 기존의 기술을 연습할 때, 특정 시냅스들은 더 강하게 연결되고, 덜 사용되는 시냅스의 연결망은 약화되는 현상을 의미한다.

예를 들어, 초등학생이 처음 자전거를 배울 때를 생각해보자. 처음에는 넘어지기 일쑤지만, 연습을 거듭할수록 균형을 잡는 데 성공하고 결국 자유롭게 자전거를 탈 수 있게 된다. 이 과정에서 반복적으로 사용된 신경 경로는 더욱 강력하게 연결되고, 관련 없는 경로는 약화된다. 이는 '장기 증강(Long-Term Potentiation, LTP)'의 대표적인 예가 된다. LTP는 특정 시냅스가 반복적으로 자극될 때, 그 시냅스의 신호 전달 효율이 장기간 증가하는 현상이다. 특히 '해마(hippocampus)'에서는 이러한 LTP가 활발히 일어난다. 해마는 학습과 기억을 담당하는 핵심 구조로, 새로운 정보를 받아들이고 이를 장기 기억으로 변환하는 데 결정적인 역할을 한다. 예를 들어, 새로운 학교에 입학한 학생이 교실 위치를 기억하고 친구들의 이름을 외우는 과정에서는 해마의 활발한 LTP가 필수적이다. 이처럼 신경계는 정적인 구조가 아니라, 경험을 통해 끊임없이 변형되고 성장한다.

2) 학습과 관련된 주요 뇌 구조

학습이 가능하려면 다양한 뇌 부위들이 협력해야 한다. 각 부위는 고유한 역할을 맡으며, 이들의 복합적인 상호작용을 통해 우리는 지식을 습득하고 행동을 변화시킨다.

해마(hippocampus)

해마는 학습과 기억의 중심지이다. 특히 사건 기억(episodic memory)과 공간 학습(spatial learning)에 깊이 관여한다. 대표적인 사례로 런던 택시 운전사 연구를 들 수 있다. 런던의 복잡한 도로를 외워야 하는 택시 운전사들은 해마의 특정 부위가 일반인보다 더 크게 발달되어 있었다. 이는 지속적인 공간 학습이 실제로 해마 구조를 변화시킨다는 것을 보여준다. 만약 해마가 손상되면, 새로운 정보를 기억하는 능력이 크게 저하된다. 이는 알츠하이머 환자들이 초기 단계에서 새로운 기억을 만드는 데 어려움을 겪는 이유이기도 하다.

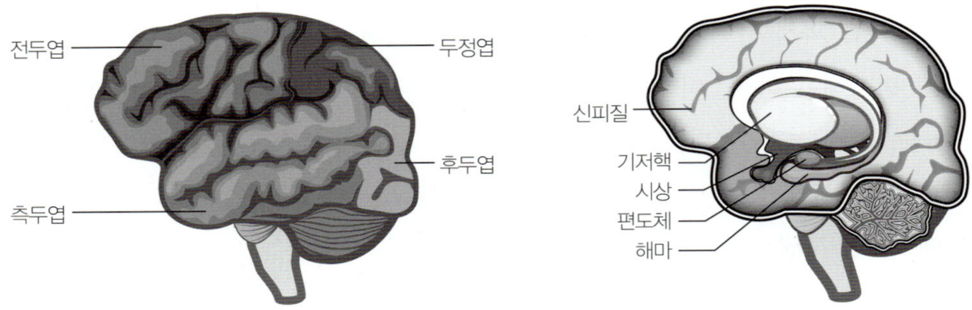

그림 3-10 학습과 관련된 주요 뇌 구조

편도체(amygdala)

편도체는 감정, 특히 공포와 관련된 학습을 담당한다. 고전적 조건형성(classical conditioning)에서 중립 자극이 공포 자극과 연합될 때, 편도체가 활성화된다. 예를 들어, 특정 소리를 들을 때마다 전기 충격을 경험한 쥐는, 시간이 지나 소리만 들어도 공포 반응을 보인다. 이 과정에서 편도체는 공포 기억을 형성하고 저장하는 핵심적인 역할을 한다. 인간의 경우, 외상 후 스트레스 장애(PTSD) 환자들도 편도체의 과도한 활성화와 관련이 있다.

기저핵(basal ganglia)

기저핵은 절차적 기억(procedural memory)과 습관적 행동에 중요한 역할을 한다. 자전거 타기, 타자 치기, 피아노 연주처럼 반복을 통해 몸에 익히는 기술들은 주로 기저핵의 도움으로 수행된다. 예를 들어, 처음에는 키보드 자판을 보고 타자를 치던 사람이, 연습을 반복하면서 키를 보지 않고도 빠르게 타이핑할 수 있게 되는 과정이 바로 기저핵의 학습이다. 기저핵이 손상될 경우 파킨슨병과 같은 운동 장애가 나타나기도 한다.

전두엽(prefrontal cortex)

전두엽은 고차원적 인지 기능을 담당한다. 목표 설정, 계획 수립, 충동 억제, 문제 해결 등이 그 예다. 대학생이 논문 마감 기한을 지키기 위해 계획을 세우고, 중간에 스마트폰을 보고 싶은 충동을 억제하는 과정은 전두엽의 기능에 의존한다. 또한, 상황에 맞게 행동 전략을 수정하거나 새로운 문제 해결 방법을 모색할 때 전두엽이 활발히 작동한다. 전두엽이 손상될 경우 충동적이고 비계획적인 행동이 증가하며, 이는 종종 사고와 사회적 부적응으로 이어진다.

학습은 단순히 외부 정보를 받아들이는 것이 아니다. 그것은 뇌와 신경계가 실제로 변화하는 과정이다. 시냅스 가소성과 장기 증강 같은 신경학적 메커니즘은 학습이 어떻게 신경 회로를 재구성하는지를 보여준다. 또한, 해마, 편도체, 기저핵, 전두엽 같은 주요 뇌 부위들은 각자의 고유한 방식으로 학습을 지원하며, 이들의 협력 없이는 어떤 지식도, 어떤 기술도 완전히 습득될 수 없다. 우리가 무언가를 배울 때마다, 우리 뇌는 조용히, 그러나 끊임없이 스스로를 새롭게 만들어가고 있다. 이 사실은 '배운다는 것'의 진정한 의미를 다시 생각하게 만든다. 학습은 곧 성장이며, 변화이며, 인간다움의 핵심이다.

box 1 잘 배우려면 잘 자야 한다.

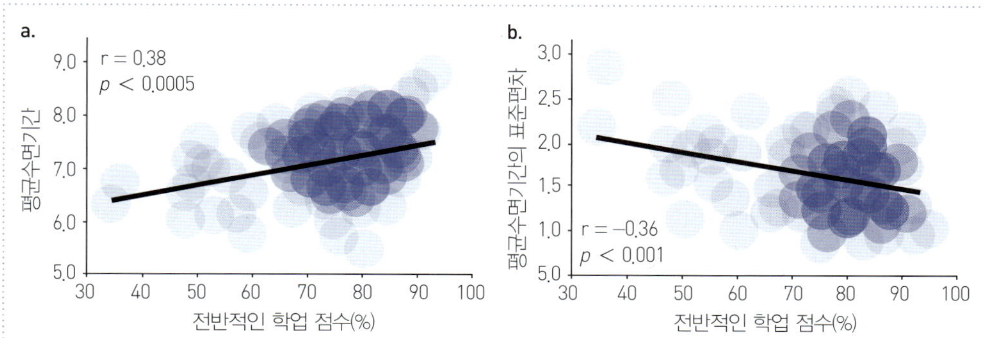

그림 3-11 수면시간과 수면의 규칙성이 학업성취도에 미치는 영향

평균수면시간이 길수록 전반적인 학업점수가 더 높다. 수면기간의 표준편차가 더 작을수록, 즉 수면시간이 일정할수록 전반적인 학업점수가 더 높다

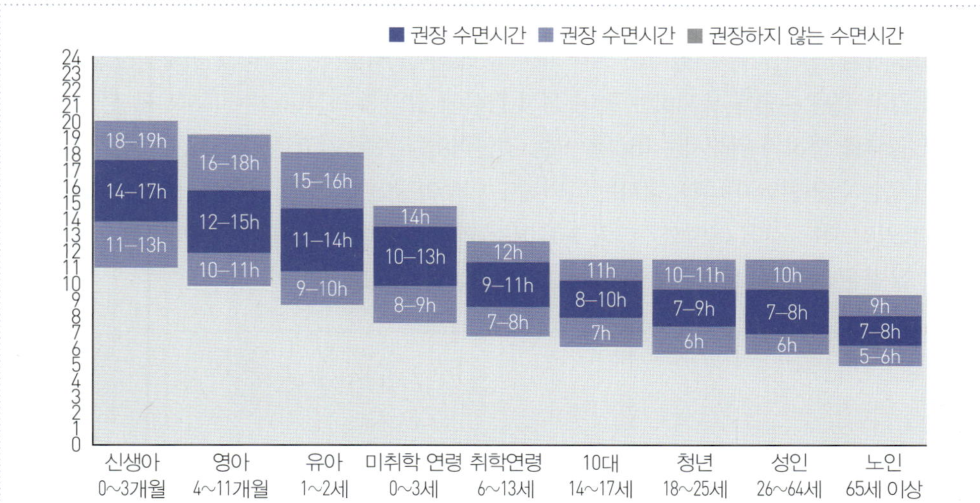

그림 3-12 연령별 권장 수면 시간

아동복지전문기관인 초록우산에서 조사한 2024년 아동행복지수에 따르면, 우리나라 고등학생 하루 평균 수면시간은 6시간 42분이었고, 권장시간보다 짧게 자는 '과소수면'의 비율 역시 25.2%로 계속 증가하고 있는 추세이다. 대부분의 청소년들은 수면 시간이 줄어든 것에 대해 공부를 하기 위해서라고 응답하고 있다.

그렇지만 우리는 충분히 자지 못할 때 집중력이 떨어지고, 기억력이 흐릿해진다는 것을 직관적으로 알고 있다. "잠을 줄여서 공부하는 것이 좋은 성과를 예측하는가?" 아니면 "좋은 수면이 학업 성적에 긍정적인 영향을 미치는가?"라는 질문에 답하기 위해서, MIT 연구팀에서 수면과 학업 성과의 관계를 객관적 데이터에 근거하여 분석하였다. 대학생들에게 웨어러블 기기(Fitbit)를 착용하도록 하여, 이 연구는 주관적으로 지각한 수면 시간이 아니라 실질적인 수면 시간을 측정하고 학업 성과와 비교했다는 점에서 기존의 연구와 큰 차별성을 갖는다.

① 수면이 성적을 만든다: 질, 양, 일관성의 세 가지 열쇠

연구에 참여한 학생들은 한 학기 동안 웨어러블 기기인 Fitbit를 착용했고, 연구진은 이 데이터를 바탕으로 세 가지 수면 요소—수면 시간(양), 수면의 질, 수면의 일관성—이 학업 성과에 어떤 영향을 미치는지를 분석했다. 그 결과는 명확했다. 그림 3-11에서 확인할 수 있는 것처럼 더 오래 자고, 더 깊이 자며, 더 규칙적으로 잔 학생들의 시험 성적이 더 좋았다. 평균 수면 시간이 길수록 학업 성과가 높았고, 수면의 질이 우수할수록 전체 성적이 향상되었다. 게다가 수면 시간이 요일별로 들쭉날쭉한 경우, 즉, 수면의 일관성이 낮을수록 성적이 떨어졌다.

특히 흥미로운 점은, 시험 전날 잠을 많이 자는 것만으로는 성적에 유의미한 영향이 없었다는 사실이다. 오히려 시험 1~4주 전의 수면 패턴이 더 큰 영향을 미쳤다. 이는 학습 내용이 장기기억으로 자리 잡기 위해서는 꾸준한 수면이 필수적이라는 사실을 뒷받침한다. 연구진은 수면 관련 변인들이 학업 성적의 변화를 얼마나 설명하는지를 분석한 결과, 전체 성적 변동성의 약 24.4%가 수면 요소에 의해 설명되는 것으로 밝혀졌다. 특히 수면의 '일관성'이 학업 성적에 독립적으로 가장 큰 영향을 미쳤다는 점이 주목할 만하다. 시험 전날 벼락치기보다는, 학습 기간 전체에 걸쳐 좋은 수면을 유지하는 것이 성적 향상에 훨씬 효과적이라는 메시지를 전달한다.

결국, 공부를 잘하기 위해서는 머리를 쓰는 것만큼이나 눈을 감고 잘 자는 것도 중요하다. 학습은 깨어 있는 동안만이 아니라, 잠자는 동안에도 이루어진다. 그러므로 다음 시험을 위해, 오늘은 조금 더 일찍 자는 것이 어떨까? 그림 3-12에는 연령별 권장 수면시간에 제시되어 있다. 7시간 이상의 질 좋은 수면을 스스로에게 선물하고 있는지 자문해 보아야 할 것이다.

04 인지심리학적 관점

〈배운 내용은 어떻게 기억되는가?〉

기억(memory)은 과거의 경험이나 학습된 정보를 저장하고 이를 인출하여 현재의 행동이나 사고에 영향을 미치는 정신 과정이다. 인간이 지식을 축적하고 학습하며, 자신을 정체화하는 데 있어서 기억은 핵심적인 역할을 한다. 고대 그리스 철학자 Platon은 기억을 '정신의 각인'이라고 표현했으며, Aristotle는 연상(association)의 원리를 통해 기억을 설명하려 했다. 이처럼 기억은 오랫동안 철학적 사유의 대상이었지만, 19세기 말 심리학이 독립된 학문으로 자리 잡으면서 실험적 방법을 통해 과학적으로 탐구되기 시작했다.

독일의 심리학자 Hermann Ebbinghaus는 무의미한 음절을 사용해 인간 기억의 유지와 망각 과정을 체계적으로 연구한 인물이다. 그는 기억이 시간에 따라 어떻게 소실되는지를 보여주는 망각곡선(forgetting curve)을 통해 기억 연구의 과학화를 촉진했다. 이후 행동주의적 관점에서는 기억이 '자극과 반응 사이의 연결'로 이해되었지만, 인지심리학이 대두되면서 기억과 학습과정에 대한 정보처리 모형(information processing model)이 부각되었다. 이러한 흐름 속에서 기억은 컴퓨터의 정보 처리 과정처럼 단계적으로 작동하는 것으로 설명되었다.

1. 다중 저장 모형

기억의 저장을 설명하는 대표적 이론 중 하나는 다중 저장 모형(multi-store model) 또는 Atkinson-Shiffrin 모형(1968)이다. 이 모형은 인간의 기억 체계를 다음 세 가지 주요 저장소로 구분한다.

- 감각등록기(sensory register)
- 단기기억(short-term memory; STM)

• 장기기억(long-term memory; LTM)

이 모형에 따르면 감각 등록기에 입력된 기억은 단기기억(작업기억)에 잠시 저장되는데, 그 경험이 감정적으로 소중하거나 중요한 것이면 장기 기억으로 넘어가서 부호화되지만 그렇지 않은 경우에는 사라질 수 있다. 기억을 회상할 때 그것을 처음 부호화했던 신경세포(neuron)들이 재작동된다. 그러면 그 신경세포들 간의 연결이 강화되고 이것이 반복되면 그 기억이 공고해진다. 기억을 구성하는 요소들, 예컨대 관련된 소리나 냄새 같은 것들은 뇌의 각기 다른 영역에 속해 있기 때문에 기억을 불러오려면 그 뇌 영역들이 모두 활성화되어야 한다. 기억을 회상하는 동안 우연히 그 기억이 새로운 정보와 섞일 수 있는데, 이 때 기억에 새 정보가 완전히 융합되어 원래의 기억으로 되돌릴 수 없게 되기도 한다.

이러한 요소로 구성된 다중 저장 모형은 정보가 입력되고 저장되며 인출되는 전체 기억 시스템의 흐름을 설명하는 모형으로, 인간의 정보 처리 과정을 단계적으로 설명할 수 있는 유용한 틀을 제공한다. 이 모형은 인간이 어떻게 감각 정보를 선택하고, 단기적으로 유지하며, 장기적으로 저장하고 인출하는지를 이해하는 데 핵심적인 토대를 제공한다. 비록 이후에 작업기억 모형이나 처리수준이론(levels of processing theory), 연결주의 모형(connectionist model) 등 다양한 대안 모형이 제안되었지만, '감각등록기 – 단기기억 – 장기기억'으로 이어지는 구조는 여전히 기억에 대한 기본적 이해를 위한 출발점으로서 강력한 설명력을 지닌다.

1) 감각 기억 : 순간의 인식

감각등록기(sensory register)는 외부 환경에서 유입되는 감각 정보를 극히 짧은 시간 동안

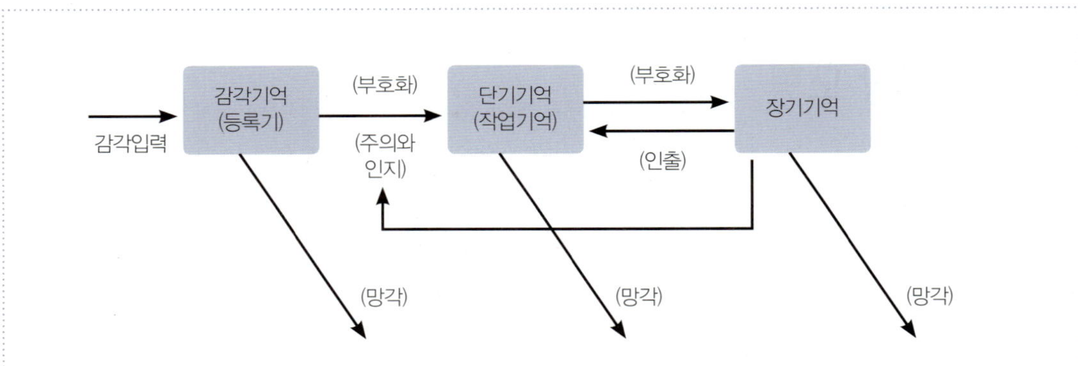

그림 4-1 기억저장모형

보존하는 기억의 첫 단계이다. 감각기억(sensory memory)은 이 감각등록기로 구성되며, 각각의 감각—시각, 청각, 촉각, 후각, 미각—마다 고유한 등록기가 존재한다. 이 정보는 아직 인식되지 않은 상태로 잠시 머물다 우리가 주의를 기울일 때 비로소 인식되어 단기기억으로 옮겨진다. 시각 감각등록기인 '영상기억(iconic memory)'이 대표적인 예다. 이는 마치 사진처럼 시각 정보를 정확하게 포착하지만, 지속 시간은 1초 이내로 매우 짧다. 우리가 시각 장면 전체에 집중할 수 없기에, 주목한 정보만이 단기기억으로 전이되고 나머지는 빠르게 소멸된다. 이러한 영상기억의 지속 시간과 용량에 관한 연구는 실험심리학자들에 의해 진행되었다. 예를 들어, Sperling의 연구에서는 피험자들이 짧은 시간 제시된 문자 배열 중 일부에만 정확히 반응할 수 있음을 보여주며, 감각등록기의 용량은 많지만 지속 시간이 매우 짧다는 사실을 증명하였다. 이처럼 감각등록기는 정보가 인식되기 전 잠시 머무는 '기억의 대기실'로, 주의와 인식의 출발점이자 단기기억의 전초기지라 할 수 있다.

2) 단기 기억: 작업의 공간

단기기억(short-term memory, STM)은 감각기억으로부터의 정보가 인식 속으로 들어오는 기억단계이다. 우리는 단기기억에서 정보를 시연해서 영구적인 저장소인 장기기억에 옮길 수 있고, 나중에 그것을 기억해낼 수 있다. 또 우리는 장기기억에 있는 정보를 단기기억으로 되돌려 보내서 시연을 촉진시키고, 문제를 해결하고, 결정을 내리는 데 사용할 수 있다. 그래서 단기기억을 작업기억이라고도 한다(Baddeley, 1992, 2001; Engle, 2002). 그것은 기억 체계에서 작업대의 역할을 한다. 작업기억에서 당신이 현재 의식하고 있는 인지과정이 일어나고 있다. 이 문장을 읽으면서 지금 생각하고 있는 것이 있다면 그것도 단기기억 내에서 이루어지고 있는 것이다. 당신이 단기 작업기억을 사용하고 있기 때문에 책을 읽으면서 내용을 이해하고 기억하는 일을 할 수 있는 것이다. 인간은 의식 내에서 많은 양의 정보를 한꺼번에 처리할 수 없는데, 그 이유는 단기 작업기억이 다소 작은 용량을 가지고 있기 때문이다. 또한 단기기억에서의 정보는 다소 약한 상태에 있어서 30초 내에 기억에서 없어진다. 단기기억이라고 불리는 이유도 그 때문이다.

단기기억의 용량

단기기억의 용량은 우리가 한 번에 기억할 수 있는 정보의 양을 의미하며, 이를 측정하기 위해 연구자들은 기억폭 과제(memory span task)를 사용해 왔다. 이 과제는 참가자가 무작위로 제시된 문자나 단어를 순서대로 기억하는 방식으로, 평균적으로 사람들은 5~9개의 항목, 즉 7±2개의 정보를 기억할 수 있다는 것이 George Miller의 연구에서 밝혀졌다. Miller는 이를 매직 넘버 7으로 표현하면서 7개 단위 정도가 단기 기억의 용량이라 설명하였다.

이때 중요한 개념이 바로 '청크(chunk)'이다. 청크는 의미 있는 정보 단위로, 단어, 약어, 숫자 묶음 등이 될 수 있다. 예를 들어, 'USA'는 세 개의 철자지만 하나의 청크로 기억된다. 따라서 같은 7개의 청크라도, 청크의 크기에 따라 실제로 기억되는 정보량은 훨씬 더 많아질 수 있다. 이처럼 청크가 얼마나 크고 의미 있는가에 따라 실제로 기억되는 정보량은 크게 달라진다. 무작위 숫자와 전화번호를 비교해 보자. '1 7 9 2 4 6 5 3 8'처럼 각각 개별 숫자로 제시될 경우, 사람들은 평균적으로 7개 정도만 기억할 수 있지만 '010-1234-5678'처럼 익숙한 전화번호의 형식으로 제시되면, '010', '1234', '5678'은 각각 하나의 청크로 인식된다. 이렇게 하면 실제로는 11자리 숫자를 단 3개의 청크로 기억하게 되는 셈이다.

Q, R, P, X, D, T, M처럼 무의미하고 연관 없는 글자들은 각각 하나의 청크로 처리되어 한계에 금방 도달하지만, DOG, SUN, BOY처럼 우리가 잘 아는 단어로 문자가 제시되면 각각의 단어가 하나의 청크가 되므로, 3개의 청크지만 9글자의 정보를 기억할 수 있다. 전문가와 초보자의 차이 역시 청크의 차이라 할 수 있다. 체스 전문가는 체스판의 배치에서 여러 기물의 조합을 전략적 패턴(청크)으로 인식하는 반면, 초보자는 각 기물을 개별 정보로 기억하기 때문에 자신의 영역에서 더 큰 청크를 구성할 수 있는 전문가는 일반인보다 더 많은 정보를 기억할 수 있게 된다.

단기기억의 유지

단기기억은 정보를 잠시 보관하며 작업하는 인지적 공간이지만, 주의를 기울이지 않으면 그 지속시간은 30초 이하로 짧다. 연구자들은 이 지속시간을 측정하기 위해 '교란 과제(distractor task)'를 사용했다. 예를 들어, CWZ 같은 자음을 제시한 후 참가자가 숫자를 거꾸로 세도록 하면, 주의가 분산되어 자음 정보를 곧 잊어버리게 된다. 이는 단기기억이 주의가 지속되지 않으면 빠르게 소멸함을 보여준다. 일상에서도 비슷한 경험을 했을 수 있다. 전화번호를 외우려 할 때, 반복해서 암송하면 새로운 전화번호가 쉽게 인출되지만 암송 과정에서 외부 자극에 의해 방해를 받으면 번호가 쉽게 잊힌다. 이처럼 단기기억은 정보가 일시적으로 머무는 상태일 뿐, 지속적인 주의와 반복이 없으면 유지되기 어렵다. 정보를 단기기억에 유지하기 위해 우리는 종종 '유지시연(maintenance rehearsal)'을 사용한다. 이는 정보를 되풀이하여 반복함으로써 주의를 지속시키는 전략이다. 그러나 단기기억의 목적은 단순한 보관이 아니라, 정보를 장기기억으로 이전하는 데 있다.

3) 장기기억 : 정보의 영속적 저장소

장기기억은 비교적 영속적으로 정보를 저장하는 체계로, 정보는 의미적 연결을 통해 구조화되어 저장된다. 장기기억의 저장 용량은 사실상 무한하며, 정보는 수분에서 평생 동안 유지될 수 있다. 장기기억으로의 전이는 반복(repetition), 정교화(elaboration), 맥락화(contextualization) 등의 전략을 통해 촉진될 수 있다.

단기기억에서 장기기억으로의 부호화

Baddeley의 작업기억(working memory) 이론은 단기기억을 단순한 정보 저장소가 아닌 적극적으로 정보를 조작하고 구성하는 시스템으로 재정의하였다. 그의 모형은 정보가 장기기억으로 효과적으로 부호화(encoding)되기 위해서는 다양한 구성 요소들의 상호작용이 필요하다는 점을 강조한다.

그림 4-2의 가장 위에 존재하는 '중앙집행장치(central executive)'는 작업기억의 핵심 조정자로, 정보를 주의 깊게 선택하고 관련된 하위 체계로 정보를 전달한다. 이 하위 체계에는 '음운루프(phonological loop)', '시공간 스케치패드(visuospatial sketchpad)', '에피소드 버퍼(episodic buffer)'가 포함된다. 음운루프는 언어적 정보의 처리를 담당하고, 시공간 스캐치

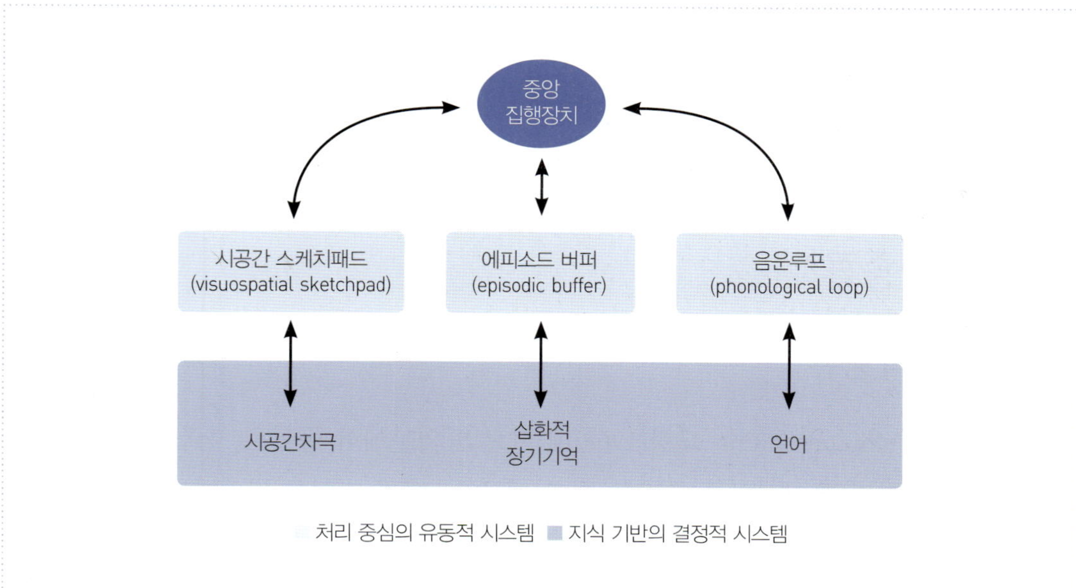

그림 4-2 Baddeley의 작업 기억 이론

패드는 시각 및 공간 정보를 담당하며, 에피소드 버퍼는 다양한 다양한 정보의 통합을 담당한다.

정보가 장기기억으로 전이되기 위해서는 단순히 반복하는 '유지시연(maintenance rehearsal)'을 넘어서, 의미를 부여하거나 새로운 방식으로 정보를 재구성하는 '정교화시연(elaborative rehearsal)'이 필요하다. 예를 들어, 전화번호를 단순히 반복해서 외우는 행위는 일시적으로 단기기억에 저장해 둘 수 있지만, 금방 사라지게 된다. 그러나 해당 전화번호를 의미 있는 사건과 연결하거나 개인 경험과 관련지으면 장기기억으로 저장될 가능성이 높아진다.

에피소드 버퍼는 이러한 정교화의 핵심 매개 역할을 한다. 이 버퍼는 시각 정보, 언어 정보, 그리고 이미 장기기억에 저장된 지식 등을 통합하여 하나의 '에피소드'로 재구성함으로써 부호화 과정을 돕는다. 예를 들어, 특정 사건을 이야기 형태로 재구성하거나, 시각 이미지와 단어를 함께 묶는 방식을 적용하여 처리하는 정보를 정교화한다면 보다 쉽게 기억된다.

또한, 작업기억은 단기 기억만을 다루는 것이 아니라 장기기억과의 쌍방향 소통도 담당한다. 장기기억의 언어나 시각적 의미 정보는 작업기억 내에서 새로운 정보를 해석하고 조직하는 데 사용된다. 이를 통해 새로운 정보는 기존 지식 구조에 더 잘 통합되고, 이는 장기기억으로의 효과적인 부호화를 가능케 한다.

요약하자면, Baddeley의 작업기억 모형은 단기기억이 정보를 일시적으로 저장하는 수동적 장소가 아니라, 정보를 조작하고 통합하여 장기기억에 효과적으로 전이시키는 적극적 시스템임을 보여준다. 단기기억에서 장기기억으로의 부호화는 단순 반복을 넘어서, 주의, 정교화, 통합, 그리고 기존 지식과의 연결을 포함한 복합적인 과정이며, 이는 작업기억 각 구성 요소들의 유기적인 협력 속에서 이루어진다.

2. 기억의 종류

1) 단기 기억의 종류

앞서 설명한 Atkinson-Shiffrin 모형(1968)에 따르면 외부에서 들어온 자극을 일시적으로 저장하여 필요에 따라 인식하고 조작할 수 있게 하는 단기 기억은 단일한 구조가 아니라 '감각기억'과 '작업기억'이라는 두 가지 주요 하위 체계로 구분될 수 있다. 이 두 체계는 정보가 처리되는 시간과 방식, 용도에 따라 서로 다른 역할을 수행한다.

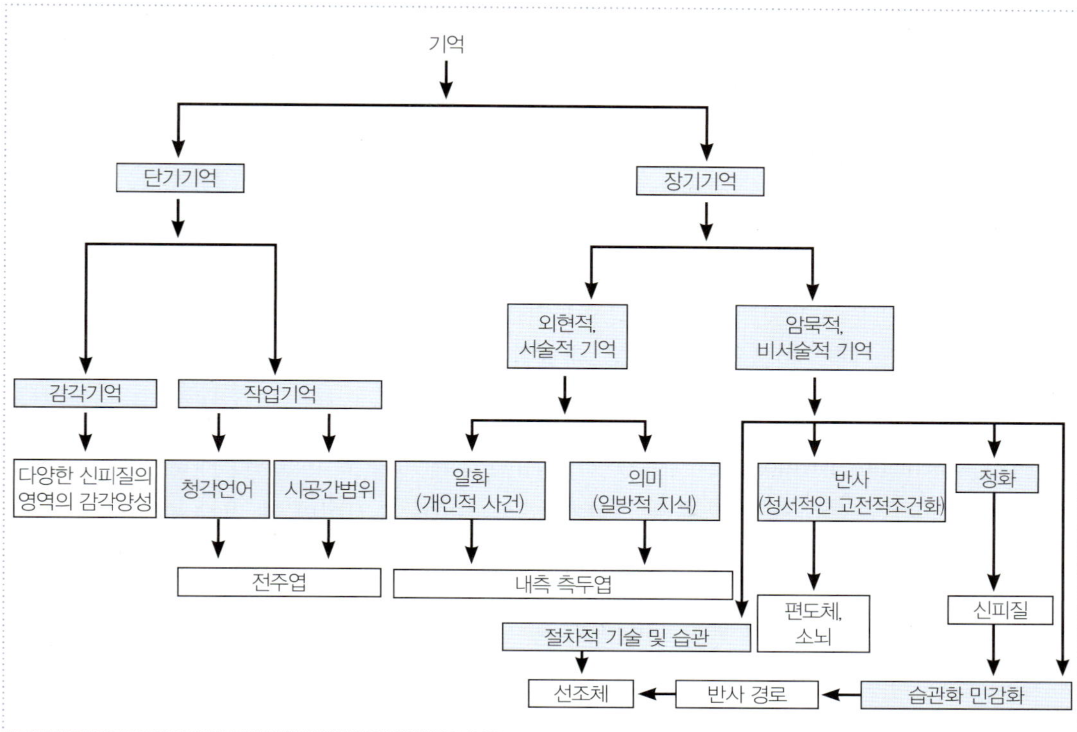

그림 4-3 기억의 종류

감각 자극을 순간적으로 포착하는 '감각기억'과 정보의 조작과 통합이 발생하는 '작업기억'은 서로 독립적이면서도 연속적인 관계에 있다. 감각기억은 정보를 일시적으로 보관하며, 그 중 주의를 기울인 정보만이 작업기억으로 이동한다. 작업기억은 그 정보를 해석하고 조작하여 문제를 해결하거나 장기기억으로 전이하는 데 관여한다.

2) 장기 기억의 종류

기억을 연구한 심리학자들은 장기기억을 여러 유형으로 나누어 설명하는데, 특히 Squire는 의식적인 회상이 필요한 기억과 그렇지 않은 기억의 구별이 주요 기준 중 하나라고 주장한다. 이 구분에 따르면 장기기억은 '외현적(서술적) 기억'과 '암묵적(비서술적) 기억'으로 나뉘며, 각각은 다양한 하위 유형으로 세분화된다. 장기기억은 우리가 지식을 배우고, 경험을 되살리며, 기술을 자동화하고, 환경에 반응하는 데 핵심적인 역할을 한다. 외현적 기억이 교실에서 배우고 시험을 보는 데 사용된다면, 암묵적 기억은 운전하거나 악기를 연주할 때처럼 자동적이고 무의식적인 실행을 가능하게 한다. 의미기억은 세상의 지식을 담고, 일화기억은 우리 삶의 순간을 담으며, 절차적 기억은 우리가 반복을 통해 익힌 능력을 저장한다. 고전적 조건형성과 점화는 우리의 감정과 판단에 미묘한 영향을 준다.

외현적 기억(explicit memory), 서술적 기억(declarative memory)

이 기억은 말로 표현할 수 있는 '무엇'에 대한 기억으로, 우리가 의식적으로 회상하고, 언어로 표현할 수 있는 기억이다. 전두엽이나 간뇌, 해마가 관여하는 영역으로 정보의 의미에 기반한 개념주도적 처리 방식을 사용한다. 시험에서 "한국의 수도는 어디인가요?"라는 질문을 받았을 때, "서울입니다"라고 대답할 수 있는 것은 의미기억에 기반한 덕분이다. 이 외현적 기억은 다시 두 가지 하위 범주로 나뉜다.

의미기억(Semantic Memory)은 세상에 대한 사실적 지식을 담고 있다. 예를 들어 '태양은 동쪽에서 뜬다', '고양이는 포유류다', '피자는 이탈리아 음식이다'와 같은 일반적 사실은 의미기억에 속한다. 일상 속에서 친구들과 퀴즈 게임을 하거나, 교과서를 통해 새로운 개념을 배울 때 우리는 의미기억을 사용하고 있다. 의미기억은 개인의 경험과 관계없는 비문맥적 기억이라는 점에서 일화기억과 구별된다. 예를 들어, '조지 워싱턴은 미국의 초대 대통령이다'라는 사실은 당신이 직접 경험한 일은 아니지만, 학교나 책을 통해 학습된 지

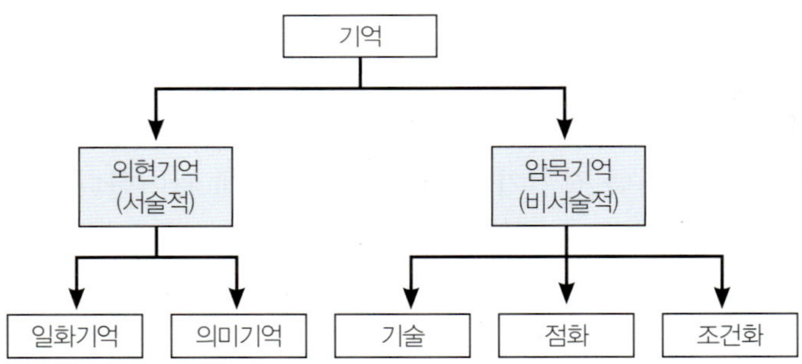

	외현적 기억	암묵적 기억
처리방식	개념주도적 처리	자료주도적 처리
정보의 내용	의미적 / what	지각적 / how
표상 형식	명제 표상	산출 체계 (if~, then~)
정보의 인출	의식적	무의식적
뇌 영역	전두엽, 간뇌, 해마	기저핵, 소뇌

그림 4-4 외현적 기억과 암묵적 기억의 비교

식이다.

반면 일화기억(episodic memory)은 개인이 직접 경험한 시간적 · 공간적 맥락이 있는 사건을 저장한다. 첫 키스를 했던 장소, 대학 입학식 날의 풍경, 가족 여행 중 들른 바닷가의 냄새와 바람의 감촉 등은 모두 일화기억에 속한다. 이러한 기억은 대부분 정서적으로 의미 있는 경우가 많고, 때로는 매우 생생하게 재생된다.

일화기억과 의미기억은 함께 '자서전적 기억(autobiographical memory)'을 구성한다. 예를 들어, "내 생일은 10월 7일이고, 초등학교 4학년 때 처음으로 생일 파티를 열었다"는 진술은 사실과 경험을 함께 담고 있어 자서전적 기억의 전형적인 예가 된다.

암묵적 기억(implicit memory), 비서술적 기억(non-declarative memory)

이 기억은 말로 설명되지 않는 기억으로, 행동에 영향을 미치지만 의식적으로 회상하거나 말로 설명할 필요는 없는 기억이다. 즉, '무엇을' 아는 것이 아니라 '어떻게'를 아는 기억이다. 기저핵이나 소뇌가 관여하는 영역으로 입력된 감각정보에 기반해서 자료주도적 처리 방식을 사용한다. 외현적 기억의 표상형식이 명제적 표상인데 반하여, 암묵적 기억은 '만약 내가 특정한 상황에서 있다면(if~), 특정한 방식으로 행동한다(then~)'와 같은 산출체계로 표상된다.

암묵적 기억의 대표적인 형태는 절차적 기억(procedural memory)으로, 특정 기술이나 동작을 수행하는 데 필요한 기억이다. 자전거를 타는 법, 타자 치는 법, 운전하는 법 등이 이에 해당한다. 이런 기술은 한 번 습득하면 오랫동안 지속되며, 의식적으로 설명하지 않아도 자동적으로 실행된다. 10년 동안 피아노를 친 사람이 악보를 보지 않고도 손가락이 알아서 움직이는 경우, 베테랑 운전자가 자신이 잘 알고 있는 길에서 능숙하게 운전을 하는 경우, 이러한 상황은 절차적 기억에 의해 조정되는 행동이다. 테니스 선수가 공을 받아칠 때 반사적으로 반응하는 것 역시 마찬가지다.

고전적 조건형성(classical conditioning) 역시 암묵적 기억의 일종이다. 이는 특정 자극에 대해 자동적으로 반응하게 되는 학습이다. 예를 들어, 병원에 대한 불쾌한 경험이 반복되면, 나중에 병원 앞을 지나기만 해도 긴장하거나 불안한 감정을 느끼게 되는데, 이는 조건자극(병원)과 조건 반응(불안) 사이의 암묵적 연합 때문이다.

점화(priming) 현상 역시 암묵적 기억의 일종이다. 점화란 이전에 접한 정보가 이후의 인지나 행동에 영향을 주는 현상이다. 예를 들어, 실험 참가자에게 'social'이라는 단어를 보여준 후, 's_ c_ _ _'라는 단어를 제시하면 참가자는 'social'을 더 쉽게 떠올린다. 중요한 점은 'social'이라는 단어가 매우 빠르게 제시되어 참가자가 이전에 해당 단어를 보았다는 사실을 의식하지 못하는 경우에도 점화 효과는 여전히 발생한다는 것이다. 기억상실증 환자들이 단어 목록을 의식적으로 기억하지 못하면서도 점화 과제에서는 정답률이 정상인과 유사한 양상을 보이는데, 이러한 현상 역시 점화 효과로 설명할 수 있다.

3. 기억의 신경학적 기제

기억은 인간 정신 기능의 핵심 요소 중 하나로, 우리가 과거를 회상하고 미래를 계획하며 정체성을 형성하는 데 필수적인 역할을 한다. 이러한 기억이 뇌 속에서 어떻게 저장되고 재구성되는지를 밝히는 것은 심리학과 신경과학의 중요한 과제였다.

1) 해마와 외현 기억의 형성

기억에는 여러 유형이 있지만, 외현적 기억(explicit memory), 특히 일화적 기억(episodic memory)의 형성에 해마가 핵심적인 역할을 한다는 사실은 많은 연구를 통해 밝혀졌다. 외현적 기억은 우리가 언제, 어디서, 무엇을 경험했는지를 명확히 회상할 수 있는 기억이다. 해마는 이러한 새로운 정보들을 통합하고 임시로 저장하는 과정에 관여하며, 정보가 장기 기억으로 전환되기 전 중간 처리 센터로 기능한다. 하지만 해마가 기억의 최종 저장소는

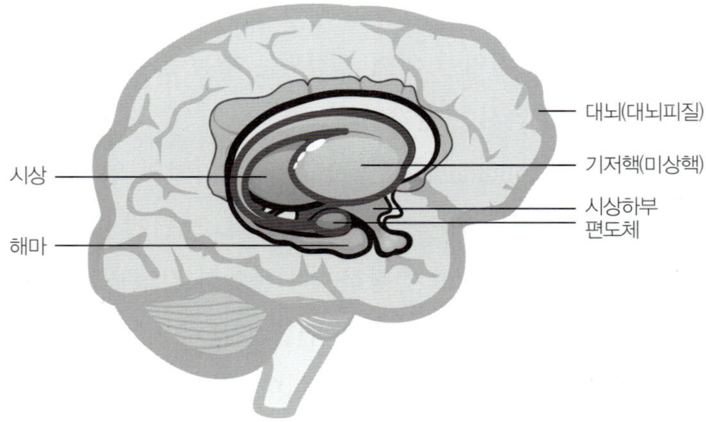

편도체를 포함한 뇌 구조

그림 4-5 기억의 신경학적 기제

아니며, 정보가 안정화되면 기억이 점차 대뇌 피질의 여러 영역으로 분산되어 저장되는 것으로 여겨진다.

2) 기저핵과 습관 학습

의식적 회상 없이도 수행되는 암묵적 기억(implicit memory)은 우리가 무의식적으로 학습하고 자동화된 행동을 통해 발휘하는 기억으로, 예컨대 자전거 타기, 타자 치기, 스포츠 기술, 운전 등이 이에 속한다. 이러한 기억은 의식적으로 정보를 되새기지 않아도 반복적인 훈련을 통해 체득되며, 특유의 신경학적 경로를 통해 처리된다.

기저핵은 대뇌 피질 깊숙한 곳에 위치한 여러 신경 집합체의 총칭으로, 운동 조절, 습관 형성, 그리고 절차 기억(procedural memory)의 형성에 깊이 관여한다. 절차 기억은 일련의 동작이나 기술을 반복하여 무의식적으로 수행할 수 있게 되는 기억 유형이다. 반복 학습을 통해 습관화된 행동은 기저핵을 통해 자동화되며, 이는 우리가 복잡한 동작을 별다른 인지적 부담 없이 수행할 수 있도록 해준다.

특히 '선조체(striatum)'는 자극-반응 학습(stimulus-response learning)에 중요한 역할을 하며, 이는 환경 자극에 반복적으로 특정 반응을 보이게 되는 습관적 행동의 형성과 관련된다. 파킨슨병 환자에서 기저핵의 기능 이상으로 인해 암묵적 학습 능력의 저하가 관찰되는 것은, 기저핵이 암묵적 기억 처리에 필수적인 뇌 구조임을 보여주는 강력한 사례다.

3) 소뇌와 운동 기억

소뇌(cerebellum)는 전통적으로 운동 조절과 균형 유지에 관련된 뇌 구조로 알려져 있으나, 최근에는 운동 기억(motor memory)과 관련된 암묵적 학습에도 핵심적인 역할을 한다는 점이 밝혀졌다. 예를 들어, 특정 운동을 반복적으로 수행하면 그 움직임의 정확성과 타이밍이 향상되는데, 이러한 과정이 발생하는 것은 소뇌의 정교한 조율 덕분이다.

고전적 조건형성(classical conditioning) 연구는 소뇌의 암묵적 기억에서의 역할을 실험적으로 입증하는 데 활용되어 왔다. 이 실험에서 조건 자극(예: 소리)과 무조건 자극(예: 공기 불기)이 반복적으로 짝지어질 경우, 피험자는 소리만 들어도 반사적으로 눈을 감게 된다. 이처럼 자극 간의 시간 간격을 인식하고, 조건 반응을 정밀하게 조율하는 데 있어 소뇌가 필수적인 역할을 담당한다.

이러한 이론은 기억이 시간에 따라 어떻게 재구성되는지를 설명해주는 동시에, 특정 뇌 부위의 손상이 기억에 어떤 영향을 미치는지를 예측할 수 있게 해준다. 특히, 해마가 손상될 경우 새로운 일화적 기억의 형성에 장애가 발생하며, 이는 다양한 임상 사례를 통해 입증되었다.

4. 장기기억의 상실

1) 기억상실

우리는 누구나 망각을 경험한다. 시간이 지나면 시험공부 내용이 흐릿해지고, 오래된 친구의 전화번호가 기억나지 않기도 한다. 이러한 자연스러운 망각은 기억의 일상적인 속성이지만, '기억상실(amnesia)'은 이와는 본질적으로 다르다. 기억상실은 외상, 수술, 질병 등의 원인으로 인해 장기기억이 비정상적으로 손상되거나 형성되지 않는 상태로, 기억의 시스템 자체에 결함이 생기는 현상이다.

순행성 기억상실 (anterograde amnesia)

기억상실에 대한 대표적인 사례는 심리학 역사상 가장 널리 연구된 환자, 'H.M.(Henry Molaison)'이다. 그는 간질 치료를 위해 해마(hippocampus)와 인접 측두엽 조직을 제거하는 수술을 받은 후, 심각한 '순행성 기억상실증(anterograde amnesia)'을 겪게 되었다. 그림 4-6에서 볼 수 있듯이, H.M.의 뇌에는 정상인에서 볼 수 있는 해마 구조가 사라져 있다. 수술 이후에도 그의 단기기억은 정상이었지만, 새롭게 외현적 장기기억을 형성하는 능력은 거의 완전히 상실되었다. 매일 처음 만나는 사람처럼 같은 사람을 반복해 소개받았고, 같은 잡지를 처음 보는 것처럼 다시 읽었다. TV 프로그램을 보는 중간에 광고가 끼면 내용을 따라가지 못했고, 수술 이후 새롭게 알게 된 사람이나 새롭게 발생한 사건을 장기적으로 기억하지 못했다.

H.M.의 사례에서 주목할 점은 외현적 기억과 암묵적 기억이 서로 다른 뇌 구조에 의해 처리된다는 사실이다. 그는 외현적 장기기억을 새롭게 형성하지 못했지만, 암묵적 기억 능력은 일부 유지되었다. 대표적으로, 그는 '거울상 따라 그리기'라는 절차적 운동과제를 훈련하면서 시행 횟수에 따라 숙련도가 향상되었다. 그림 4-6에서 볼 수 있듯이, 이중선으로 그려진 별모양을 거울에 비춘 후, 선과 선 사이의 공간으로 별을 따라 그려야 하는 상당히 어려운 과제였기에 첫 날에는 오류가 매우 많았으나, 여러 번 반복해서 연습하다보니 점차 오류율이 감소하게 되었다. 그 다음날에 H.M.은 전날 했던 거울상 따라 그리

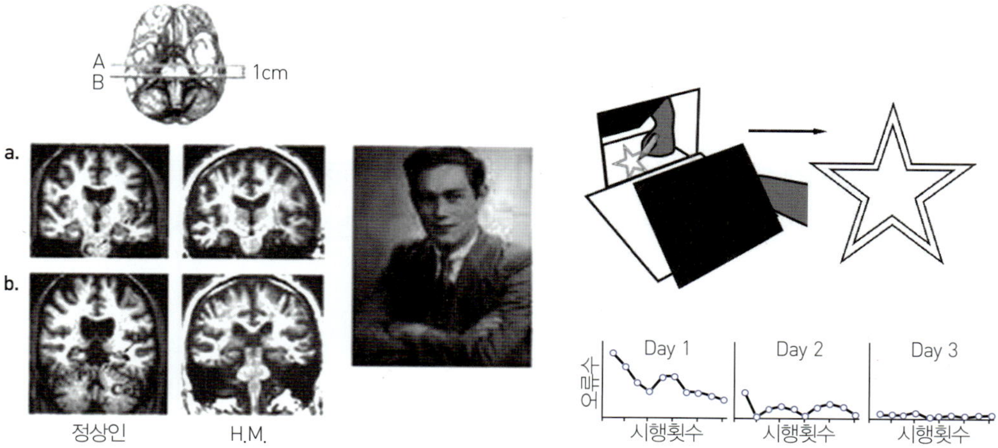

그림 4-6 H.M.과 순행성 기억상실

기를 자신이 했다는 사실은 전혀 기억하지 못했지만, 과제는 상당히 잘 수행할 수 있었다. 몇 달 후에도 과제를 잘 수행했지만, 이전에 자신이 과제를 해보았던 기억은 전혀 떠올리지 못했다. 이는 절차적 기억이 해마가 아닌 소뇌(cerebellum)와 기저핵(basal ganglia) 등 다른 뇌 부위에 저장된다는 점을 시사한다.

또한, H.M.은 점화와 고전적 조건형성 능력도 적절히 유지되고 있었다. 그는 단어완성 과제에서 무의식적으로 이전에 제시된 단어에 반응했고, 눈 깜박임을 유발하는 조건자극에 반응하면서도 조건형성 과정 자체를 의식적으로 기억하지는 못했다. 이러한 현상은 암묵적 기억이 해마와는 별개의 신경 경로에 의존한다는 점을 시사하며, 우리가 '기억한다'고 느끼는 의식적 자각과 실제 행동에 반영되는 무의식적 기억 사이의 신경학적 분리를 보여주는 중요한 증거가 된다. 이는 기억이 단일한 과정이 아니라 다양한 유형과 경로로 나뉘며, 각각이 서로 다른 뇌 구조에 의해 지원된다는 것을 말해준다.

역행성 기억상실 (retrograde amnesia)

순행성 기억상실 외에 역행성 기억상실증도 존재한다. 이는 사고나 수술 직전의 과거 기억, 특히 일화적 기억이 사라지는 현상이다. 예를 들어, 뇌진탕을 겪은 후 사고 직전 몇 분간의 기억이 사라지는 경우가 대표적이다. H.M. 또한 수술 직전 며칠간의 기억에 대해 역행성 기억상실 증세를 보였지만, 이는 순행성 증상에 비해 상대적으로 경미했다.

유아기 기억상실과 뇌 발달

외현적 기억의 형성과 해마의 관계는 '유아기 기억상실(infantile amnesia)'이라는 현상을 설명하는 데에도 적용된다. 대부분의 사람들은 생후 3세 이전의 일을 거의 기억하지 못하는데, 이는 그 시기의 해마가 완전히 성숙하지 않았기 때문이라는 주장이 제기된다. 즉, 기억을 형성하고 저장하는 구조가 미성숙하므로, 경험이 장기기억으로 전환되지 못하고 소멸되는 것이다. 이는 기억 형성의 생물학적 기반과 뇌 발달의 상호작용을 보여주는 흥미로운 사례다.

2) 망각

기억은 인간의 사고, 학습, 행동에 깊은 영향을 미치는 핵심적인 인지 기능이다. 그러나 기억은 저장되기만 하는 것이 아니라 시간이 지남에 따라 사라지기도 한다. 이를 '망각(forgetting)'이라 한다.

Ebbinghaus 망각곡선

망각은 단순한 기억력 저하 이상의 복잡한 심리적 · 신경학적 기제를 포함한다. 망각의 양상과 원인을 이해하기 위한 고전적 연구 중 하나가 Ebbinghaus의 망각 곡선이다. 그는 기억이 시간의 흐름에 따라 어떻게 손실되는지를 측정하기 위해 반복 학습과 회상 테스트를 직접 수행하며 체계적인 실험을 설계하였다. 이전까지 기억은 철학적이거나 질적인 방식으로만 논의되었지만, 그는 기억과 망각을 실험 심리학의 대상으로 전환시켰다.

그는 학습이나 기억의 과정에서 기존의 언어나 지식이 개입되지 않도록 하기 위해, 의미 없는 3음절(nonsense syllables)을 실험 자극으로 사용했는데, 'ZUG', 'MEQ', 'LIF' 등과 같은 자음-모음-자음(CVC) 구조의 단어 목록을 학습하여 시간 간격을 두고 인출하는 방식으로 실험을 설계하였다. 이를 통해 기존 기억의 간섭을 배제하여 순수한 기억 능력을 측정할 수 있었다.

자기 자신이 실험 대상이 되어 이 무의미한 음절 목록을 외운 후, 일정 시간이 지난 뒤 어느 정도를 기억하고 있는지를 확인했는데, 학습 직후, 20분, 1시간, 9시간, 하루, 2일, 6일, 31일 등 다양한 시간 간격을 두고 재학습(relearning)을 시도하였고, 처음 학습 때보다 얼마나 빠르게 다시 외울 수 있는지를 측정하여 망각의 정도를 정량화하였다. 무의미한 음절을 암기하고 일정 시간이 지난 뒤 회상 능력을 측정한 결과, 학습 직후 급격한 기억 손실이 일어나며 이후 점차 완만하게 감소한다는 것을 밝혀냈다. 이 곡선은 망각이 일

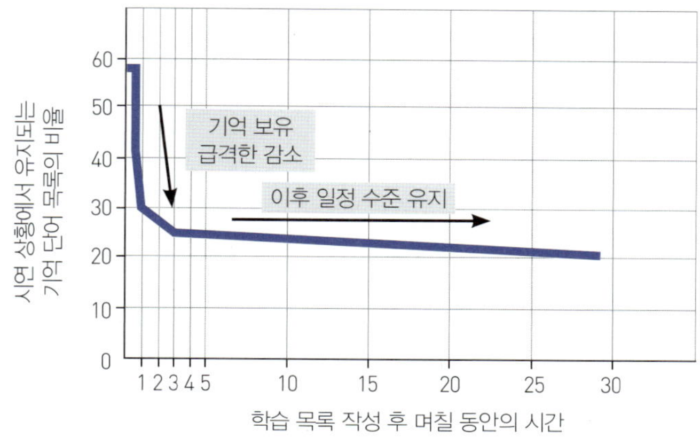

그림 4-7 Ebbinghaus 망각곡선

정한 패턴을 따른다는 점을 시각적으로 보여주는 상징적인 도구가 되었다.

그림 4-7에 제시된 망각곡선에서 알 수 있듯이, 학습 직후에는 거의 100% 회상하며, 20분 후에는 약 40%를 망각하고, 1시간이 지나면 절반 이상을 망각하게 된다. 1일 후에는 약 30%만 기억하고, 1주일 후에는 20% 이하로 감소하지만 이렇게 유지된 20%는 상당히 오랜 시간 동안 기억에 남아있었다. 의도적인 기억은 초기 몇 시간 내에 가장 많은 정보가 손실되어 시간에 따라 기하급수적으로 소멸되지만, 시간이 지나면서 계속 남아 있던 정보는 비교적 안정적으로 유지된다.

망각의 이론들

망각의 원인을 설명하는 데에는 여러 이론이 존재한다. 첫째, 쇠퇴 이론(decay theory)은 시간의 흐름에 따라 기억 흔적(memory trace)이 점차 소멸된다고 본다. 즉, 기억은 신경계에 생물학적 흔적으로 저장되며, 사용되지 않으면 점차 약화되어 결국 사라진다는 관점이다. 그러나 이 이론은 시간이 지났음에도 불구하고 특정 단서가 주어지면 기억이 다시 떠오르는 현상을 충분히 설명하지 못한다.

이에 비해 간섭 이론(interference theory)은 새로운 정보가 기존 기억과 충돌하면서 망각이 발생한다고 주장한다. 예컨대, 후속 학습이 이전 학습 내용을 방해하는 역행성 간섭(retroactive interference), 반대로 기존 기억이 새로운 정보의 습득을 방해하는 순행성 간섭(proactive interference)이 있다. 이 이론은 일상에서 여러 정보를 연속적으로 접할 때 특정 내용을 잊어버리는 경험을 잘 설명해준다.

또한, 인출 실패 이론(retrieval failure theory)은 기억은 저장되어 있지만 적절한 인출 단서가 부족해 회상이 어려운 상태를 말한다. 이는 마치 저장된 파일이 존재하지만 적절한 검색어가 없어서 찾지 못하는 상황과 유사하다. 시험 중 알 듯 말 듯한 내용을 갑자기 떠올리는 "아, 맞다!" 하는 경험도 이 이론의 예다.

기억의 양상

기억의 양상은 정보의 위치에 따라 달라질 수 있다. 이를 위치 효과(serial position effect)라고 하며, 정보 목록에서 처음과 끝 부분의 항목을 더 잘 기억하는 경향을 말한다. 그림 4-8에서와 같이 초두 효과(primacy effect)는 초기 항목이 반복적으로 리허설되어 장기기억에 저장되기 쉬운 반면, 최신 효과(recency effect)는 마지막 항목이 아직 단기기억에 남아 있어 더 쉽게 회상되는 현상이다. 이 두 현상은 정보의 인출 성공 여부가 기억의 위치와 관련된다는 점을 보여준다.

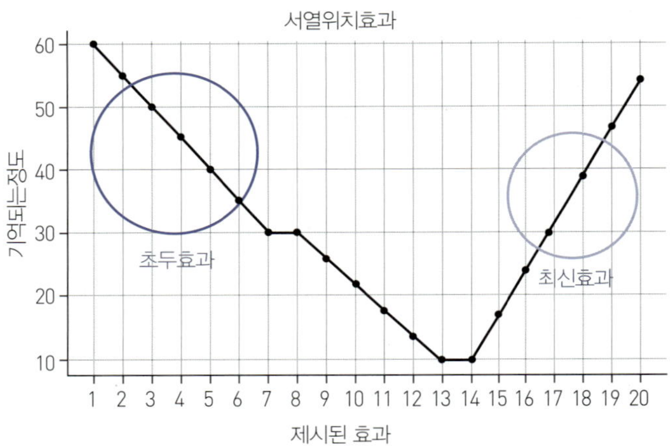

그림 4-8 초두효과와 최신효과

의도적 망각과 억압

망각이 항상 수동적으로 일어나는 것은 아니다. 때때로 우리는 특정 기억을 의도적으로 잊으려 하기도 한다. 이를 '의도적 망각(intentional forgetting)'이라고 하며, 감정적으로 고통스럽거나 불필요한 정보를 인지적 전략을 통해 제거하거나 억제하려는 노력이다. 예컨대, 시험 후 틀린 문제를 일부러 기억하지 않으려 하거나, 인간관계에서 상처받은 경험을 더 이상 떠올리지 않으려는 행위가 이에 해당한다.

보다 무의식적 수준에서는 Frend가 제안한 억압(repression) 개념이 적용된다. 억압은 개인에게 심리적 위협이 되는 내용을 무의식 속으로 밀어 넣는 방어기제로, 당사자는 그것이 기억 속에 있다는 사실조차 인식하지 못한다. 억압된 기억은 일반적인 인출 방식으로는 회상이 어렵지만, 특정 상황이나 심리치료 과정에서 무의식이 의식으로 떠오르며 재경험되는 경우가 있다.

망각은 종종 부정적인 것으로 여겨지지만, 정보의 과부하를 방지하고, 감정적으로 고통스러운 경험에서 회복할 수 있게 도와주는 중요한 심리적 기능이기도 하다. 의도적 망각과 억압은 망각의 복잡한 정서적 · 무의식적 차원을 부각시킨다. 결국 망각은 기억의 결함이 아니라 인간 정신이 선택적으로 정보를 정리하고 적응하는 생존 전략 중 하나로 볼 수 있다.

box 1 우리의 기억은 얼마나 정확할까? – 허위 기억과 오정보 효과에 대하여

우리는 과거를 회상할 때, 마치 카메라로 찍은 사진처럼 정확하게 기억을 불러올 수 있다고 믿는 경우가 많다. 그러나 심리학 연구에 따르면 우리의 기억은 완벽한 복사본이 아니라, 재구성 과정을 거친 정보처리의 결과물이다. 실제로 동일한 사건을 경험한 여러 사람이 서로 다른 기억을 가지고 있거나, 전혀 경험하지 않은 일을 기억하는 경우도 드물지 않다. 그렇다면, 우리의 기억은 과연 얼마나 정확할까?

이 질문에 답하기 위해 심리학자들은 허위 기억(false memory)과 오정보 효과(misinformation effect)라는 개념을 통해 기억의 취약성을 분석해왔다. 특히 Elizabeth Loftus의 연구는 인간 기억이 얼마나 쉽게 왜곡될 수 있는지를 실험적으로 입증하며 큰 반향을 일으켰다.

허위 기억이란 실제로 일어나지 않은 사건을 마치 일어난 것처럼 기억하는 현상을 말한다. 이는 단순한 기억 오류를 넘어, 때로는 아주 생생하고 구체적인 세부사항까지 포함할 수 있다. 대표적인 실험 중 하나는 단어 목록 실험이다. 예를 들어, 참가자에게 '잠, 베개, 졸림, 침대'와 같은 단어를 암기시키고 나중에 회상하게 하면, 실제 목록에 없던 연관 단어인 '잠자리'를 기억했다고 주장하는 경우가 빈번히 나타난다. 이는 인간 기억이 의미적 연결성을 바탕으로 재구성되기 때문이라는 해석을 가능하게 한다. 특히 어린이와 노인, 또는 감정적으로 높은 자극을 받은 경우 허위 기억이 형성될 확률이 더 높다는 연구도 있다. 이는 기억이 단순한 저장이 아니라, 현재의 신념, 기대, 감정 상태에 의해 재해석되고 다시 쓰여진다는 사실을 보여준다.

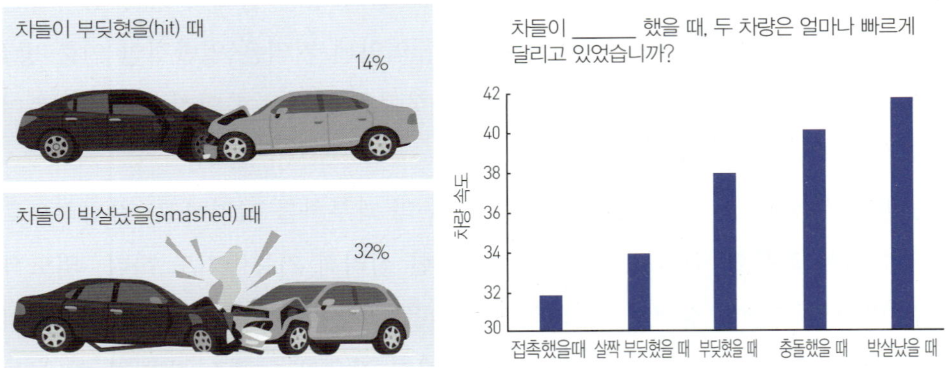

그림 4-9 기억의 재구성

오정보 효과는 사건 이후에 주어진 잘못된 정보가 원래 기억을 왜곡하거나 교체하는 현상을 의미한다. 1974년 Loftus의 유명한 실험에서는 교통사고 장면을 본 참가자들에게 질문을 던질 때, "차들이 서로 충돌했을 때(crashed)" 대신 "차들이 살짝 부딪혔을 때(hit)"라고 표현을 바꾸는 것만으로도 사고의 심각성을 다르게 기억하게 만들었다. "충돌했을 때" 로 단어를 바꿔서 제시하자 심지어 질문 중 "깨진 유리가 있었나?"라는 항목에 대해 실제로 깨진 유리가 없었음에도 많은 사람들이 "있었다"고 응답했다. 이러한 결과는 법정 증언, 특히 목격자 진술이 얼마나 쉽게 조작될 수 있는지를 보여주며, 실제로 많은 국가에서 목격자 심문 방식에 대한 개선이 이루어지는 계기가 되었다.

허위 기억과 오정보 효과는 단순한 실험실 현상을 넘어, 일상생활에서도 빈번히 발생한다. 가령, 친구가 여행 이야기를 하면서 "너도 그때 같이 있었잖아"라고 말하면, 처음에는 아니라고 생각하다가 나중에는 "그랬던 것 같기도 해"라고 믿게 되는 경험이 있다. 또한 뉴스나 광고에서 반복적으로 노출되는 정보가 실제 기억처럼 자리잡는 현상도 오정보 효과의 한 사례다. 이러한 기억의 변형은 한편으로는 인간이 끊임없이 정보를 통합하고 업데이트하는 유연성을 보여주지만, 동시에 기억의 신뢰성에 한계가 존재함을 의미한다. 결론적으로 우리의 기억은 완벽한 기록이 아니다. 기억은 고정된 저장소가 아니라, 매 순간 재구성되는 살아 있는 과정이다. 허위 기억과 오정보 효과는 인간 기억이 상황에 따라 쉽게 변형될 수 있음을 보여주며, 개인적인 삶의 경험뿐만 아니라, 법적, 사회적 판단에도 심대한 영향을 미친다. 따라서 "나는 분명히 기억해"라는 주장은 반드시 사실을 의미하지 않을 수 있다. 기억의 유동성을 이해하고, 때때로 스스로의 기억조차 비판적으로 바라보는 태도가 필요한 시대다. 과거를 완벽히 보존하는 일은 불가능하지만, 기억이 만들어내는 현재의 우리를 이해하는 일은 언제나 의미가 있을 것이다.

05

정서심리학적 관점

〈우리는 왜 이렇게 변덕스러운가?〉

정서(emotions)는 인간 경험의 시금석이다. 정서 덕분에 사람과 사람 간 상호작용, 그리고 사람과 자연 간의 관계는 보다 풍성하고 의미 있는 것이 된다. 기쁨, 분노, 슬픔, 놀람, 두려움과 같은 기본 정서부터, 감사, 연민, 자부심, 후회와 같은 복합적 정서에 이르기까지, 우리는 삶의 매 순간을 정서를 통해 해석하고 반응한다. 정서는 단순히 순간적인 반응에 그치지 않으며, 기억, 동기, 의사결정, 건강과 같은 삶의 다양한 영역에 깊은 영향을 미친다.

그러나 정서적 반응이 지나치게 강하거나, 지속되거나, 부적절하게 표현되면 우리는 스트레스에 압도당하고, 정신적 · 신체적 건강에 부정적 영향을 받을 수 있다. 불안, 우울, 분노의 반복은 일상의 균형을 무너뜨리고 관계를 해치며, 때로는 만성 질병의 위험요인으로 작용하기도 한다. 이러한 맥락에서 정서를 단순히 '느끼는 것'으로만 볼 것이 아니라, 그것을 인식하고 조절하며 활용하는 능력, 즉 정서조절(emotion regulation)의 중요성이 부각된다. 다양한 정서조절 전략들이 개인의 삶에 어떤 방식으로 작용하는지를 논의하면서 웰빙(well-being)과 강점 기반의 삶을 추구하는 긍정심리학(positive psychology)의 관점에서, 정서가 어떻게 개인의 성장과 회복탄력성, 삶의 만족을 증진하는 자원이 될 수 있는지도 살펴볼 수 있을 것이다.

1. 정서의 본질

"다른 것은 다 할 수 있는데 느낌만은 가질 수 없다면 그 삶은 어떨까?"—이 질문은 정서가 단순한 감각이나 일시적 반응이 아니라, 인간 존재의 본질을 구성하는 중심 요소임을 일깨운다. 만약 두려움을 느끼지 않는 대가로 기쁨도 함께 잃는다면, 또는 슬픔을 회피하기 위해 즐거움도 포기해야 한다면, 우리는 감정 없는 삶의 공허함을 절감하게 될 것이다. 이는 곧 정서가 삶의 깊이와 의미를 형성한다고 여기는 정서심리학의 출발점이 된다.

감정은 사람의 삶에 막대한 영향을 미친다. 감정은 사람의 행동을 지배하고 사람의 존재에 의미를 부여한다. 감정은 우리가 인간적이라 여기는 것의 핵심이다. 하지만 실상 감정은 다양한 자극이 유발한 뇌의 생리적 반응에서 생겨나는 것으로, 감정에 부여되는 심리적 중요성은 전적으로 인간이 만든 개념이다. 감정은 어떤 행동을 유발함으로서 인간의 생존과 번영을 촉진하도록 진화하였다. 애정이라는 감정을 느끼게 되면 짝을 찾아 자손을 낳고 집단을 이뤄 살고자 하는 욕구가 촉발된다. 공포는 위험을 피하기 위한 생리적 반응인 투쟁-도피 반응을 이끌어낸다. 타인의 감정을 읽음으로서 사회적 유대가 가능해진다. 긍정적이든 부정적이든 정서는 인류의 생존에 중요한 기능을 해 왔다.

1) 정서의 정의와 구성 요소

정서는 흔히 단순한 느낌—'화난다', '즐겁다'와 같은—으로 오해되기 쉽지만, 심리학자들은 보다 포괄적이고 다차원적인 반응 체계로 정의한다. 정서는 다음과 같은 다섯 가지 요소로 구성된다.

- 생리적 각성 (예: 심장 박동, 호흡 변화)

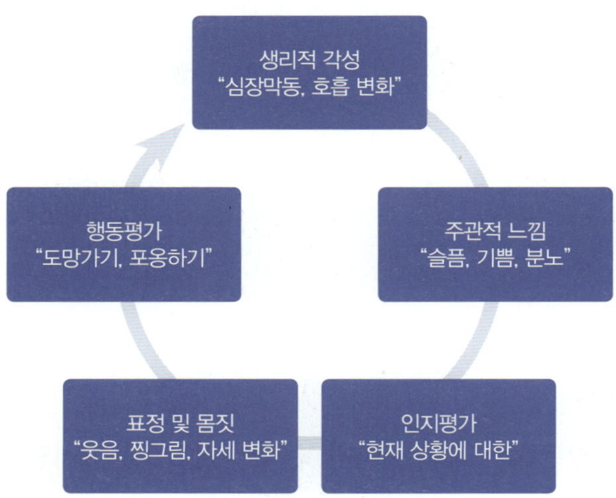

그림 5-1 정서의 구성요소

- 주관적 느낌 (예: 슬픔, 기쁨, 분노)
- 인지 평가 (예: 현재 상황의 해석, 의미 부여)
- 표정 및 몸짓 (예: 웃음, 찡그림, 자세 변화)
- 행동 반응 (예: 도망가기, 포옹하기 등)

예를 들어, 올림픽에서 금메달을 따는 순간을 떠올려보자. 그 순간, 심장은 빠르게 뛰고(각성), 감격과 환희가 몰려오며(느낌), 그 상황을 '행복'이라 해석하고(인지), 얼굴에 환한 웃음을 띠고(표정), 환호하거나 포옹하는 모습(행동)이 이어질 것이다. 이처럼 정서는 다차원적 시스템으로 작동하며, 하나의 요소만이 아니라 여러 요소가 동시에 움직인다.

2) 기본 정서의 보편성

'정서(emotion)'는 특정 자극에 대한 짧고 강한 반응으로, 생리적 각성과 주관적 느낌, 인지적 평가와 행동을 포함하는 복합적 체계이다. 이에 비해 '기분(mood)'은 보다 오랫동안 지속되며 자극과의 명확한 연결이 없는 경우가 많다. 이러한 정서와 기분의 구분은 정서가 환경에 즉각적으로 반응하는 기능적 역할을 지닌다는 점을 강조해준다. 정서에 반응하는 전형적인 행동패턴들은 투쟁을 통해서든 양보를 통해서든 위협을 제거하도록 진화되어 왔으나, 이와 대조적으로 기분은 정서에 비해 더 오래 지속되고, 덜 강렬하며 의식적 행동을 포함한다.

그렇다면 정서는 어디서 왔을까? 인류 모두에게 공통된 정서가 존재할까? 이러한 질문에 대한 해답은 정서의 보편성(universality of emotion)에 주목한 두 명의 학자—Charles Darwin과 Paul Ekman—를 통해 찾을 수 있다.

Darwin : 정서는 진화의 산물이다

Darwin은 1872년 출간한 『인간과 동물의 감정 표현(The expression of the emotions in man and animals)』에서 정서를 생물학적 진화의 산물로 기술하였다. 그는 정서가 인간과 동물 모두에게 적응적 가치를 지닌다고 주장하였다. 예를 들어, 두려움은 생존을 위해 위험을 회피하게 만들고, 분노는 경쟁자에게 경고하는 신호가 된다. 정서는 단순한 주관적 느낌이 아니라 생존과 번식의 가능성을 높이기 위해 자연 선택된 전략인 것이다.

Darwin은 특히 얼굴 표정에 주목했다. 언어가 발달하기 전의 인간은 얼굴을 통해 감정을 표현함으로써 의사소통을 해왔다. 예컨대, 위협적인 상대 앞에서 이마를 찌푸리고 눈썹을 내리는 표정은 싸울 준비가 되어 있다는 의사를 전달하고, 이로써 실제 투쟁을 피하면서도 자신의 의도를 명확히 밝힐 수 있다. 이러한 표정은 특정 문화에서만 나타나는 것이 아니라 인류 전체에 공통적으로 나타나는 선천적 표현 방식이라고 기술하였다.

Ekman : 얼굴 표정은 '보편 언어'이다

20세기 후반 Ekman은 Darwin의 이론을 현대 과학으로 검증했다. 그는 파푸아뉴기니의 고립된 부족을 포함한 다양한 문화권 사람들을 대상으로 얼굴 표정과 정서 인식에 대한 연구를 진행했다. 그 결과, 사람들이 기쁨, 슬픔, 분노, 두려움, 혐오, 놀람, 경멸 등 6~7가지 기본 정서를 얼굴 표정만으로 정확히 구분할 수 있음을 확인했다. 그는 이런 기본 정서가 워낙 강렬하여 얼굴에서 감추기가 불가능하다고 지적하였다. 다양한 정서는 우리의 사고방식에 영향을 미치고, 심지어 보편적인 신체적 반응까지 유발한다.

Ekman은 이들 정서 표현이 문화와 상관없이 동일한 방식으로 표현되고 해석된다는 점에서, '정서를 표현하는 얼굴 언어는 보편적이다' 라고 주장했다. 이는 특정 문화에서 학습된 사회적 신호가 아니라, 인류 공통의 진화적 유산이라는 의미다. 그의 연구는 정서의 생득성과 얼굴 표정의 자동성을 뒷받침하며, 심리학뿐 아니라 법률, 보건, 국제외교 등 다양한 분야에서 응용되었다.

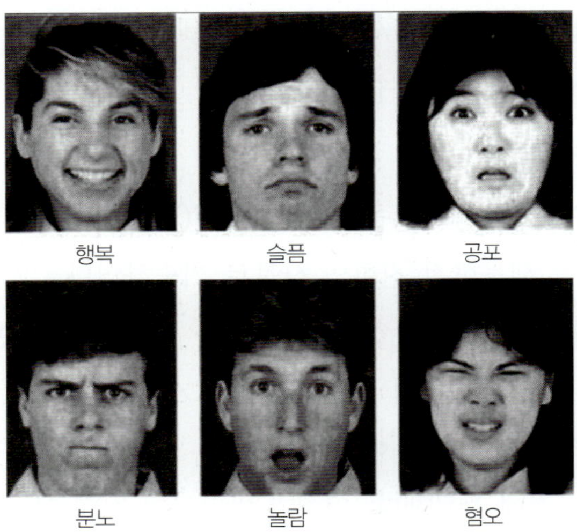

그림 5-2 Ekman의 6가지 기본 정서

유아와 정서: 선천성과 발달의 접점

정서의 보편성은 단지 성인 간의 문화 비교에서 그치지 않는다. 영아의 정서반응을 살펴보면 학습 이전에도 정서적 표현이 나타나는 것을 확인할 수 있다. 예를 들어, 커다란 소리에 깜짝 놀라거나(두려움), 웃는 얼굴을 본 뒤 미소로 반응하는 아기의 행동은 정서 반응이 타고난 것일 수 있다는 점을 암시한다. 다양한 문화권의 영아들이 두려움이나 분노 자극에 대해 유사한 얼굴 표정과 생리적 반응을 보이거나, 미소와 두려움 같은 긍정적 정서자극과 부정적 정서자극의 변별이 5개월 이전에 시작된다는 실험 결과들은 유아기에도 정서인식과 표현에 대한 지각 능력이 존재함을 시사한다. 이러한 결과들은 인간이 정서표현에 대한 인지 및 행동적 민감성을 선천적으로 지니고 태어날 가능성이 있음을 암시하는 것이다.

정서의 보편성과 문화의 상호작용

정서의 생득성을 강조하는 Darwin과 Ekman의 이론은 강력한 설명력을 갖지만, 모든 정서가 완전히 보편적인 것은 아니다. 문화는 정서의 표현 방식, 억제 규범(display rules), 해석 방식에 영향을 미친다. 예를 들어, 부정적 감정을 드러내는 것이 금기시되는 문화에서는 동일한 정서를 보다 억제된 방식으로 표현할 수 있다. 그러나 이러한 차이는 정서 자체

기쁨(입이 미소를 띠고, 볼이 올라가며, 눈이 반짝인다.)

분노(눈썹이 함께 아래로 처지고, 눈이 고정되며, 입은 모가 진다.)

흥미(눈썹이 올라가고, 입은 부드럽게 원형을 나타내며, 입술이 오므라든다.)

혐오(코에 주름이지고, 윗입술이 올라가며, 혀를 내민다.)

놀람(눈썹이 올라가고, 눈이 커지며, 입은 타원형으로 벌어진다.)

슬픔(눈썹의 안쪽 부분이 올라가고, 입꼬리가 내려간다.)

공포(눈썹이 수평을 이루면서 안쪽 위로 오그라들고, 눈꺼풀이 올라가며, 입꼬리가 수축한다.)

그림 5-3 유아에게 동일하게 나타나는 6가지 기본 정서

유아의 자연스러운 정서
태어날 때부터 존재하는 정서를 확인하기 위하여 캐럴이저드는 매우 어린 유아의 얼굴표정을 분석하였다.

가 다르기 때문이 아니라, 정서를 표현하는 사회적 규칙이 다르기 때문이다.

정서가 생물학적 기반 위에 문화적 특성이 덧입혀진 것이라면, 인간은 태어날 때부터 정서라는 공통 언어를 지니고 있으며, 이를 바탕으로 세계 어디서든 서로를 이해하고 반응할 수 있다. 정서는 단순히 개인의 내면에서 일어나는 일이 아니라, 인류 보편의 진화적 유산이자 소통의 근원적 수단이라 할 수 있다.

2. 정서심리학의 역사적 흐름

정서에 대한 과학적 이해는 고대 철학에서 현대 심리과학에 이르기까지 변화와 발전을 거듭해왔다. 고대 그리스의 철학자들은 정서를 이성과 대비되는 비이성적 요소로 간주하였으며, 더 나아가 이성을 방해하는 요소라 생각하였다. 인간의 목표를 이성적 통제와 이성적 진리에 두었던 그리스 철학자들의 관점에서 정서는 이성적 삶을 방해하는 방해물이거나 불완전함의 상징으로 여겼다. 그러나 Aristotle는 정서를 삶의 본질적이자 필수적인 요소로 보았다. 정서를 도덕적 판단과 행동에 필수적이며, 이성과 조화를 이루는 요소로 생각했던 이러한 관점은 인간 삶의 본질을 더 입체적으로 바라보게 했다는 점에서 매우 중요하다. 정서에 대해 인간의 도덕적 성장, 사회적 연결, 실천적 지혜(practical wisdom, phronesis)를 가능하게 하는 필수 요소로 바라보는 이러한 관점은 이후 윤리학, 교육학, 심리학 전반에 걸쳐 지대한 영향을 끼쳤다.

1) 정서의 생리적 기초

정서(emotion)는 단순한 느낌을 넘어, 생리적 각성, 인지적 해석, 행동적 반응을 포함하는 복합적 체계다. 우리는 기쁨, 분노, 두려움 등 강한 정서를 경험할 때 심장이 빠르게 뛰고, 호흡이 가빠지며, 근육이 긴장하는 등 다양한 신체 변화를 겪는다. 이러한 생리적 반응은 단순한 부산물이 아니라, 상황에 신속히 대응하도록 신체를 준비시키는 필수적인 준비 과정이다.

정서와 자율신경계

정서 반응의 중심에는 자율신경계(autonomic nervous system, ANS)가 있다. 자율신경계는 교감신경계(sympathetic nervous system)와 부교감신경계(parasympathetic nervous system)로 구성되며, 이 두 체계는 자극의 성격에 따라 상호작용한다. 약간 불쾌한 자극에는 교감계가 보다 활발하게 작동하고, 다소 유쾌한 자극에는 부교감계가 보다 활발하게 작동한다. 유쾌한 자극이든 불쾌한 자극이든 그 강도가 강하면 교감계와 부교감계의 활동이 모두 증가한다. 두려움이나 노여움 같이 강한 정서는 신체의 위급반응 체계(emergency reaction system)-잠재적인 위험에 몸을 조용히 그러나 재빨리 대비시키는 생리적 체계-를 활성화시킨다. 위급 시스템이 활성화되면, 교감계가 주도권을 쥐고 부신 호르몬(에피네프린과 노르에피네프린)을 분비한다. 이들 호르몬은 내장기관을 통해 혈당을 방출하고 혈압을 높이며 발한과 타액분비를 증가시킨다. 위급상황이 끝나 진정 단계에 들어서면 부교감계의 작용으로 활동 중인 호르몬의 분비가 억제된다. 강한 정서를 경험한 후에는 한참 동안은 흥분이 가라앉지 않을 수 있다. 이는 이미 방출된 호르몬이 혈관을 따라 계속 순환되고 있기 때문이다.

문화적 차이에도 불구하고 기본적인 자율신경 반응은 인류 공통의 생물학적 유산으로 나타난다. 이는 정서의 생리적 기반이 진화적으로 보존되어 왔음을 시사한다.

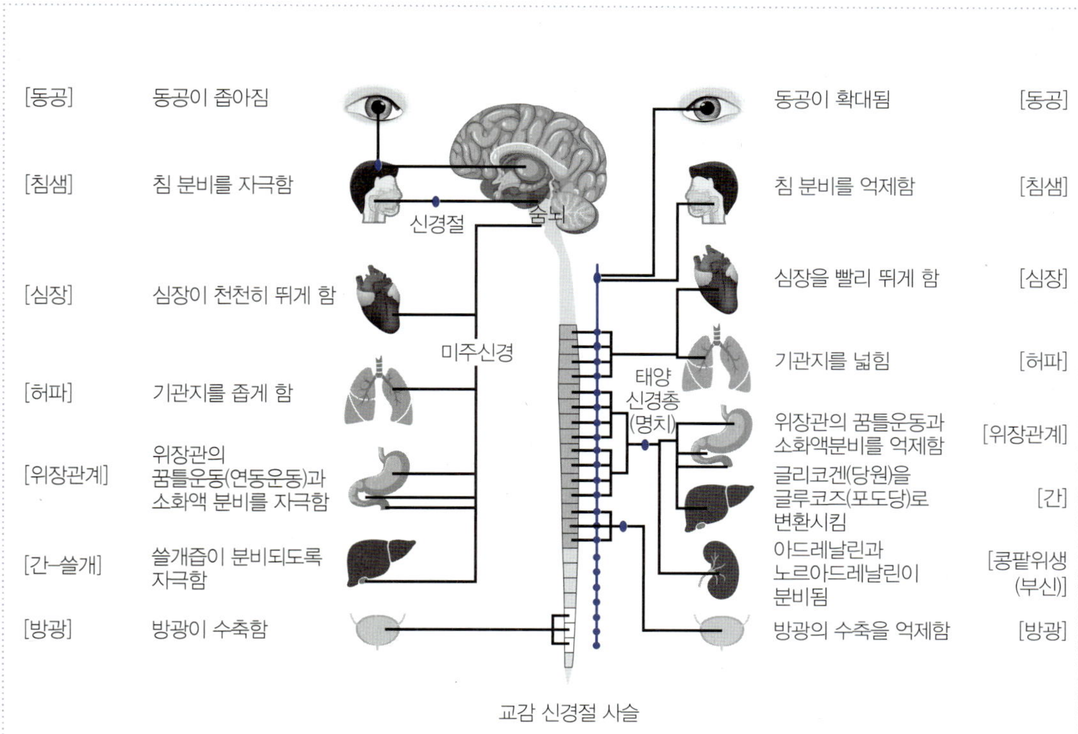

그림 5-4 교감신경계와 부교감신경계

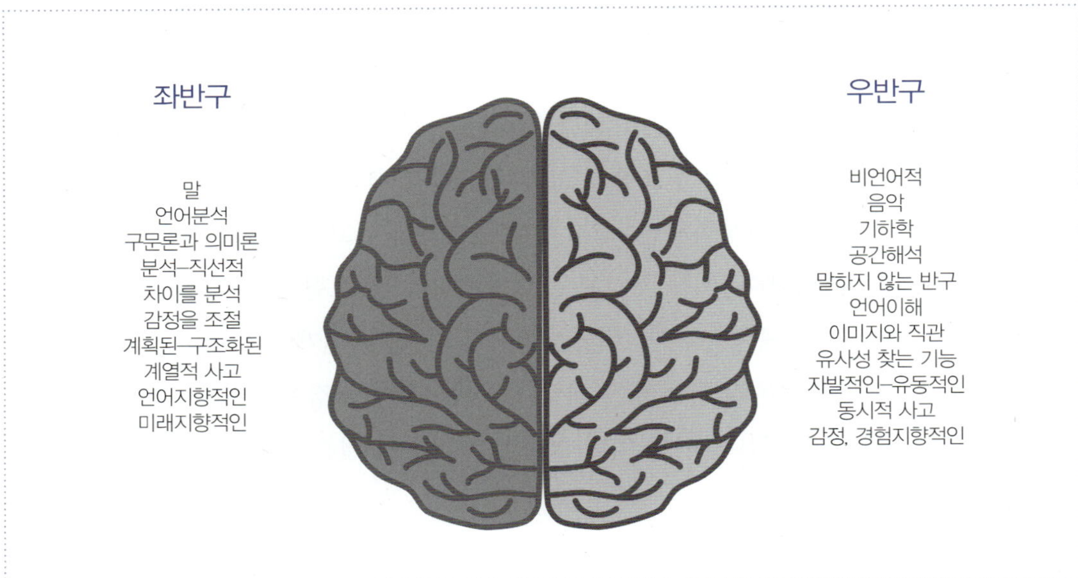

그림 5-5 좌반구와 우반구

뇌와 정서 : 편도체와 피질의 역할

정서 반응의 중추 신경계 기반은 시상하부, 변연계, 특히 편도체(amygdala)에 있다. 편도체는 감각 정보를 해석하고, 위협을 신속히 탐지하여 부정적 정서를 유발한다. 이 과정은 빠르고 자동적이다. 또한 피질(cortex)은 정서 경험에 의미를 부여하고, 기억과 연결시키는 역할을 한다. 흥미롭게도, 뇌 반구는 정서 유형에 따라 다르게 활성화된다. 긍정적 정서를 경험할 때는 좌반구, 부정적 정서를 경험할 때는 우반구가 더 활발히 작동한다. 이는 접근 행동과 회피 행동을 조절하는 신경 회로가 다름을 보여준다.

2) 정서 이론 : 생리적 반응과 심리적 경험의 관계

앞선 설명을 통해 우리는 정서적인 장면에서 일어나는 우리의 신체반응이 여러 가지라는 사실을 알게 되었다. 그러면 어떤 느낌이 어떤 생리적 반응과 함께하는 것일까? 이 질문에 대답하려는 각기 다른 이론들이 정서 심리학의 가장 중심적인 이론이라 할 수 있다.

James-Lange 이론

대부분의 사람들은 정서경험(느낌)이 신체반응보다 먼저 일어난다고 생각한다. 화(정서)가 나기 때문에 고함을 지른다(반응)고 생각한다. 그러나 100여 년 전 William James는 Aristotle가 그랬던 것처럼, 그 순서가 반대라고, 즉 신체 반응이 정서보다 먼저 일어난다고

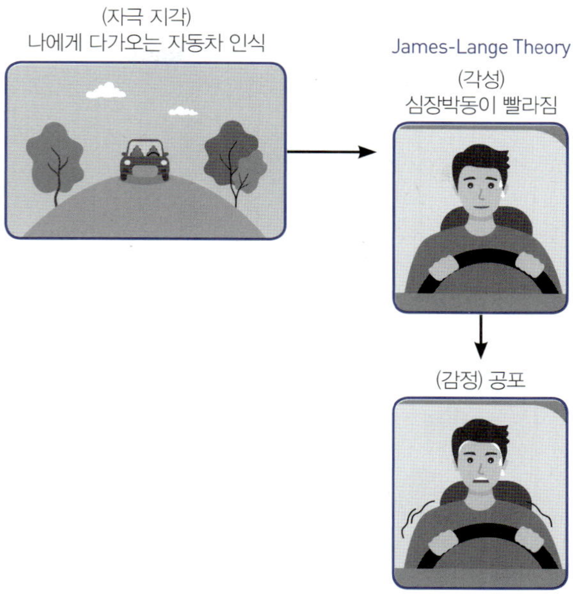

그림 5-6 James–Lange 이론

주장하였다. 신체적 반응이 일어나고 난 다음에 느낌이 온다는 것이다. 이는 정서를 신체 반응과 밀접하게 연결하려는 최초의 과학적 시도였다.

James에 따르면 '우리는 울기 때문에 슬프고, 두드려 패기 때문에 화가 나고, 떨고 있기 때문에 두려움을 느낀다.' 정서경험이 신체반응에서 오는 피드백으로 야기된다, 즉 신체 반응에 근거하여 정서를 경험하게 된다는 이 견해를 James-Lange 정서 이론(James-Lange theory of emotion)이라 한다. 이 이론에 따르면, 자극에 대한 지각은 자율신경계의 흥분과 신체적 반응을 촉발하고, 신체적 반응의 결과로 구체적인 정서가 경험된다. 이 이론을 말초 이론(peripheralist theory)이라고도 한다. 이 이론은 연쇄적으로 일어나는 정서반응의 사슬에서 내장반응을 가장 중요시하는데, 내장반응은 말초신경계인 자율신경계가 제어하기 때문이다.

Cannon–Bard 이론

생리학자 Walter Cannon은 말초신경계의 역할을 강조한 James의 이론과는 달리 중추신경계의 역할을 강조하였다. Cannon을 비롯한 다른 학자들은 James-Lange 이론에 반하는 많은 의견을 제시하였다. 예컨대, 그들은 내장활동은 정서경험과는 무관하다고 지적하였

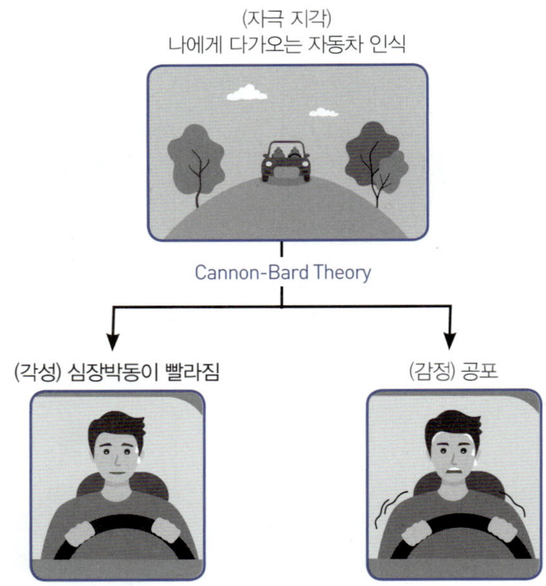

그림 5-7 Cannon–Bard 이론

다. 수술을 통해 실험동물의 내장을 중추신경계와 분리시켜도 그 동물은 여전히 정서반응을 보인다. 그리고 자율신경계의 반응은 너무 느려 정서경험의 근원이 될 수 없다고 주장하였다. Cannon에 따르면 정서가 일어나기 위해서는 입력 자극과 출력 반응 사이에 뇌가 개입해야만 한다.

또 다른 생리학자 Philip Bard 역시 내장반응은 정서경험의 일차적 요소가 아니라고 결론지었다. 그는 정서유발 자극은 두 가지의 효과를 동시에 야기하는데, 하나는 교감신경계를 통해 일어나는 신체적 각성이고 다른 하나는 피질을 통해 일어나는 주관적인 경험이라고 주장하였다. 이 두 생리학자의 견해를 합쳐 우리는 Cannon-Bard 정서 이론(Cannon-Bard theory of emotion)이라 부른다. 이 이론은 정서 자극은 신체/생리적 각성과 정서경험이라고 하는 두 가지의 병행반응을 유발하며, 이 두 가지 반응 간 인과관계는 존재하지 않는다고 진술한다. 즉, 무언가가 우리를 화나게 만들면, 우리의 심장이 뛰는 동시에 화가 났다는 것을 알게 되는 것이지, 심장의 반응이 화를 나게 만드는 것도 아니고 화난 감정이 심장을 뛰게 하는 것도 아니라는 뜻이다. 한마디로, Cannon-Bard 이론은 신체적 반응과 심리적 반응은 상호 독립적이라고 생각한다. 그러나 현대의 정서 이론은 이 두 가지 반응이 독립적이라는 생각을 부정한다.

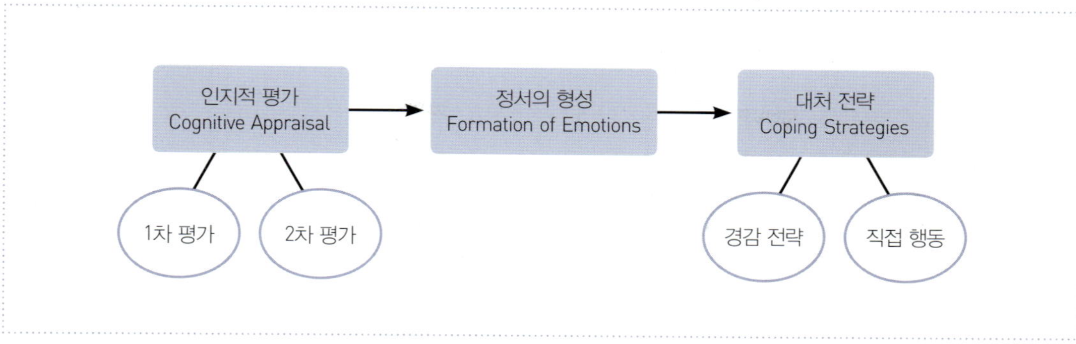

그림 5-8 Lazarus 인지 평가 이론

Lazarus 인지 평가 이론

20세기 중반 이후, 인지적 평가가 정서를 결정한다는 관점이 대두되었다. Lazarus는 정서경험은 자극에 대한 해석에 기반한다고 주장하면서, 단순한 생리 반응 이상의 정신적 과정이 핵심임을 강조했다. 그는 정서경험이 환경과의 끊임없는 상호작용에서 생성되는 것이기 때문에 우리 각자의 뇌 속에서 벌어지는 일만으로는 이해할 수 없다고 주장했다. Lazarus에 의하면, 환경과의 상호작용에 대한 평가는 항상 일어나지만, 의도하지 않아도 저절로 (혹은 자동적으로) 일어날 때도 많다. 따라서 특정 장면에서 특정 정서를 경험한 적이 있으면(예: 학교 후문에서 개에게 물린 경험), 그 장면에서 일어나는 생리적 각성은, 그 장면을 의도적으로 해석하지 않아도, 저절로 두려움을 자아내게 될 것이라는 뜻이다. 이 견해가 인지 평가 정서 이론(cognitive appraisal theory of emotion)으로 알려지게 되었다.

Schachter-Singer 두 요인 이론

Schachter와 Singer의 두 요인 정서 이론(two-factor theory of emotion)은 생리적 각성과 인지적 해석의 결합이 정서를 형성한다고 주장하며, 정서심리학의 인지 전환에 큰 기여를 했다. 정서와 함께 일어나는 신체/생리적 각성 및 내적 상태는 서로 비슷하기 때문에, 이 이론은 새로운 장면에서 이들을 경험하게 되면 혼동을 일으킬 수도 있다는 생각에서 출발하였다. 이런 혼동을 우리가 어떻게 처리하는지를 설명할 목적으로 Stanley Schachter는 두-요인 정서 이론을 제안하였다. 이 이론은 우리의 정서경험을 생리적 각성(physiological arousal)과 인지적 평가(cognitive appraisal)를 종합한 결과라고 주장한다. 정서경험이 일어나기 위해서는 생리적 각성과 인지적 평가가 반드시 선행돼야 한다. 정서경험의 첫 단계가 각성이지만, 이 각성은 일반적이고 분화되지 않은 상태이기 때문에 우리는 이 생리적 각성을 평가하여 현재의 느낌이 무엇인지, 이 느낌을 나타내는 최적의 정서 용어는 무엇인

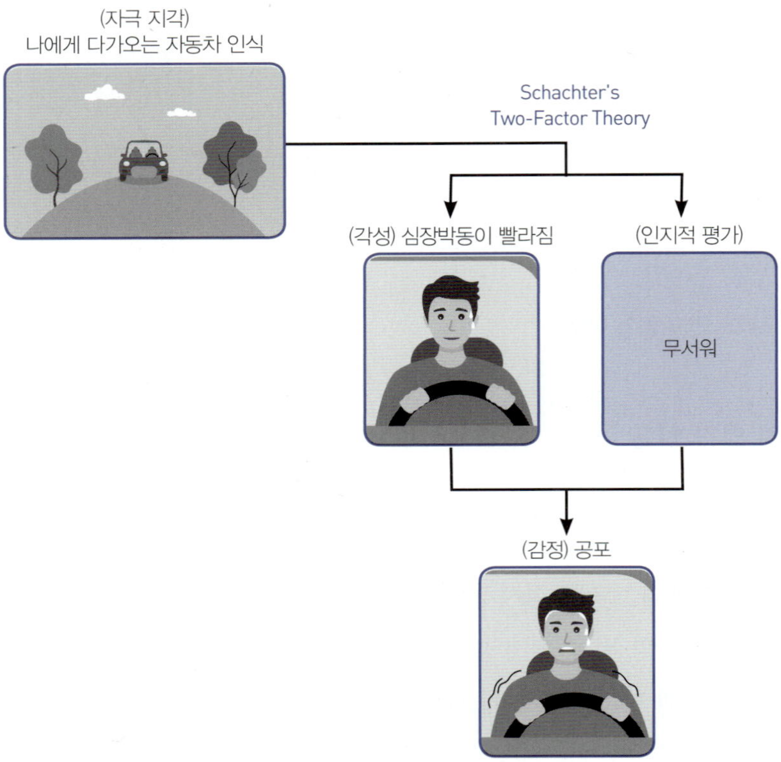

그림 5-9 Schachter–Singer 두 요인 이론

지, 그리고 이 특정 장면에서 우리의 반응이 어떤 의미를 갖는지를 알아내려 한다는 것이 Schachter의 믿음이었다.

3) 정서와 인지 - 흔들다리 실험과 인지평가이론에 대한 재고

흔들다리 실험

정서는 우리의 신체적, 심리적 상태에 밀접하게 연결되어 있으며, 때때로 우리는 이러한 상태를 정확히 해석하지 못하고 오해하기도 한다. 이를 잘 보여주는 고전적 연구가 바로 1974년 Dutton과 Aron이 실시했던 흔들다리 실험이다. 이 연구는 캐나다 밴쿠버의 두 개 다리를 무대로 진행되었다. 하나는 튼튼하고 안전한 다리, 다른 하나는 불안정하고 흔들리는 다리였다. 매력적인 여성 연구자를 등장시켜, 다리를 건넌 남성들에게 풍경이 창의성에 미치는 영향을 조사하는 척 하면서, 한 여성이 등장하는 모호한 사진을 보여주고 짧은 이야기를 작성해 달라고 부탁했다. 또한 연구에 대해 추가로 알고 싶다면 연락하라며 개인 연락처를 남겼다.

결과는 흥미로웠다. 위험한 다리를 건넌 남성들은 안전한 다리를 건넌 남성들에 비해 이야기 속에서 성(sex)과 관련된 언급이 더 많았고, 연구자에게 네 배나 더 많은 비율로 전화를 걸었다. 이는 위험한 다리를 건너며 생긴 신체적 각성—빠른 심장 박동, 호흡 가속, 긴장—을 남성들이 여성 연구자에 대한 매력으로 잘못 해석했기 때문으로 설명된다. 즉, 각성 자체는 정확했지만, 각성의 원인을 오해한 것이다.

이 실험은 정서 경험이 단순한 생리적 반응이 아니라, 환경 단서를 평가하는 인지적 과정에 의해 구성된다는 주장을 뒷받침한다. 즉, 사람들은 자신이 느끼는 신체적 각성을 바탕으로, 주변 상황을 해석하여 정서적 의미를 부여하는 것이다. 추가 실험에서 위험한 다리를 건넌 후 10분 이상 경과한 남성들을 대상으로 동일한 절차를 반복했을 경우, 생리적 각성이 상당 부분 사그라진 상태였기에, 성적 언급이나 전화 비율이 현저히 낮아졌다. 이는 신체적 각성의 존재와 그 해석이 정서 경험에 중요한 역할을 한다는 것을 더욱 분명히 해 주는 결과라 할 수 있다.

흔들다리 실험과 같은 연구는 정서심리학에서 중요한 이론적 방향을 강화했다. 바로 '정서는 외부 사건에 대한 단순한 생리 반응이 아니라, 사건에 대한 개인적 해석과 평가를 통해 발생한다'는 것이다. 즉, 정서 경험은 '무엇이 일어났는가'보다는 '그것을 어떻게 해석하는가'에 달려 있다. 위험한 다리를 건넌 각성 상태가 '위험하다'는 평가 대신 '이 여성이 매력적이다'는 평가로 전환되면서 전혀 다른 정서(흥미, 끌림)가 생성된 것이 이를 잘 보여준다. 인지평가이론은 정서 경험을 보다 복합적이고 심리적 능동성(active psychological construction)으로 이해하려는 데 크게 기여하였다.

인지평가이론에 대한 비판

그러나 인지평가이론은 모든 정서 경험을 충분히 설명하지 못한다는 비판에도 직면해 있다. 첫째, 생리적 각성은 정서마다 다르다는 점이다. 정서에 수반되는 생리적 반응은 단순히 '각성'이라는 한 차원으로 통합될 수 없다. 두려움, 분노, 기쁨 등의 정서는 각각 다른 패턴의 자율신경계 반응(심박수, 혈압, 피부 온도 등)을 보이기 때문에 모든 정서가 단일한 생리적 각성 상태 위에 단순히 인지 평가만 더해져서 만들어진다고 보기는 어렵다.

둘째, 인지가 선행하지 않더라도 정서는 발생할 수 있다. Zajonc의 단순 노출 효과(mere exposure effect) 연구에 따르면, 사람들이 무의식적으로 반복 노출된 자극을 더 선호하게 되지만, 그 이유를 의식적으로 설명할 수는 없다. 즉, 논리적으로 평가하거나 해석하지 않더라도 사람들은 특정한 자극에 대해 정서적 선호를 느낄 수 있다.

셋째, 이유 없는 각성은 부정적, 파국적 해석을 야기한다. 사람들은 명확한 원인이 없는 강렬한 생리적 각성, 장이 빠르게 뛰고, 숨이 가빠지고, 손에 땀이 나는 상황을 경험했을 때, 이를 '불안', '위험' 과 같은 부정적 신호로 받아들인다. 이러한 결과는 인지평가이론이 가정하는 중립적 상태로부터 자유로운 해석이 아니라, 진화적으로 프로그래밍된 경향성(위험 감지)이 정서 해석을 선도할 수 있음을 의미한다.

따라서 오늘날 정서심리학은 정서가 다양한 경로—자동적 생리 반응, 무의식적 처리, 인지적 평가—를 통해 발생한다는 점을 인정하는 통합적 관점으로 발전하고 있다. 즉, 때로는 인지적 해석이 정서를 이끌고, 때로는 진화의 과정에서 발달시켜온 생물학적 본능이 우리를 이끌기도 한다. 정서란 단순하거나 일관된 현상이 아니라, 생존을 위해 진화하고, 문화와 경험 속에서 다듬어진, 다층적이고 역동적인 인간 경험인 것이다.

4) LeDoux 통합적 정서심리학 관점

현대 정서심리학은 생리, 인지, 행동, 문화적 요소가 통합적으로 작용한다는 관점에서 발전하고 있다. 뇌과학의 발전은 편도체, 전전두엽, 대뇌변연계와 같은 신경기제가 특정 정서와 관련됨을 밝히고 있으며, 진화심리학은 정서를 생존과 적응의 산물로 해석한다. 이 관점을 가장 대표적인 학자가 Joseph LeDoux이다. 그는 정서를 신체 반응, 인지, 행동이 독립적으로 존재하는 것이 아니라, 상호 연결된 신경 네트워크 속에서 통합적으로 발생하는 것으로 설명하였다. 그는 특히 공포(fear) 연구를 통해, 정서가 단순히 '느끼는 것'이 아니라, 자극에 대한 빠른 신경 반응과 느린 인지적 해석이 함께 작동하는 복합적 체계임을 강조했다.

LeDoux는 '저속 경로(low road)'와 '고속 경로(high road)'라는 개념을 제시하였다. 고속 경로는 자극을 감지하자마자 빠르게 반응을 유발하는 경로이며, 저속 경로는 자극을 보다 정교하게 분석하고 상황을 평가한 후 반응을 조정하는 경로를 의미한다. 예를 들어, 숲속에서 뱀을 발견했다고 가정해보자. 뱀이라는 시각 정보는 망막을 통해 시상(thalamus)으로 전달되며 이후, 두 가지 경로가 동시에 작동하게 된다. LeDoux의 모델에서는 본능적 생존 반응과 인지적 평가가 동시에 진행되며, 정서는 이 두 과정이 통합된 결과라는 점을 강조한다. 공포 반응은 단순히 '느낌'이 아니라, 생물학적 준비와 인지적 해석이 얽혀 있는 복합적 현상이다. 이는 우리가 종종 비합리적으로 느끼는 두려움(예: 가짜 뱀에 놀라기)과, 인지적 분석을 통해 진정하는 과정을 모두 설명할 수 있게 한다.

피질하 경로(subcortical route): 빠른 아랫길(고속 경로)

시상은 곧바로 편도체(amygdala)로 신호를 보낸다. 편도체는 뱀이라는 구체적 해석 없이도 위험 가능성을 빠르게 감지하고 즉각 공포 반응을 유발한다. 이때 심장박동이 빨라지고, 근육이 긴장하며, 도망치거나 얼어붙는 행동이 나타난다. 이 경로는 빠르지만 대체로 부정확할 수 있다. 실제로는 뱀이 아니라 구불구불한 나뭇가지일 수도 있지만, 신속한 생존 반응을 위해 '오해'의 가능성을 감수하는 것이다.

피질 경로(cortical route): 생각하는 윗길(저속 경로)

피질하 경로가 활성화되는 것과 동시에 시상은 시각 정보를 시각 피질(visual cortex)로도 보낸다. 여기서는 보다 세밀한 분석이 이루어진다. '이것이 정말 뱀인가? 단순한 나뭇가지인가?' 같은 인지적 평가가 이루어지는 것이다. 이 평가 과정에서 중요한 역할을 하는 것은 전전두엽(prefrontal cortex)이다. 전전두엽은 정보를 논리적으로 판단하고, 편도체가 유발한 초기 공포 반응을 조절하거나 수정한다. 만약 전전두엽이 '위험이 없다'고 판단하면, 편도체의 흥분을 억제하고 신체를 다시 이완시킨다.

대뇌피질 바로 밑에 위치한 변연계에서 모든 정서가 만들어진다. 정서의 처리는 의식적 경로와 무의식적 경로를 통해 이루어진다. 편도체는 입력되는 모든 자극에 담긴 정서적

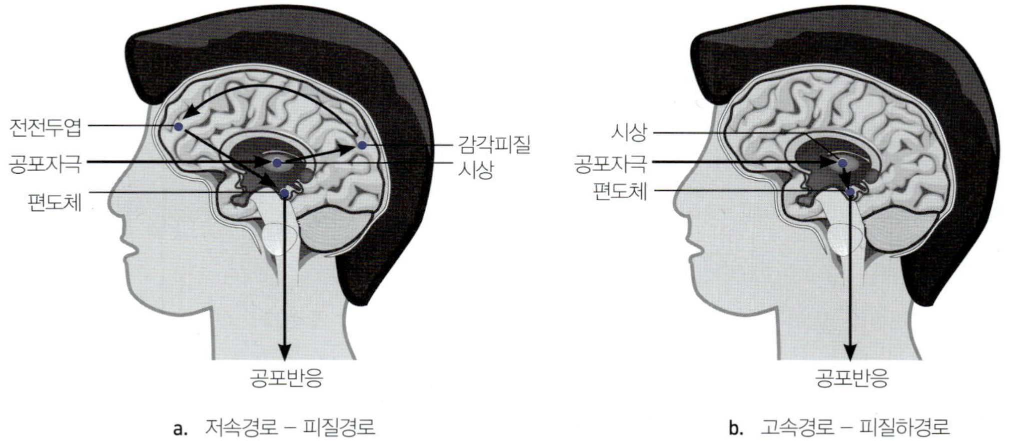

그림 5-10 LeDoux 통합적 정서심리학 관점

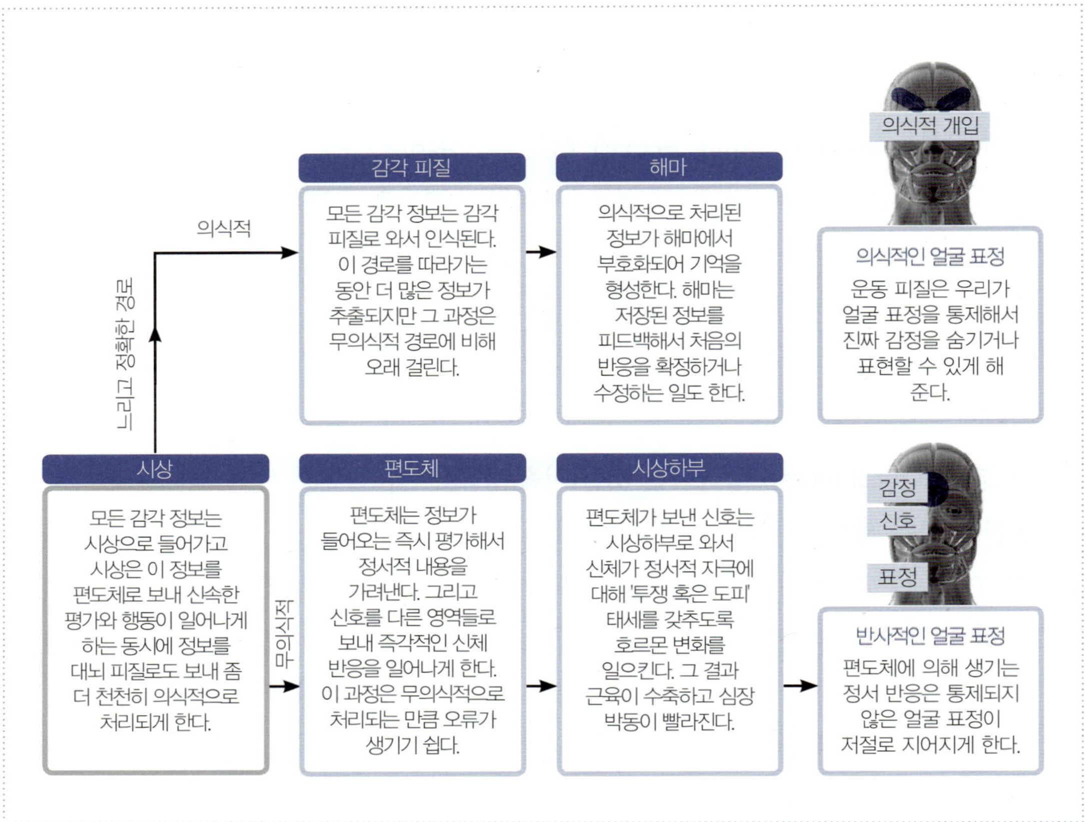

그림 5-11 의식적, 무의식적 정서 처리 경로

내용을 선별하는 일차 수용기로, 이곳에서 뇌의 다른 영역들에게 신호를 보내 적절한 정서 반응을 생성하게 한다. 변연계와 대뇌피질, 특히 전두엽이 서로 연결되어 있기 때문에 정서를 의식적으로 처리하고 소중한 '감정'으로 경험할 수 있게 된다

3. 정서 조절

우리는 하루에도 수차례 다양한 감정을 경험한다. 어떤 감정은 사소하게 지나가지만, 어떤 감정은 사고, 행동, 관계에 깊은 영향을 미친다. 특히 정서는 정보처리, 의사결정, 기억에까지 작용하며 삶의 질에 큰 파장을 일으킨다. 그렇다면 우리는 이러한 정서를 얼마나 잘 다루고 있을까? 그 열쇠는 바로 정서조절(emotion regulation)이다. 정서조절이란 정서를 경험하는 방식과 강도, 지속 시간을 스스로 조정하는 능력을 말하며, 심리적 건강과도 밀접한 관련이 있다.

1) 기분과 정서의 영향

Clore와 Forgas 등의 연구에 따르면, 기분은 정보처리 방식에 변화를 준다. 부정적인 기분은 정보를 보다 정교하고 분석적으로 처리하게 하며, 긍정적인 기분은 보다 융통성 있고 창의적으로 접근하도록 한다. 실제로 슬픈 기분의 피험자들이 거짓말을 탐지하는 정확도가 가장 높았다는 결과는, 감정 상태가 판단력에 직접적인 영향을 미칠 수 있음을 보여준다.

또한 기분은 주의와 기억의 초점에도 작용한다. 부정적 기분은 주의력을 날카롭게 만들고, 긍정적 기분은 더 넓은 범위의 정보에 주의를 분산시키게 만든다. 이러한 차이는 때로는 의사결정에서 도움이 되지만, 때로는 방해가 되기도 한다. 즉, 감정은 단순한 느낌이 아니라 정보 선택과 처리, 기억 형성에까지 영향을 미치는 심리적 렌즈인 셈이다.

2) 정서의 생리적 각성과 주의 왜곡

정서는 단지 내면의 반응이 아니라, 생리적 각성과 인지적 해석을 동반한다. 특히 강렬한 정서가 유발되었을 때, 사람들은 특정 자극에 주의를 집중하고 나머지 정보는 소홀히 처리하는 경향이 있다. 이를 보여주는 것이 바로 무기집중 효과(weapon focus effect)다. 범죄 장면에서 무기가 등장하면, 목격자는 무기에 주의를 집중하게 되고, 그 결과 범인의 외모나 기타 세부정보를 잘 기억하지 못하는 현상이다.

Pickel과 Fawcett 등(2009)의 연구에 따르면, 무기를 든 여성을 목격한 참여자들은 특히 낮은 기억 정확도를 보였다. 이는 '무기를 든 여성'이라는 자극이 정서적 각성을 극대화시키는 비정형적인 상황이었기 때문이다. 정서적 각성은 지각과 기억의 우선순위를 바꾸어 놓고, 특정 자극(위험, 위반, 이상 행동 등)에 과도하게 주의를 몰아가게 만든다(Mather & Sutherland, 2011).

3) Gross의 정서조절 이론

그렇다면 우리는 이런 정서적 파도를 어떻게 다룰 수 있을까? 심리학자 James Gross는 정서의 생성과정에 개입함으로써 정서의 경험 자체를 조절할 수 있다는 이론을 제시하였다. 그는 정서조절 과정을 다섯 가지 전략 단계로 구분하였다.

① 상황 선택(situation selection) - 특정 감정을 유발할 가능성이 있는 상황 자체를 피하거

나 선택함으로써 정서를 사전에 조절하는 방식이다. 예를 들어, 불편한 사람과의 만남을 미루거나, 기분이 좋아지는 활동을 의도적으로 선택하는 것이다.

② 상황 수정(situation modification) - 상황은 유지하되, 상황 내부 요소를 조정하여 정서적 영향을 줄이려는 전략이다. 친구와의 갈등 중 감정이 격해지지 않도록 대화 주제를 바꾸는 것이 이에 해당한다.

③ 주의 전환(attention deployment) - 정서 유발 자극으로부터 주의를 다른 곳으로 돌리는 전략이다. 예컨대, 놀이기구를 타며 두려움을 느낄 때, 주변 풍경을 바라보며 집중을 분산시키는 것이다.

④ 인지 재평가(cognitive reappraisal) - 가장 효과적인 정서조절 전략으로 평가받는 방식이다. 정서를 유발한 사건의 의미를 새롭게 재해석함으로써 정서의 성격과 강도를 변화시키는 전략이다. '놀이기구는 무섭지만 안전하다', '면접은 위협이 아니라 성장의 기회다'와 같은 인지적 재구성이 여기에 포함된다.

⑤ 반응 조절(response modulation) - 정서가 이미 발생한 후, 행동적 반응을 조절하거나 억제하려는 방식이다. 예를 들어, 화가 났을 때 목소리를 낮추거나 표정을 관리하는 것 등이 여기에 해당한다. 다만 이 단계의 조절은 자원 소모가 크고, 스트레스를 증가시킬 수 있다.

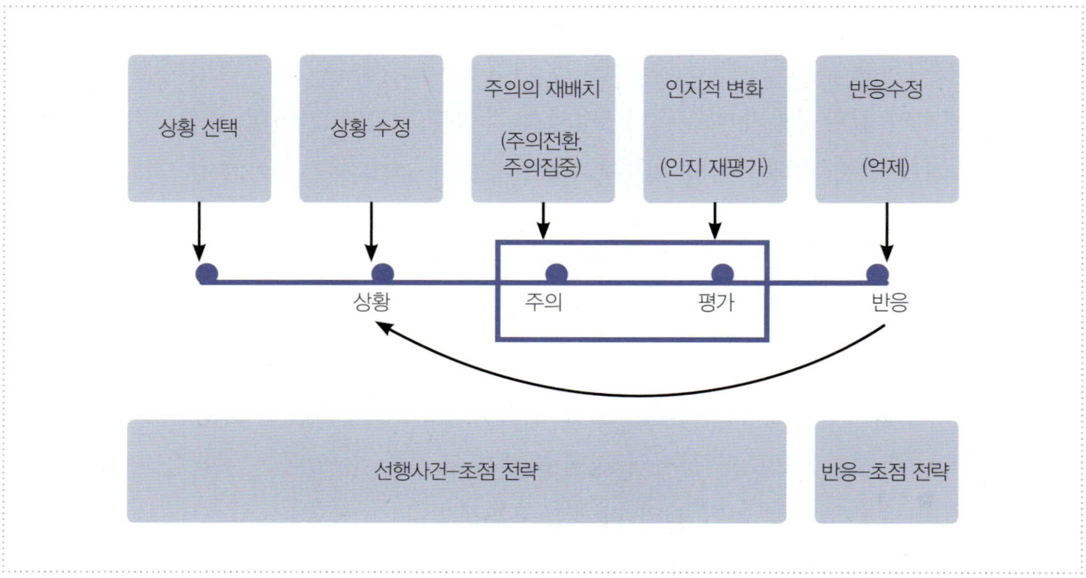

그림 5-12 Gross, 정서의 조절

정서는 통제할 수 없는 본능이 아니라, 훈련 가능한 자원이다. 정서조절 능력이 높은 사람은 스트레스 상황에서도 침착하게 대처하고, 대인관계에서 갈등을 효과적으로 중재하며, 장기적으로는 우울과 불안을 예방하는 데에도 유리하다. 하지만 모든 정서조절이 바람직한 것은 아니다. 감정을 무조건 억제하려 하거나, 감정에 귀 기울이지 않고 회피하는 조절 방식은 오히려 부작용을 초래할 수 있다. 중요한 것은 상황에 맞는 전략을 선택하고, 자기 인식에 기반한 조절 방식을 개발하는 것이다.

우리는 감정의 흐름 속에 살고 있다. 그 흐름을 억제하거나 무시하는 대신, 현명하게 다루고 조절할 수 있는 능력, 즉 정서조절 능력이 오늘날 정신건강의 핵심 요소로 떠오르고 있다. Gross의 이론은 정서를 조절하는 다양한 지점을 알려주며, 우리가 감정을 더 잘 다루고 살아갈 수 있도록 돕는다. 정서란 마치 날씨처럼 변화무쌍하지만, 우리는 우산을 펴고, 코트를 걸치며, 그 변화를 견디는 방법을 배울 수 있다. 정서조절은 바로 그 방법을 배우는 과정이라 할 수 있다.

4. 행복한 삶을 위한 전략

이상 심리학 연구는 대부분 비정상성과 정신장애에 집중해왔으며, 우울이나 불안과 같은 이상 상태를 정상상태로 변화시키는 것이 가장 중요한 치료적 목표라 생각하였다. 그러나 20세기 후반에 접어들면서 보다 긍정적인 접근 방식을 택하여 행복하고 충만하게 사는 방법을 모색하는 학자들이 늘어났다. 즉 심리학의 연구 주제가 불안이나 우울과 같은 부정적 정서 상태를 없애는 것이 아니라, 부정적 정서 상태가 있음에도 불구하고, 보다 긍정적인 정서, 보다 만족스럽고 풍유로운 삶을 향유하는 방향으로 변해가고 있다.

1) 바람직한 삶

심리적 기질의 부정적 측면에서 벗어나려는 움직임은 가장 먼저 정신치료 분야에서 나타났다. Freud의 정신분석 방법을 사용하던 일부 정신치료사들이 정신장애의 치료에 집중하는 데에 과연 무슨 실효성이 있는지 의문을 품기 시작한 것이다. 이들은 대신 정신 건강을 얻을 방법을 찾는 데 주력해야 한다고 주장했다. 이런 새로운 관점을 택한 최초의 심리학자 중 하나인 Maslow는 더 이상 사람들을 '온갖 증상의 집합체'로 보지 말고 그들의 긍정적 자질에 주목해야 한다고 생각했다. Erich Fromm 역시 자신의 개인적 생각과 능력을 파악하고 삶에서 충만함을 발견함으로써 많은 정신적 문제를 극복할 수 있다고 믿었다. 이런 접근법을 택한 또 다른 영향력 있는 치료자는 Carl Rogers로, 그는 어떤 치료법이라도 개인을 중심에 두고 그가 '바람직한 삶'을 살도록 도와야 한다고 생각했다. Rogers가 생각하는 바람직한 삶이란 행복할 뿐만 아니라 충만한 삶이었다. 그는 정신 건강이 고정된 상태가 아니라, 자신의 존재를 책임지고 충실하게 살아가면서 스스로를 발견하고 키워가는 과정에서 얻어지는 결과라고 보았다.

2) 행복의 추구

정신장애의 치료에서 '바람직한 삶'을 살도록 돕는 쪽으로 방점이 옮겨가면서 이른바 '긍정 심리학(positive psychology)' 운동이 태동했다. 이런 접근법의 선봉장은 Martin Seligman이다. 그는 우리가 행복한 삶을 살기 위해서는 자신을 즐겁게 만드는 요소를 알아야 한다고 주장한다. 그는 행복하고 충만한 사람들의 삶을 분석함으로써, 세 가지 본질적인 요소를 찾아냈다. 하나는 그가 '즐거운 삶'이라고 부르는 것으로, 우리가 일반적으로 행복과 연계시키는 종류의 기쁨을 추가하고 남들과 어울리는 삶을 말한다. 그러나 이것은 행복한 삶의 중요한 일부이긴 해도, 행복을 지속시키지는 못한다. 그래서 우리는 스스로 할 수 있는 일뿐 아니라 원하는 일을 해냄으로써 개인적 성장을 이루어내는 '바람직한 삶'이나 우리 자신을 벗어나 다른 사람이나 더 큰 대의를 위해 행동하는 '의미 있는 삶'에서 보상과 보람을 찾아야 한다.

3) 일의 보상

헝가리 출신의 심리학자인 Mihaly Csikszentmihalyi 역시 행복하고 충만한 삶을 영위한다고 느끼는 사람들을 연구했다. 그는 그들이 여러 가지 일에서 만족을 얻지만, 특히 자신이 하고 있는 일에 완전히 몰두 할 때 모두들 유사한 만족감을 느끼는 사실을 발견했다. 그것은 마치 시간을 잊은 듯한 무한한 감각으로, 그 순간 그들은 고요하게 집중하며 자신이나 주변 세계를 의식하지 못하는 상태에 이르렀다.Csikszentmihalyi 의 표현대로 이런 '몰입(flow)'의 사태는 음악가가 악기를 연주할 때 경험하는 무아지경의 상태와도 비슷하다. 꼭 음악이나 미술 같은 창작활동이 아니라도 자신의 능력 범위 내에 있으면서도 도전의식을 자극하는 어떤 일에서든 몰입에 도달할 수 있다. 그리고 몰입이 주는 강력한 즐거움을 느끼게 되면 여가활동뿐 아니라 일에서도 보람과 의미를 얻게 될 것이다.

4) 기분이 좋아지는 행동

2005년의 한 연구는 타인에게 친절을 베푸는 행동이 자신의 행복도 증진시킨다는 사실을 입증했다. 이 연구에서는 학생들에게 6주 동안 매주 다섯 가지씩의 친절을 베풀되, 매일 한 가지씩을 5일간 실천하거나 하루에 다섯 가지를 모두 실천하게 했다. 그 결과 매일 한 가지씩 친절한 행동을 한 학생들은 행복감이 약간 높아진 반면, 하루에 다섯 가지 친절을 모두 베푼 학생들은 행복감이 40퍼센트나 증가했다.

box 1 행복의 공식: 어떻게 살면 행복할 수 있을까?

행복은 단순히 순간적인 기분이 아니라, 다양한 요소가 상호작용하는 결과다. 그중에서도 심리학자들은 행복을 구성하는 세 가지 주요 요인을 다음과 같은 비율로 설명한다.

행복 = 유전 50% + 삶의 상황 10% + 내적 환경(의지적 활동) 40%

① 유전(50%) - 우리가 타고나는 행복의 기준점

행복에 영향을 미치는 요소 중 약 50%는 유전적으로 결정된 성향에서 비롯된다고 한다. 행동유전학 연구 결과에 따르면, 쌍둥이 연구를 통해 행복감의 차이가 상당 부분 유전적 기반을 가진다는 사실이 밝혀졌다(Nes et al., 2006). 또한 성격 5요인(Big Five) 이론에서도, 정서적 안정성과 외향성이 높은 사람일수록 더 높은 주관적 안녕감을 경험한다고 보고된다. 이처럼 행복의 '기본값', 즉 감정의 회복 탄력성이나 긍정성의 기초는 어느 정도 타고난 것이라고 볼 수 있다.

② 삶의 상황(10%) - 우리가 통제하기 어려운 외적 조건

많은 사람들이 부나 결혼, 건강, 교육, 날씨와 같은 외적 조건이 행복을 좌우한다고 믿는다. 그러나 실제로 이러한 삶의 외적 상황이 설명하는 행복의 비율은 단 10%에 불과하다(Diener et al., 2010). 물론 기본적인 욕구가 충족되지 못한 상태에서는 삶의 만족도가 낮을 수밖에 없다. 하지만 일단 생존에 필요한 조건이 충족된 이후에는, 더 많은 소득이나 더 나은 환경이 지속적인 행복을 보장하지는 않는다. 실제로 삶의 만족도는 긍정적 정서를 얼마나 자주 느끼고, 부정적 정서를 얼마나 적게 경험하는가에 더 큰 영향을 받는다. 특히 긍정적 정서의 빈도는 부정적 정서보다 삶의 만족도에 두 배 더 큰 영향을 미치는 것으로 나타났다(Kuppens et al., 2008).

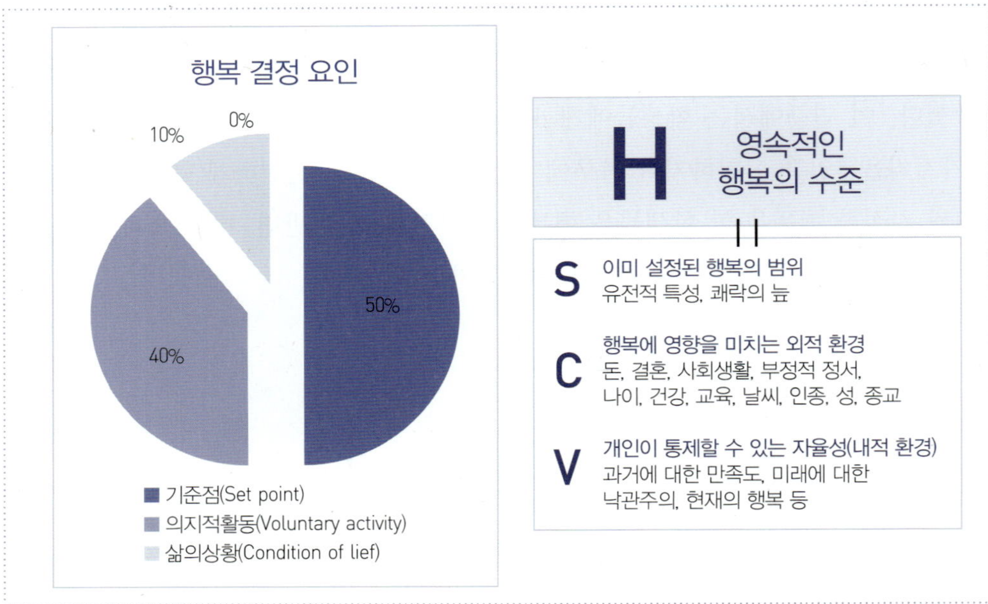

그림 5-13 무엇이 행복을 결정하는가?

③ 내적 환경(40%) - 내가 선택할 수 있는 행복의 영역

행복을 구성하는 나머지 40%는 개인의 의지와 선택에 의해 조절 가능한 영역, 즉 내적 환경에 해당한다. 이에는 자신의 감정을 조절하는 능력, 감사나 의미 찾기, 몰입 활동, 관계 유지와 같은 의도적인 행동과 심리적 태도가 포함된다.

특히 Deci와 Ryan(2000)이 제안한 자기결정이론(Self-Determination Theory)은 내적 환경이 행복을 만드는 핵심이라 강조한다. 이 이론에 따르면, 인간은 다음의 세 가지 심리적 욕구가 충족될 때 더 깊은 행복을 느낀다:

- 자율성(Autonomy): 내가 내 삶의 주인이라는 느낌
- 유능성(Competence): 내가 어떤 과제를 잘 해내고 있다는 성취감
- 관계성(Relatedness): 타인과 정서적으로 연결되어 있다는 소속감

이러한 욕구들이 채워질 때, 사람은 내적 동기에 따라 행동하게 되고, 그 결과 지속적이고 안정된 행복을 경험할 수 있다. 즉, 유전적으로 주어진 행복의 기준점(50%)은 바꾸기 어렵지만, 삶의 상황(10%)과 무엇보다 내적 환경과 활동(40%)은 우리가 선택할 수 있는 영역이다. 그러므로 행복의 일부는 주어지지만, 나머지는 내가 구성해 나가는 것이라 할 수 있다.

'행복해지기 위해 무엇을 해야 할까?'라는 질문에, 긍정심리학은 이렇게 대답한다. "자율적으로 선택하고, 유능감을 느끼며, 따뜻한 관계를 맺는 삶을 실천하라." 행복은 어느 날 갑자기 오는 것이 아니라, 매일의 선택 속에서 천천히 쌓여가는 것이다.

제 2 부

뇌과학으로 세상 이해하기

06

인간의 마음
〈뇌과학과 AI〉

1. 뇌과학, 그리고 마음

서양에서는 일찍부터 "마음이 머리에 있다"고 했고, 동양에서는 심장에 있다고 가르쳐 왔다. 우리가 "내 마음" 할 때 심장을 가리키지만 서양 사람들은 머리를 주로 가리킨다. 머리 속에는 뇌가 있고, 뇌는 곧 안면인식과 인지능력에 중추적인 작용을 하는 기관이기 때문에 해부학이 일찍 발달한 서양 사람들의 생각에는 "뇌가 마음의 중심"이 되었던 것이다. 이런 사고를 뒷받침이라도 하듯 서양의학을 풍자한 그림들에서도 그 내용을 종종 발견할 수 있다. Rembrandt의 "니콜라스 튈프 박사의 해부학 강의" 그림은 일찍이 발달한 서양 사람들의 호기심을 한편 두려우면서도 경외심을 가지도록 사실적으로 묘사하고 있다.

대체적으로 서구 사람들의 생각은 굉장히 합리적이고 과학적이라 할 수 있는 반면 동양 사람들의 생각은 다소 철학적이고 감성적이다. 그런 면에서 본다면 심리학이 가치와 마음

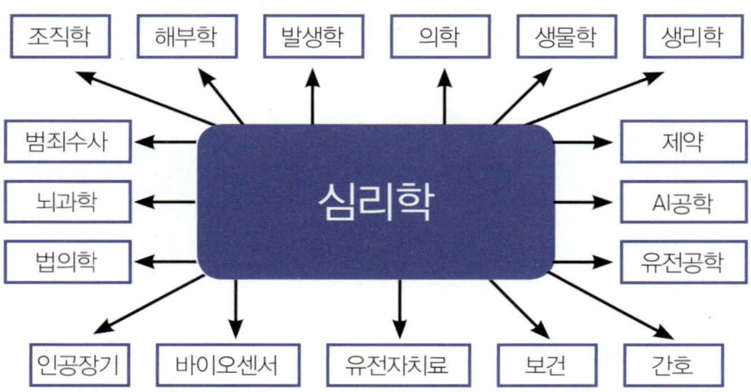

그림 6-1 심리학과 연관된 학문들

을 우선시하는 동양에서 더 빠르게 발달해야 할 것처럼 보이지만, 현대심리학이 과학적 관찰과 실험을 토대로 하면서부터는 오히려 방법론과 합리성을 내세운 서양에서 앞서나가고 있다. 다른 말로 표현하면 형이상학적인 학문으로만 치부되었던 심리학을 이해하기 위해 생물학의 지식이 절대적으로 필요해졌다는 뜻이다. 현대심리학은 이처럼 해부학뿐만 아니라, 의학, 약학, 생리학, 유전학, 발생학, 생화학, 조직학 등 다양한 학문들과 밀접한 관계가 있다. 그리고 뇌과학이야말로 현대심리학에서 빼놓을 수 없는 절대적인 용어이자 새로운 학문 영역이 되고있다.

2. 심리와 감정

심리작용에는 크게 2가지가 있다. 이 두 가지 현상은 완전히 상극되는 현상인데, 심리를 좌우한다는 차원에서 기능이라 불러도 좋을 것이다. 이들은 불안, 염려, 공포, 초조와 같은 부정적인 기능, 그리고 이와 반대로 기쁨, 환희, 사랑과 같은 긍정적인 기능이다. 심리학에서는 이런 역기능들이 일상생활 속에서 때로는 단편적으로, 또 어떤 때는 동시다발적으로 나타나기 때문에 심리 분석을 어렵게 만든다고 생각을 한다. 결국 이런 복잡한 감정의 결과들이 서로 어떻게 상호작용하여 표현되느냐가 우리의 심리 상태 전체를 좌우한다고 보는 것이 타당할 것이다.

얼마 전만 해도 우리는 이처럼 다양한 요소가 공동으로 작용하기 때문에 이중 어느 한 가지를 더 부각시키거나 움츠리게 만들어도 전체적인 심리에는 큰 영향이 없을 것으로 생각했다. 이는 특정인의 심리 상태를 목표하는 차원에 이르도록 인위적으로 조절하는 것이 불가능하다는 논리이기도 했다. 다만 특정한 약물을 사용했을 때 흥분상태를 고조시키거나 아니면 우울한 상태를 가라앉히는 정도의 보조적인 도움은 줄 수 있으리라고 생각해왔다. 실제로 그런 약물들이 개발되기도 하였는데 그럼에도 불구하고 아직까지 완전하지 못한 실정이다. 그리고 이런 약물들이 목표로 하는 생물학적 타겟이 해마(hippocampus)와 같은 뇌의 특정 영역이다 보니 심리과학자들의 관심사는 점점 더 뇌과학과 밀접해지고 있는 것이다. 어느 학자가 '형이상학의 형이하학적 다운그레이드(downgrade)'라고 표현했던 것이 현대심리학의 추세에서 그대로 반영되고 있다.

3. 뇌, 그리고 생물학

뇌가 어떤 기작을 통해서 기억력, 슬픔 및 사랑 등의 감정, 그리고 충동, 분노 등을 통제하는지에 대한 연구는 지난 반세기 이상 오래 진행되어 왔다. 사실 이런 느낌들은 단순하게 한 두가지 용어로 설명될 수 있는 것들이 분명 아니다. 왜냐하면 이런 감정들은 여러 조건과 환경 아래에서 복합적으로 구성된 결과이기 때문이다. 게다가 해부학적 차원에서 냉철하게 바라본다면 뇌는 커다란 신경세포의 단순 덩어리일 뿐이다. 이 덩어리에서 어떻게 복잡한 감정들이 솟아날 수 있는지, 그리고 뇌가 인지와 감정의 원천 기관이라면 아주 작은 뇌를 가지고 있는 곤충들도 정도만 다를 뿐 슬픔과 미움, 사랑의 감정까지 느끼고 있는지 당연히 궁금해진다. 그만큼 뇌는 아직도 우리가 온전히 이해하고 정복하기에 필요한 정보의 축적이 매우 부족한 신체조직이다.

감정이라든가 생각, 인지능력 같은 형이상학적 요소들은 과학적으로 밝히기보다는 사회적 관계인 대인관계에서 형성되는 요소들이기 때문에 심리학에서는 이러한 요소들간의 상관관계를 중요하게 생각한다. 즉, 해부학적으로 볼 때 단순히 신경세포의 덩어리인 뇌가 사람과 사람의 만남에서 일어나는 복잡한 관계적 대응을 어떻게 인지하고, 그에 대응하는 방법을 찾아내는지를 설명하기 위한 노력이 심리학에서 경주되어왔다. 그리고 해부학과 함께 생리학 및 생화학이 발달하면서 점차 뇌의 부위별 기능을 지도처럼 그려내고(brain mapping), 생물학적으로 설명하는 것이 빠르게 가능해지고 있다. 아직도 초보적인 단계이기는 하지만 인지하고 기억하는 중추적 메커니즘을 설명할 수 있는 걸음마도 시작되었다.

4. 뇌의 구조

사람의 뇌는 무게가 약 1.5 kg 정도이며, 1,000억 개에 달하는 신경세포로 이루어져 있다. 뇌 안에 들어있는 연결고리(시냅스, synapse)만도 100조 개나 된다. 뇌는 그 사람의 개성, 지능, 재능, 태도, 감정, 기억 등 모든 이성과 감성을 통제한다. 뇌의 주요 부위는 대뇌, 소뇌. 뇌간, 간뇌 등으로 간략히 나눌 수 있다.

① 대뇌(cerebrum)는 뇌의 대부분을 차지하는 영역으로 지적 기능의 근원이다. 학습, 기억, 언어 등 중요한 인지 기능이 대부분 대뇌에서 이루어진다. 또한 감각과 지각, 운동, 공포, 상상력, 추리력, 기술의 습득, 이해 및 판단을 수행하는 중추이기도 하다. 대뇌는 좌, 우의 2개 반구로 나뉘어지는데 각각 엇갈려서 좌반구는 신체 우측 부분을, 우반구

는 신체 좌측 부분을 통제한다.

대뇌의 표면을 대뇌피질(cerebral cortex)이라 부르는데 표면적을 늘리기 위해 주름이 많이 잡혀있고 여기에 신경세포들이 집합되어있다. 대뇌피질은 차례로 전두엽, 측두엽, 두정엽, 후두엽으로 나뉘어진다. 전두엽은 사고 능력, 문제 해결 능력들과 관련되어 있다. 또한 장기 기억의 저장소이기도 하다. 측두엽은 후각 및 청각에 관련되어 있으며, 해마와도 연관되어 있어 기억을 만들어내고 저장하는 데에 중요한 역할을 한다. 두정엽은 수의운동, 후각, 감성 등 대부분의 감각 정보를 인지해준다. 후두엽은 시각 정보를 받아들이고 인지하는 기능을 한다.

대뇌피질 아래의 속 부분을 변연계(limbic system)라 하는데 여기에 시상, 편도, 해마(hippocampus) 등이 위치해 있다. 해마라는 이름은 해양생물인 해마를 닮았다고 해서 붙여진 이름이다. 해마는 기억을 만들어내는 장소이기 때문에 우리의 최대 관심 부위이다. 해마는 기억을 조절하는 곳이고 편도는 감정을 조절하는 부위이다.

② 소뇌(cerebellum)는 감각인지를 통합하고 제어한다. 또 언어인지 기능과 두려움 조절, 쾌락 반응 등에 관련되어 있다. 특히 평형감각과 정밀한 운동 기능을 수행한다.

③ 뇌간(brainstem)은 대뇌에 척수를 연결하는 부분으로 중뇌, 교뇌, 연수로 구성되어 있다. 뇌간에는 생명 유지에 필수적인 신체의 기능과 관련된 다양한 신경세포들이 모여 있다. 뇌간은 무의식적으로 호흡하거나 심장박동처럼 자유의지로 조절할 수 없는 것, 소화기관의 연동 운동 등을 조절해준다. 의식이 없더라도 숨을 쉴 수 있는 것은 뇌간이 그 기능을 계속 유지하기 때문이다. 뇌간에 손상이 가해지면 죽음을 초래할 수 있는 반면, 대뇌나 소뇌는 손상이 가해져도 죽음까지 초래되지는 않는다.

중뇌(midbrain)에는 눈의 움직임, 동공의 크기와 수정체 모양 조절 등 시각 정보와 관련된 신경세포들이 존재한다. 교뇌(pons)는 대뇌와 소뇌 사이의 정보를 교환해준다. 또한 호흡과 평형, 음식물 저작, 침 분비 같은 기능을 조절한다. 연수(medulla)는 뇌간의 가장 아래쪽 부분이다. 여기에서 척수로 이어진다. 연수에는 심장박동과 혈관의 크기, 호흡, 기침, 재채기, 음식물 섭취, 평형 등과 같이 특별한 기능을 하는 신경중추가 위치해 있다.

④ 간뇌(diencephalon)는 시상, 시상상부, 시상하부로 이루어진다. 후각을 제외한 대부분의 감각 정보가 시상을 거쳐서 대뇌에 전달된다. 시상상부에 위치한 송과선은 멜라토닌(melatonin)이라는 호르몬을 분비하여 낮과 밤의 명암주기에 따라 생체리듬을 조절해준다. 시상하부에는 항상성 유지에 중요한 신경세포들이 위치해 있다. 시상하부에는 체

온조절, 수분섭취조절외에도 성적 쾌락, 분노, 공포 등의 감정 중추가 연결되어 있다. 우울증의 결과로 나타나는 스트레스 또한 시상하부와 관련이 있으며 뇌하수체에서 분비되는 호르몬을 조절하는 것도 시상하부이다.

이상과 같이 뇌의 주요 부위와 기능들을 살펴보았다. 뇌의 신경세포들은 서로 얽혀서 정보를 교환하기 때문에 특정한 기능을 특정한 부위에만 국한시켜 정의하는 것은 무리가 많다.

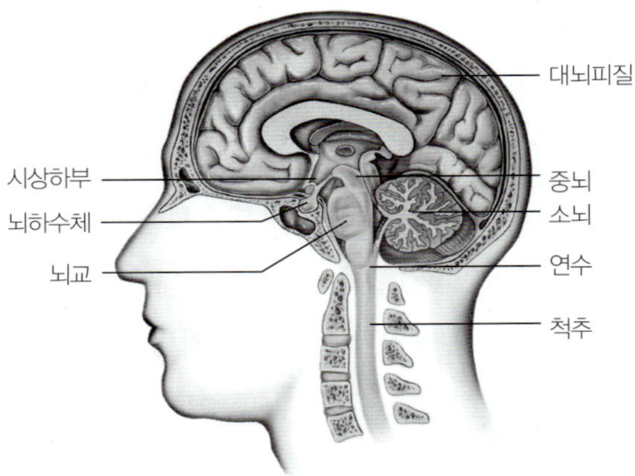

그림 6-2 뇌의 구조

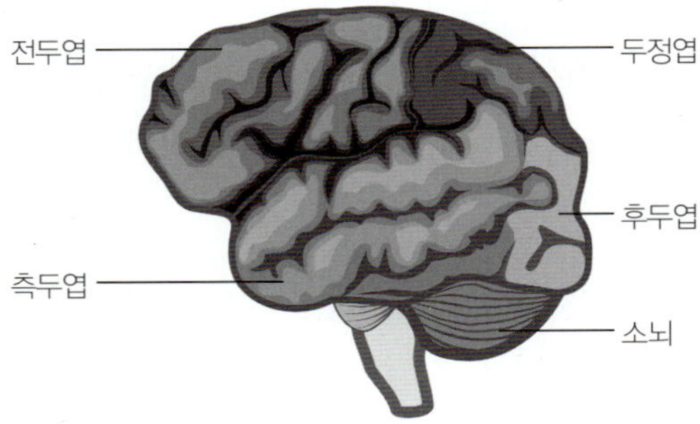

그림 6-3 대뇌피질에 위치한 엽들

표 6-1 뇌의 좌, 우반구 역할

좌반구	우반구
신체 오른쪽을 물리적으로 통제함	신체 왼쪽을 물리적으로 통제
직선적 사고와 세부 문제 해결	간접적 사고와 총체적 해결
실질적 사고와 분석 능력 조절	통합적 사고를 조절
구체적인 평가	종합적인 분석
이성적 사고를 통제	예술적이고 창조적 사고를 통제

5. 시상하부와 뇌하수체

시상하부와 뇌하수체는 내분비기관으로도 분류할 수 있지만 그보다는 뇌의 한 부분으로 간주하는 것이 옳다. 그럼에도 불구하고 이들이 호르몬을 분비하기 때문에 내분비기관이라고 편의상 지칭하기도 한다. 이들이 분비하는 호르몬에 의해서 체내 여러 다른 내분비기관들이 제어를 받는다. 시상하부에 위치한 신경분비세포에서 분비하는 호르몬에 의해 뇌하수체가 조절되고, 뇌하수체는 차례로 다른 내분비기관을 또 통제하는 호르몬을 만들어내는 것이다.

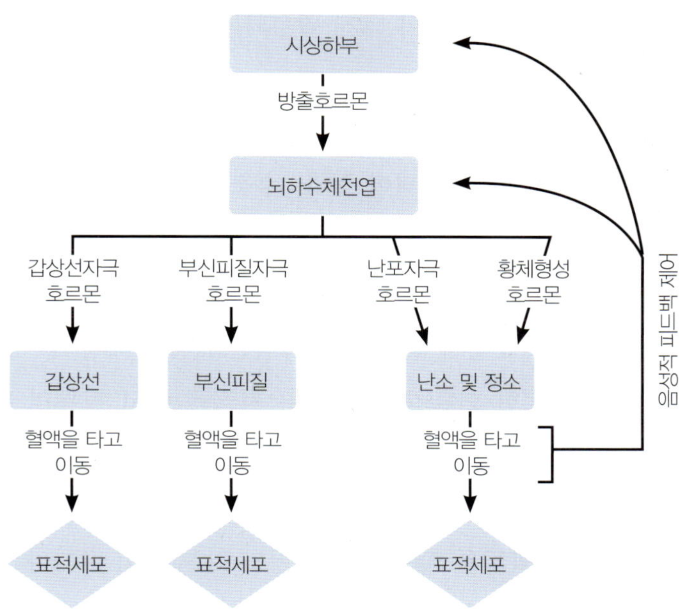

그림 6-4 시상하부–뇌하수체–내분비기관들

뇌하수체는 뇌 아래쪽에 마치 물주머니처럼 늘어진 모습을 하고 있다. 눈에서 가까운 앞쪽을 전엽(anterior lobe), 뒤쪽을 후엽(posterior lobe)으로 나눈다.

뇌하수체 전엽에서 분비되어 신체 각 부의 다른 기관들을 통제하는 호르몬에는 부신피질자극호르몬, 갑상선자극호르몬, 난포자극호르몬, 황체형성호르몬 등이 있다. 이들은 각기 부신피질, 갑상선, 난소 및 정소들을 자극하여 그들이 계속하여 특징적인 호르몬을 분비하도록 유도해준다. 한편 프로락틴, 색소세포자극호르몬, 성장호르몬들도 뇌하수체 전엽에서 만들어진다.

뇌하수체 후엽에서는 항이뇨호르몬과 옥시토신이 만들어진다. 항이뇨호르몬은 보다 많은 수분이 혈액으로 재활용되게 해주므로 소변양을 줄여준다. 옥시토신은 자궁과 유선의 수축을 촉진해 출산을 돕는다.

6. fMRI

뇌 연구는 다음과 같이 크게 3가지 측면에서 살펴볼 수 있다.

첫째는 구조와 기능에 대한 고리를 이해하는 것이다. 이를 위해 fMRI(기능자기공명영상, functional Magnetic Resonance Imaging) 같은 최신 기법이 도입되고 있다. fMRI는 활발히 활동하고 있는 뇌 부위가 다른 부위보다 자기장이 더 많이 형성되는 원리를 응용한 기술이다. 특정한 자극이 주어졌을 때 더 크게 활성화되는 뇌의 부분을 살펴 그 기능에 상응하는 구조를 지정해내는 기술이다.

우리 신체는 70% 이상이 물로 구성되어 있다. fMRI는 이 사실에 입각해 뇌 기능을 추적하는 방법이다. 물은 수소와 산소로 되어 있다. 수소의 원자핵은 양성자이다. fMRI는 양성자가 자극을 받으면 활발해지는 성질을 이용해 뇌의 특정한 부분이 어떤 자극에 대해 활발하게 움직일 때 그것을 측정해 내는 방식이다. 즉 뇌 fMRI를 적용하면 살아있는 뇌에 주어진 특정한 자극이 어느 부분에 어떻게 반응하는지 추적해낼 수 있는 것이다. 반응의 종류에 따라 뇌 속에는 특정한 혈류가 생성된다. 자극을 주고 혈류의 이동을 따라가면 간접적으로 뇌의 활동을 측정해 낼 수 있는 것이다. 물론 fMRI가 뇌에서 일어나는 모든 활동을 정확하게 보여주는 것은 아니다. 단점은 특정한 자극을 계속해서 받으면 그 자극에 대한 신경활동이 무디어지고 결국은 fMRI를 통해서도 그 자극이 나타나는 뇌의 부위를 정확하게 지도로 그릴 수 없다는 것이다.

둘째는 뇌에서 분비되거나 뇌에 작용하는 호르몬들에 대한 연구이다. 엄밀한 의미에서

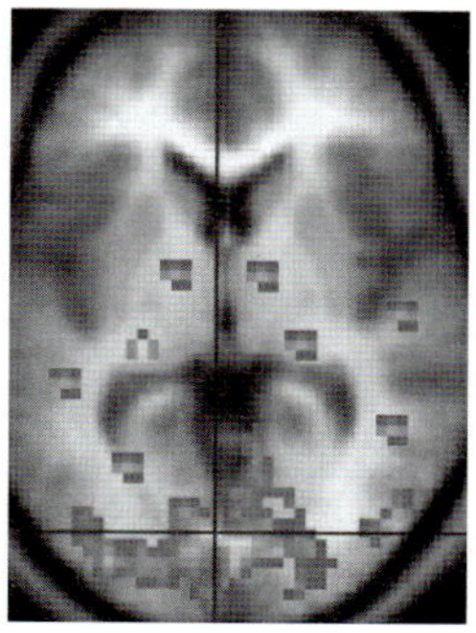

그림 6-5 fMRI를 이용한 뇌활성 영역 측정 지도

뇌는 호르몬을 생산하는 내분비기관으로 분류되지 않는다. 그럼에도 불구하고 시상하부와 뇌하수체에서 분비되는 뇌호르몬들은 신체의 다른 여러 부위를 통제하고 통합하는 명령을 내린다. 또 뇌는 FSH(난포자극호르몬, Follicular Stimulating Hormone)나 LH(황체형성호르몬, Luteinizing Hormone), 에스트로겐(estrogen)과 테스토스테론(testosterone) 같은 생식호르몬들로부터 피드백을 받고 있다. 따라서 뇌호르몬에 대한 조직별 수용체 분포 등을 파악하여 뇌가 지배하는 감정적, 심리적 결과를 알고자 하는 노력은 당연하다 하겠다.

셋째는 뇌에서 일어나는 다양한 활동을 전기신호로 획일화시켜서 일종의 뇌신경지도를 만들고자 하는 노력이다. 쉽지 않은 노력이지만 이를 통해 아스퍼거질환(Asperger syndrome)이나 치매(Alzheimer), 파킨슨질환(Parkinson's disease) 등 인지 및 감정과 연결된 질환들의 치료 방법을 개발하려는 노력이 진행되고 있다.

7. 언어와 지능

지능을 정의하기 위해 또 한 가지 생각해 볼 것이 있다. 그것은 바로 언어의 문제이다. 인간이 사회적 동물이라고 일컬어지는 근복적 이유는 언어에 있다. 언어가 있는 동물은 인간이 거의 유일하다. 체계적인 언어와 소통 능력이 있기에 당연히 지능도 인간이 높다. 물론 동물도 단편적인 발성을 하기는 하지만 그 소리를 체계적으로, 그리고 복잡한 감정을 표현하기 위한 수단으로 쓴다는 것은 생각하기 어렵다. 대부분 위험을 피한다거나 배고픔을 나타나거나 고통을 나타낼 때 단편적으로 지르는 소리가 동물들의 언어일 뿐이기 때문이다. 언어는 그만큼 인간을 이 지구상에서 유일무일한 특별 존재로 만드는 핵심 지표이다. 언어를 통해 서로 소통하면서 인간은 관계를 만들어내고, 관계가 모여 조직과 사회를 이룰 수 있다. 그리고 그 가운데 안정과 믿음, 신뢰와 동조 같은 다양한 심리적 관계가 만들어진다.

8. 인공지능

Artificial Intelligence(AI)를 직역한 것이 인공지능이다. 인간이 자신의 목적을 위해 "의도적으로 창조한 지능"이란 뜻이다. 혹은 "시스템에 의해 만들어진 지능"이라고 말할 수 있다. 어떤 의미이든지 인공지능을 바르게 이해하려면 "지능은 무엇인가?"라는 질문에 대한 답이 선행되어야 한다. 지능이라는 것이 단순히 기억력만을 의미하는 것일까? 그리고 그 지능은 타고나는 것일까 아니면 살아가면서 만들어지는 것일까?

만약 타고나는 것이라면 인공지능은 처음 디자인 단계에서부터 고도화된 지능으로 심어져야 할 것이다. 반대로 생활 환경과 접하며 경험하는 것들이 정보가 되고 이를 토대로 단계에 따라 발전하는 것이라면 인공지능이 스스로 생각하며 경험을 인지할 수 있도록 설계하는 것이 진정한 인공지능의 완성일 것이다. 즉 주어진 명령을 그저 잘 수행하는 로봇인지, 아니면 자기 개발을 통해 스스로 무한 발전할 수 있는지에 따라 인공지능에 대한 우리의 이해 또한 다를 수밖에 없다.

현대심리학이나 인지과학 분야에서 인공지능을 관심있게 보는 이유는 지능 자체가 심리와 상당한 관계를 맺고 있기 때문이다. 종종 지능지수라고 하여 IQ(Intelligence Quotient)로 나타내는 수치는 지능의 광범위한 기능 중 일부인 "문제의 논리적 해석 능력"만을 나타내 줄 뿐이다. 지능은 인간의 생각(한 가지 방향으로만 뻗어나가는 생각이 아닌 경험과 추론, 직관, 예측까지도 전부 포함하여 완성되는 생각)과 지각력을 총괄하여 형성되는 결과물이기에 지능의 정도를 한마디로 반영할 수 있는 완벽한 지표는 아직 개발되지 못하고 있다. 그야말로 인공지능이라고 말할 수 있으려면 단순히 계산을 하고 수리 방정식을 푸는 정도를 넘어서 인간의 감정과 생각, 어떤 사물이나 사건에 대해 어떻게 반응하는 것이 공정한 것일까를 스스로 판단할 수 있는 차원까지 나아가야 하기 때문이다. 즉 인공지능을 구성하는 요소에는 이렇게 실질적인 지표뿐 아니라 추상적 개념이 같이 포함되어져야 한다. 인공지능의 개발자 입장에서 보면 표준화된 기준이 없다는 것은 마치 무한 개념 같아서 어려울 수밖에 없는 문제이다.

인공지능의 역사는 미처 백 년이 채 되지 않는다. 그럼에도 불구하고 인공지능은 이제 우리 생활 영역의 대부분을 침범하기 시작하였다. 스마트폰에 앱을 설치해 원격으로 노트북을 조정할 수 있는 것도 낮은 차원의 인공지능이라 볼 수 있다. ChatGPT같은 도구는 인터넷상에 떠도는 수많은 정보를 순식간에 보고서 형태로 다듬어 제공해 주기도 한다. 이제 사람의 지능, 인공지능, 컴퓨터, 뇌과학, 심리학은 따로 떼어놓고 생각할 수 없는 하나의 복잡한 그룹으로 자리잡았다. 현실적으로 볼 때 뇌는 인간 지능에 가장 핵심적인 생물학적 기관이면서 동시에 심리를 창출하는 기관이다. 그러므로 뇌과학을 이야기하기 위해서는, 아니 인공지능을 바르게 이해하기 위해서는 유전학, 분자생물학, 생리학, 생화학, 해부학 등에 대한 이해가 동시에 이루어져야한다.

9. 인공지능과 인간다움

언어로 인해 인간다움이 만들어진다. 또한 언어로 인해 지능이 체계화되어 표출될 수 있다. 그러면 넓은 의미의 "인공지능"이라 함은 인공적으로 인간다움을 만들어낸다는 뜻인가? 인공지능이 발달하고 스스로 진화하면 결과적으로 언어를 인간처럼 구사할 수 있다는 뜻인가? 스스로 자각하고 선악을 구별하여 다음 행동을 결정하는 인공지능의 설계는 과연 현재 과학기술로 가능한 것일까? "스스로" 자각하는 심리가 위험 수준에 다다른다면 과연 그 인공지능의 심리 또한 인간이 조절 가능한 것일까? 마치 공상과학 소설에서나 볼 수 있는 그런 이야기들이 빠르게 현실화되고 있어 우리를 당혹스럽게 만들고 있다.

10. 인공지능의 심리학적 한계

IQ를 지능지수라고 번역하지만 정말 지능을 나타내는 지수인지는 의문스럽다. 왜냐하면 앞에서 이야기한 것처럼 지능에는 단순한 계산 능력을 넘어서는 다양한 측면들이 같이 포함되어 있기 때문이다. 사람의 생존능력을 IQ 하나로 결정지을 수 있는가 역시 의문이다.

컴퓨터 같은 기계도 어떤 연산 수식과 조건을 넣어주면 결과를 도출해 낼 수 있다. 그렇지만 컴퓨터는 주어진 조건에 따라 항상 동일한 값을 만들어낼 뿐 인간의 뇌처럼 복잡다단한 환경을 감안하여 시시각각 변화무쌍하게 대응하지 않는다. 주어진 상황에 대해 심리적 동요가 없다는 것이 어떨 때는 장점으로 보이지만 인간다움이란 차원으로 보면 분명히 단점이다. 또한 인간처럼 고유 취향에 맞는 결과를 만들어낼 수도 없다. 이렇게 이야기하면 궁극적으로 완벽한 인공지능은 불가능한 것처럼 보일 수 있다. 그럼에도 불구하고 우리의 노력은 계속되고 있고 점차 인간을 닮은 그러한 인공지능을 만들어내려고 과학자들은 부단히 노력 중이다.

최근에 인공지능이 바둑계 왕자인 이세돌을 이겼다는 소식이 전해졌다. 또 서양에서는 인공지능이 체스를 두고 있다는 이야기도 들린다. 인공지능이 사람을 이길 수 있었다는 것은 결국 사람의 지능을 뛰어넘었다는 것처럼 들리기 때문에 이런 소식들이 우리를 두려워하게 만들기도 한다. 인공지능이 가까운 시일 내에 인류를 위협할 것이라는 의견 역시 제시된 적 있지만 아직은 인공지능이 우리가 두려워할 정도까지 도달하지 못한 것 같다. 흔히 인간의 뇌와 컴퓨터를 동일한 선상에 놓고 비교를 하지만 자율성이라는 면에서 볼 때 컴퓨터는 여전히 스스로의 문제를 해결하지 못하는 단계에 머물러 있기 때문이다. 즉 어떤 문제를 풀기 위한 보조 수단으로 작용할 뿐이지 스스로 자기의 문제를 찾아내고, 그것을 해결하고, 심지어는 번식하여 다음 세대로 이어지는 단계에 다다르지 못했다는 것이다. 인간이 목적을 부여하지 않는 한 현재까지는 인공지능이 스스로 자신과 동일한 기능을 수행하는 새로운 기계를 만들어 낼 수도 없다.

테슬라의 대표인 Elon Musk는 사람의 뇌를 바꿔주는 실험을 하겠다고 공언하기도 했다. 이는 대단히 위험한 발상일 수밖에 없다. 왜냐하면 뇌는 그 사람을 대표하는 모든 것을 쥐고 있는 기관이기 때문에 뇌를 바꿔주는 것이 성공한다면 그 사람의 기억뿐 아니라 감정과 성격을 포함한 자아를 송두리째 바꾸는 격이 되기 때문이다. 머스크가 사람의 뇌를 바꾸고자 공헌하는 이유도 결국 이에 준하는 컴퓨터를 대체 개발하기가 기술적으로 요원하기 때문이다.

11. 대화와 지성, 그리고 AI

대화는, 즉 커뮤니케이션(communication)은 인간 지성의 본질이라고 이야기할 수 있다. 뇌과학이 발달하면서 AI에 대한 관심이 더욱 높아지고 있는데, 그 이유는 AI가 사람의 거울신경세포(mirror neuron)를 닮았기 때문이다. 다시 말해 처음에는 사람이 어떤 행동을 취하는지, 어떤 말을 하는지를 그대로 반복하여 수행하지만 어느 시점에서 그 단계를 스스로 뛰어넘을 수 있다고 보는 것이다. 결국 매우 높은 수준의 지성을 AI가 뛰어 넘나들 수 있다는 것이다. 성격, 감정, 사회적 관계와 같은 심리적 현상들이 AI에 의해 복사되고 닮아질 수 있다는 뜻이기 때문에 뇌과학에 대한 연구는 심리학의 근본을 생물학적으로 이해하려는 노력이라 할 수 있겠다.

우리는 종종 겉모습은 그다지 중요하지 않다고 생각하지만, 사실은 겉모습을 통해서 자기의 내면을 드러내기도 하고 상대방의 내면을 파악하기도 한다. 병원, 경찰 등의 유니폼을 입으면 행동 패턴이 그 단체의 일원다와지는 것을 보면 쉽게 이해할 수 있다. 즉 외부적인 형식과 내부적인 감정은 본질적으로 통하는 것이다. 우리는 지금 "AI가 사람처럼 형식에 따른 감정을 인지하거나 스스로 생성할 수 있는가" 라는 질문을 던지는 것이다.

12. AI와 튜링 테스트

인공지능을 최초로 제시한 사람은 영국의 천재 수학자이자 컴퓨터의 원형을 발표한 Alan Turing이다. 튜링은 1950년에 "계산기계와 지성"이라는 논문을 발표하였다. 여기에서 그는 "튜링 테스트"라고 하는 검증 방법을 제시하였다. 이것은 컴퓨터와 사람을 마주 앉혀놓은 다음 그 사이에 천막을 치고 사람과 컴퓨터가 대화를 나누게끔 하는 것이다. 그런 다음 계속해서 대화하면서 사람이 지금 자기가 대화하고 있는 상대가 컴퓨터라는 것을 알아차리느냐 알아차리지 못하느냐에 따라 상대 컴퓨터가 얼마나 인공지능에 가까운지를 테스트하는 방법이다. 아직까지 이 테스트를 완전하게 통과한 컴퓨터는 없다.

앞서 말한 것처럼 최근에 AI 로봇이 사람과 바둑을 두어 이긴 예가 발표되면서 머지않아 AI가 인간을 넘어설지도 모른다는 두려움을 던지고 있지만 아직까지는 기우에 지날 뿐이다. 간혹 스마트폰에 앱을 설치할 때 로봇인지 사람인지 묻는 경우가 있는데 이 또한 튜링 테스트에 기반을 두었다고 볼 수 있다. 결론은 완벽한 인공지능이라면 사람이 구별할 수 없을 정도로 인간 지성과 본질을 똑같이 표현할 수 있어야 된다는 것이다. 여기에는 항상 "자발적"이라는 단어가 뒤따른다. 현재까지의 AI는 인간의 지성을 닮았다기보다 흉내를 내는 단계라고 말할 수 있다. 그러나 앞으로 점점 더 발전을 거듭하면 결국 사람과 똑같이 대화하거나 사람보다 더욱 고차원적인 판단과 사고를 할 수 있는 그런 AI가 나타나지 말란 법도 없다.

13. Intelligence Quotient (IQ)

앞서 말한대로 인공지능을 수치로 나타낼 수 있는 가장 손쉬운 방법은 IQ test 이다. 비록 좁은 의미이기는 해도 지능의 대표적 기능은 문제 해결 능력이기 때문이다. 어떤 문제에 다다랐을 때 사람은 그 문제를 해결하기 위해서 접근하는 방법이 제각기 다를 수밖에 없다. 그것은 자신의 살아온 경험과 환경이 각기 다르기 때문이다. 머리가 좋다고 해서 어떤 문제를 더 잘 풀 수 있는 것도 아닌 경우를 우리는 종종 접한다. 어떤 문제에 대해서는 더 합리적으로 해결하는 사람이 다른 문제에 대해서는 아주 맹탕인 것을 보기도 한다. 간혹 침팬지나 돌고래 같은 동물들도 어느 정도의 IQ를 보인다고는 하지만, 상황에 맞추어 문제를 해결한다는 차원에서 보면 지능은 인간의 고유 기능이라 할 수 있다. 인공지능을 제대로 평가하려면 IQ외에도 고려해야 할 여러 다른 지표들이 있음을 간과해서는 안된다.

14. 호기심

인공지능을 평가하기 위한 또 하나의 요소는 호기심이다. 사람은 새로운 대상이나 상대를 접하면 당연히 궁금해진다. 질문을 받으면 그 질문이 무엇을 의미하는지 알고 싶고, 또 그 질문으로 인하여 나타날 결과를 궁금해하는 것이 당연하다. 물론 사람에 따라 정도 차이는 있겠지만 분명 동물과는 다르다. 동물은 다른 개체에 대해서 호기심을 거의 갖지 않는다. 동물이 먹이에 대해 가지는 호기심은 지능의 결과가 아니고 본능이다. 호기심이 없다면 사람은 공부하려고 들지도 않을 것이고 가족을 이루려고 하지도 않을 것이다. 친구 관계는 더욱이 있을 수가 없을 것이다. 어떤 사람에게 호기심이 없는데 사랑하고 연애를 할 수 있을까? 결혼을 할 수 있을까? 또한 친구 관계를 맺고 서로가 도우며 살아갈 수 있을까? 이런 관계의 문제는 인간 사회를 풍요롭게 만들어주고 발전할 수 있게 만들어주는 아주 중요한 요소인데 이 모든 것이 결국은 더 나은 사회 환경을 만들고자 노력하는 호기

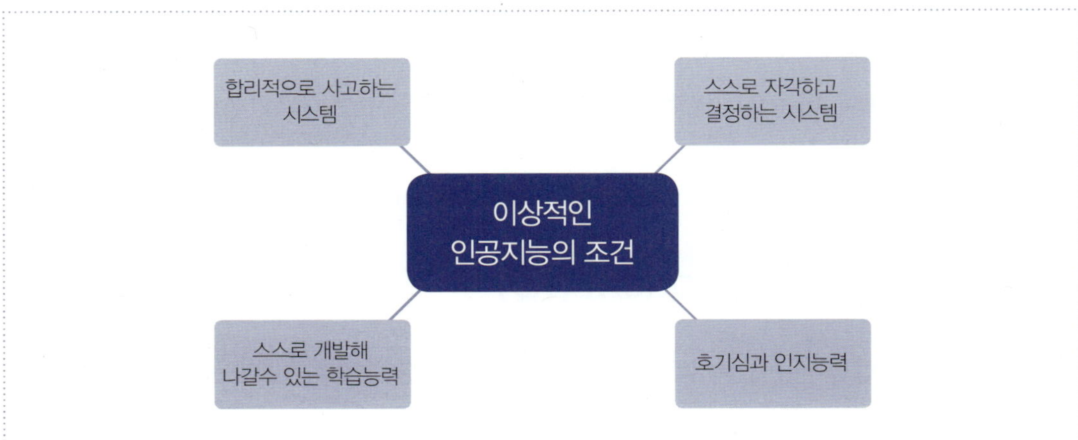

그림 6-6 인공지능의 4가지 조건

심이 있기 때문이다.

15. 뇌의 구조와 기능

사람들은 지능을 이해하기 위해 뇌를 핵심기관으로 지목하여 연구를 시작하였다. 생물학적인 연구에는 "구조"와 "기능"이 항상 뒤따르게 마련이다. 먼저 구조를 살펴보고, 각각의 구조 또는 부위가 핵심 기능과 어떻게 연결되어 있는지를 보는 것이 순서이다. 해부학에서는 일찌감치 인간의 생각이 뇌에 집중되어 있다고 결론지었고 원숭이를 대상으로 뇌과학을 발전시켜왔다. 그러면 지능을 나타내는 지표는 무엇일까? 앞에서 언급한 IQ가 최선의 평가방법일까?

보편적인 지식은 계산 능력을 이야기한다. 하지만 뇌는 단순한 계산기와 비교할 수 없는 차이가 있다. 컴퓨터와도 당연히 차이가 있다. 인간에게는 뇌로 인해서 단순 지능을 넘어서는 생명이 부여되어져 있고, 생명 그 자체는 주변 환경변화에 따라 시시각각으로 변하는 매우 복잡한 것이다. 결국 다채로운 생명 현상, 즉 연산 능력을 훨씬 넘어서는 종교와 예술 차원까지도 주관하는 것이 바로 뇌인 것이다. 그리고 생존을 넘어서는 인간다움과 심리가 여기에서 비롯된다.

16. 심리학과 뇌과학

우리는 보통 "인지(intelligence)"한다 또는 "인식(cognition)"한다는 말을 하곤 한다. 인지와 인식은 동일하게 "대상을 안다"라는 의미에서 종종 혼동되어 사용된다. 어떤 대상을 분별하여 판단하는 것으로 생명체의 아주 기초적인 의미이다. 그렇다보니 심리학이나 철학에서는 기본적인 용어로서 자주 언급된다.

인지한다는 말은 어떤 사회적 환경 속에서 일어나는 현상들을 받아들이는 것인데 수용감각기관 - 예를 들면 눈, 코, 귀, 혀 등의 기관들을 통해서 이루어진다. 그렇게 받아들인 신호는 뇌로 전달되고, 뇌의 해당 부위에서 최종 인식을 하게 된다. 예를 들어 상대방의 얼굴이 맨 얼굴일 때와 화장한 얼굴일 때의 차이점을 인식하는 것도 뇌이고, "아름답다"라는 감정이 생겨나는 것도 뇌에서 판단한 결과이다. 결국 뇌는 우리가 살아가면서 인지하는 외부 현상들에 대해서 평가하는 최종기관이라고 할 수 있다. 다른 사람의 이목구비나 표정, 팔 하나 까딱하는 것 보고 성격까지도 알아낼 수 있는 바로 그런 것이 뇌가 하는 일이다. 그래서 "인지신경과학"이라는 학문적 영역이 심리학에서 최근 또 다른 관심의 대상이 되고 있다.

뇌에는 이런 것들을 위해 뉴런(neuron), 즉 신경세포가 많이 모여있다. 신경세포가 받아들인 정보는 대뇌 표면을 덮고 있는 회백질 부분(우리는 이것을 대뇌피질(cerebral cortex)이라고 한다. 인간을 비롯해 고등한 동물일수록 매우 잘 발달되어 있다)에서 분석되고, 저장된다. 그러면 비로서 "인지"가 이루어지는 것이다. 자폐증(autism)을 가진 사람이 의사소통과 상호작용이 원활하지 못한 이유는 외부에서 오는 신호를 제대로 알아차리지 못하기 때문이다.

얼굴을 본다는 것은 다른 사람의 내면을 유추할 수 있다는 뜻이기도 한데, 동물들의 경우에는 표정이 없기 때문에 사람처럼 뇌가 알아차리는 신호가 없을 수밖에 없다. 그렇다면 동물과 사람의 뇌 구조는 다를 수밖에 없고 또한 감정이 풍부한 사람일수록 뇌에 이런 부분이 더 발달되어 있다고 생물학적으로 추론할 수 있을 것이다.

모나리자라는 그림을 보면 어떤 생각이 드는가? 어떤 사람은 그 미소에서 편안함을 느끼는 반면, 누군가는 그 분명치 않은 웃음이 오히려 불편할 수도 있을 것이다. 이처럼 얼굴은 사람의 마음을 투영하는 거울이라고 할 수 있다 최근에 뇌과학이 급속하게 발전하였다. 그리고 연구를 거듭할수록 사회적 관계를 맺어간다는 것은 다른 사람으로부터 오는 신호를 인지하고, 계속 축적하여, 더 많은 정보를 뇌 속에 모아가는 것을 의미한다는 결론이 내려진다. 정리하자면 심리의 발달은 다른 사람과의 관계라는 조건과 환경을 통해 이루어지는데 그 생물학적 중추가 "뇌"인 것이다. 뇌는 대체적으로 16세때까지 계속 성장하고 발달하므로 아동심리는 뇌의 육체적 성장과 함께 발달되어 간다고 볼 수 있다. "뇌가 심리의 중심"이라는 것을 되풀이하여 강조하는 이유는 심리를 해부학적으로 이해하기 위해 관찰할 조직이 바로 뇌라는 것을 분명하게 하기 위함이다. 심리학의 형이상학적 현상들을 형이하학적 과학으로 설명 가능하다는 근거를 마련하기 위함도 있다.

앞서 언급한 거울신경세포는 다른 사람의 행동을 거울처럼 반영한다고 해서 붙여진 이름이다. 특정한 움직임을 행할 때나 다른 개체의 특정한 움직임을 관찰할 때 활성화되는 신경세포이다. 옆 사람이 하품하면 전염되듯 따라하고, 영화 속 주인공이 슬퍼하면 나도 공감하여 슬퍼하는 것, 부부가 살면서 점점 닮아가는 현상들이 바로 거울신경세포에 의한 것이다. 사람은 자기의 편안함도 추구하지만 다른 사람을 기쁘게 함으로써 행복을 느끼기도 한다. 거울신경세포는 바로 그러한 감정을 충동질하는 생리적 기능을 갖고 있다.

이렇듯 거대한 신경세포의 집합인 뇌는 겉보기에는 생물학적 조직에 불과하지만, 인지, 공감, 감정이라는 심리를 활성화시키는 심리의 주체적 중추이다. 따라서 심리학에서 뇌과학을 집중적으로 조명하려는 노력은 당연하다 하겠다.

17. 심리와 메타인지

"메타 선택"이란 용어가 다방면에서 유행하고 있다. 이는 우리 인지에도 적용이 된다. 처음에는 한 가지에 목표를 두어 선택하고자 했던 것이 관련된 데이터가 점점 늘어나면서 변곡되고 확장되어 새로운 방향으로 초점을 맞추게 되는 현상을 말한다. 이는 마치 여행 계획을 세우는 것과 같다. 처음에는 여행지 자체에 초점을 맞추어 "이번 휴가에는 어디로 갈까"에만 집중하지만, 점점 교통(비행기, 버스, 기차 등), 숙박(호텔, 유스호스텔, 민박 등), 식사(현지식, 간편식, 맛집 등) 등 결정해야 할 것들과 방향이 늘어나는 것과 같다. 이것이 바로 "메타인지"이다. 어떤 이들은 "지식이 발달하면 메타인지 또한 더욱 가능해진다"라고 말하지만 이는 단순히 "지식의 양"과 관련된 문제가 아니다. 개개인의 호기심과 취향까지 더해져야만 올바른 메타 선택이 될 수 있기 때문이다. 기계라면 단순히 입력되는 정보에 따라 항상 결과가 같겠지만 사람은 그렇지 않다는 것이다.

인공지능은 스스로 자기를 개발해 나갈 수 있는 자아가 형성되어 있지 않고 인간이 어떤 정보를 입력하냐에 따라서 그에 따라 반응하는 한계가 있다. 심리란 이처럼 메타인지를 바탕으로 한 인간 고유의 특성이라 할 수 있다.

18. 애착이론

뇌과학에서 중요하게 생각하는 또 하나의 이론은 영국의 심리학자 Bowlby가 주장한 "애착이론"에 기반을 둔 "안전애착"과 "회피애착"이라는 개념이다. 안전애착이란 부모가 아이의 욕구에 즉각 반응하고 안정적으로 상호작용할 때 아이가 느끼는 정서적 안전감이다. 부모가 옆에 있으면 주위를 살피며 호기심을 보이고 잘 놀던 아이도 엄마가 보이지 않으면 당연히 불안해한다. 그러다가 다시 엄마가 보이면 쉽게 안정을 되찾는 경우가 안전애착이다. 부모를 신뢰하고 전적으로 의지하는 경우이다. 문제 행동을 일으키는 사람의 경우에는 이러한 안전애착이 어릴 때 잘 형성되지 않았다고 통계적으로 밝혀져 있다. 사람은 태어나면서부터 늘 새로운 것에 도전을 하고 호기심을 가지게 마련이다. 가정에서 잘 양육 받고 좋은 환경에서 자란 아이는 외부 신호에 반응했을 때 결과가 자기가 생각했던 것과 다를지라도, 즉 새로운 것에 도전하여 실패할지라도 지켜줄 사람이 있고 돌아갈 가정이 있다는 데 대하여 안전하고 안정된 감정을 가진다. 요즘 사회 현상을 보면 교사와 학생 간의 관계, 심지어는 부부의 관계에서도 대화가 부재된 것을 종종 볼 수 있다. 작은 문제에도 격하게 반응을 하거나, 또는 격하게 반응해야 되는 문제를 보고도 그냥 무시해버리는 경우는 분명 커뮤니케이션에 문제가 있는 것이다. 즉 그런 사람들은 어떤 의미에서 안전애착이 제대로 형성되지 않았다고 할 수 있다. 우리가 대화를 할 때 상대방의 반응이 꼭 내가 예상한대로 나오지는 않는다. 당연히 의견이 엇갈리고 결과가 서로 빗나가는 부분이 생길 수 있다. 그러나 사실 우리의 대화는 이 불확실성 때문에 더욱 신선하고 발전 가능성이 있는 것이다.

반면 회피애착은 부모가 지나치게 강제적이거나 아이의 반응에 민감하지 못해 아이에게 신뢰를 주지 못하는 경우에 생겨나는 감정이다. 결과적으로 아이는 부모를 회피하거나 아예 무시하는 행동을 보이곤 한다. 당연히 이러한 불편한 감정을 겪은 아이는 상대방과의 커뮤니케이션에서 문제가 생길 수 있다.

그렇다면 이런 질문을 던질 수 있다. 자기의 개성을 완전하게 죽이고 대신 다른 사람과 똑같이 행동하면 이 사회에서 오히려 안전할 수 있을까? 유니폼을 입는다든가, 성형수술을 한다든가, 똑같은 모습으로 화장을 하는 것, 이런 것들이 아마 이런 삶의 방식에 해당할 것이다. 그럼에도 불구하고 인간은 누구나 각자의 독특한 개성을 지니고 있어 본질적인 내면까지 똑같아질 수는 없다. 얼뜻 같아 보이는 속에서도 결국 자기 자신의 가치를 더 높이려 노력할 것이고, 그 결과 특정한 환경에서 더 안전하게 살아가기 위한 위치를 늘 추구할 것이다.

간략하면 뇌과학이 발달할수록 AI에게 점점 더 인간을 닮아갈 수 있는 방편이 마련될 것이다. 공학적 기술의 한계를 넘어설 수만 있다면, 마치 어린아이가 다른 사람과 대화하고 다른 사람의 표정을 읽으면서 자신의 인지능력을 발전시켜 나가는 것처럼 AI 역시 점점 더 많은 관계의 정보를 축적하면서 스스로 발달해 나갈 수 있을 것이다. 기억 용량, 빠른 저장, 연산 능력 이런 것들은 당연하게 AI의 필수 조건이 된다. 단순한 기억이나 상황에 대한 정보 분석을 넘어서 감정과 성격, 그리고 창작 능력까지도 닮게 되면 그때는 정말 AI의 능력이 인간을 추월할 수 있을지도 모른다. 아이러니컬하게도 아마 그때쯤이면 거꾸로 사람이 AI한테 심리 상담을 받는 그런 세대가 올 수도 있을 것이다.

19. 뇌, 인지와 버블현상

뇌의 인지 기능은 버블(bubble) 현상이라는 특수한 메카니즘을 거쳐서 형성된다. 버블현상이란 방금까지도 좋게 보였던 것이 한순간에 변해 전혀 매력적이지 않게 인지되는 현상을 이야기한다. 이 버블현상이라는 용어는 1600년 경 네덜란드가 튤립을 대량 재배해서 전 세계적으로 부를 떨치던 상황에서 만들어진 것이다. 희귀종 튤립의 가격이 극단적으로 치솟았고, 사람들이 그 튤립을 더 많이 구매하려고 애를 쓰면서 가격이 정점까지 치솟았다가 한순간에 아무도 찾지 않을 정도로 튤립에 대한 구매 열기가 떨어졌던 현상이다. 이 때문에 네덜란드의 경제 역시 거품 꺼지듯 바닥으로 떨어졌던 것이 버블현상이다.

우리 뇌도 비슷한 경우를 겪는다. 방금 전까지만 하더라도 아름답다고 인지하거나, 멋지다고 인지하거나, 엄청난 가치를 가지고 있다고 인지했던 그런 현상 또는 사물들이 잠깐 고개를 돌렸다가 다시 돌아보면 전혀 그렇게 보이지 않는, 그래서 더 이상 찾지 않게 되는 그런 현상이 뇌의 버블현상이다. 뇌를 연구하면 연구할수록 점점 더 어려운 것은 바로 이런 버블현상 때문이다.

생물의 경우 똑같은 반응을 주어도 주변 여건과 환경에 따라 그 신호에 대해 반응하는 방식과 결과가 같지 않다. 이것은 하등한 세포인 미생물에서 조차 밝혀진 사실이다. 일종의 버블현상이다. 방금까지만 하더라도 엄청난 가치를 지니고 있다고 생각했던 사건이나 물건일지라도 잠시 여유를 가지고 한 걸음 물러나 생각해보면 방금 전 자신의 생각이 하나의 착각이었을 뿐이라고 생각하는 것이다.

어떤 사람이 진귀한 그림이라고 가져와서 소개했다고 보자. 당장 소개를 받을 때는 그 그림을 가지고 싶은 욕구가 뇌에서 마구 일어날 것이다. 뇌가 일종의 흥분 상태가 되는 것이다. 그랬던 뇌의 흥분이 잠시 후 다시 그 그림을 봤을 때 마치 싸구려 그림처럼 보이는 그런 현상이 뇌의 버블현상이다. 어떤 계기로 인해 주어진 사물이 완전히 다르게 보이는 것이다. 이것이 뇌 인지의 버블현상 또는 의식의 버블현상이다.

아름다움을 보았을 때 그에 대해 반응하는 것은 분명 남자와 여자가 다르다. 여자는 아름다움에 대해 더욱 민감하게 반응한다. 남자보다 여성이 주변의 세부적인 요소들에 대해서 일반적으로 더 민감하고 또 자신의 가치 기준을 거기에 맞추는 경향이 있다. 그것은 뇌가 주변 요소들을 어떻게 받아들이는지 인지하는 정도가 남자와 여자가 다르기 때문이다. 그러면 남자의 뇌와 여자의 뇌가 구조적으로 틀리는가? 뇌과학이 발달할수록 이에 대한 연구 또한 활발하게 이루어지고 있다. 일반적으로 남자는 논리적인 사고가 뛰어나서 어떤

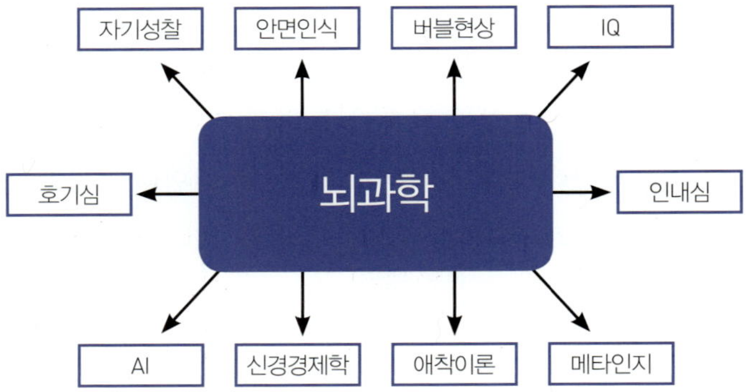

그림 6-7 뇌과학의 이론들

사물이나 사실이 주어지면 분석하고 해부해서 담겨진 규칙을 찾아내는 데 능력이 더 뛰어나다. 반면에 여성은 주변 사람들의 움직임에 대해서 더 민감하다. 그러다 보니 여성이 이타심도 강하고 시스템 규칙에 대한 것보다는 주변과의 공감 능력이 더 뛰어나 보이는게 보통이다.

어떤 사람들은 혼자서 하는 일에 뛰어난 재능을 보이는 반면 공감 능력이 매우 떨어진다. 대신에 시스템 내에 존재하는 규칙에 대해서는 매우 잘 적응한다. AI가 발달하여 우리가 지능이라고 이야기하는 수준까지 간다면 그때는 AI가 우리의 감정을 살피고 공감하여 우리의 감정까지 지배하려고 들 수도 있을 것이다. 때로 과학자들의 모습이 이성적이고 차가와도 보이지만 남자들이 과학자나 공학자에 더 쉽게 어울리는 이유는 남성들의 뇌가 이렇게 시스템과 어떤 규칙 패턴에 더 잘 적응되어져 있기 때문이다. 반면에 여성은 예술에 민감할 수밖에 없는 뇌 구조를 가지고있다. 물론 개인적 차이는 당연히 우리가 인정해야 할 것이다.

20. 지능과 인내심

지능의 또 다른 측면은 인내심이다. 잘 알려진 관련 실험은 머시멜로 실험이다. 머시멜로를 두 아이에게 동일하게 주면서 지금 당장 먹고 집으로 가도 좋지만 참고 기다렸다가 십 분 뒤에 먹으면 하나 더 주겠다고 하는 실험이다. 한 아이는 즉시 먹고 집에 갔고, 다른

한 아이는 먹고 싶어도 참고 기다려서 결과적으로 2개를 얻었다. 즉, 즉각 반응이냐 아니면 인내심을 가진 반응이냐에 따라서 두 사람에게 주는 보상이 달라졌다. 현재의 작은 보상을 따를 것이냐 아니면 미래의 더 큰 보상을 위해 현재를 포기할 것이냐의 문제인데 대체적으로 작은 보상을 즉각 취한 아이보다는 더 큰 보상을 위해 참을성과 인내심을 나타낸 아이가 지능지수가 높은 경향을 보였다. 또한 성장한 뒤 사회적으로 우위에 있는 직업을 택할 가능성도 높았다. 반면 질병에 걸릴 확률과 범죄율은 상대적으로 낮은 것으로 나타났다. 미래를 위해 다각적인 면에서 분석하는 능력이 앞선 결과라고 볼 수 있다.

지능은 이처럼 드러나는 행동을 좌우하는 심리에 준하는 것이고 결국 사회적인 규범과 규칙을 존중하는 능력을 부여하는 것이다. 따라서 우리 삶의 모든 부분과 연결되어 있다. 두 가지 이상 선택할 수 있는 기회를 주고 스스로 결정하게 만들면 분명히 그 대상자는 심리적 저항을 느낄 것이다. 이런 것을 우리는 경제학적인 측면을 가감해 신경경제학이라고 부른다. 신경경제학은 현대심리학에서 매우 중요한 요소이다.

21. 신경경제학

쥐를 대상으로 한 실험에서도 우리는 이것을 알 수가 있다, 뇌의 쾌락과 연관된 부위를 계속해 자극하면 더 큰 쾌락을 얻을 수 있다는 것을 배운 쥐는 그 쾌락을 얻기 위해 연결된 스위치를 지속적으로 눌러, 결국 지나친 자극 때문에 탈진하고 만다는 사실이다. 사람에게서도 동일한 결과를 얻을 수 있다. 정기적인 자극을 통해 시험자가 극도의 쾌락을 경험할 수 있다면 아마 그는 탈진할지라도 그 자극을 계속 받고 싶어할 것이다. 그럼에도 불구하고 그러한 쾌락이 정말 나의 삶을 풍요롭게 만드는지 아니면 나의 삶을 메마르게 만드는지를 결정하는 것은 우리 지능에 달려 있는 문제이다. 결국 선택과 인내라는 차원에서 신경경제학은 우리 삶의 행복을 결정하는 중요한 요소에 대한 학문적 분야이다.

어떤 사람은 다소 고통이 주어지더라도 행복할 수 있고, 또 어떤 사람은 물질적인 풍요만으로도 행복할 수 있기 때문에 신경경제학의 문제들은 단순하지가 않다. 지능이라는 것이 매우 복잡한 요소들에 의한 통합적 결과라는 것을 생각할 때 현대심리학에서 신경경제학이 차지하는 중요도를 간과할 수 없는 것이다.

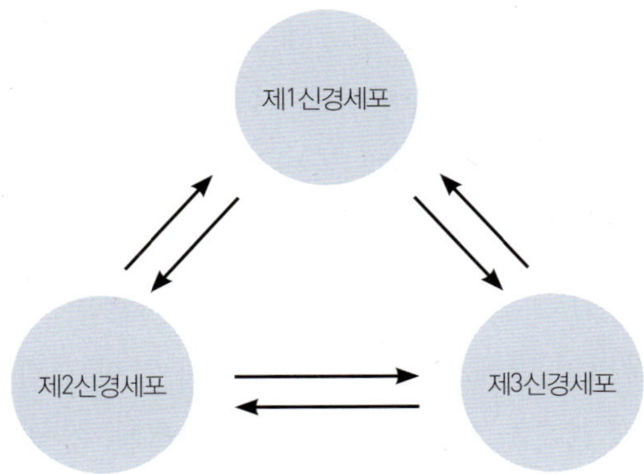

그림 6-8 순환적 기억회로

22. 기억이란?

뇌에는 약 1,000억 개의 신경세포와 약 100조 개의 시냅스(synapse)가 있다. 시냅스는 두 개의 신경세포를 이어주는 장치이다. 그리고 시냅스의 연결을 이루는 물질은 신경전달물질(neurotransmitter)이다. 신경전달물질은 화학 분자들이다. 신경생물학자들에 의하면 기억이란 여러 시냅스가 하나의 동그란 순환적 회로를 만들어 신경전달물질을 끊임없이 주고받음으로써 형성되는 현상이다. 이 회로가 어떤 이유로 끊어지면 우리는 기억을 잃고 마는 것이다. 100조 개를 넘나드는 그 많은 시냅스에서 이루어진 반응들이 어떻게 연산되어서 조화로이 외부 반응에 자극하고, 자극에 반응하며, 기억장치에 저장되는지가 현대 뇌과학이 밝혀야만 하는 숙제이다. 당연히 동물들의 뇌에도 시냅스가 있다. 하지만 인간의 뇌는 동물과 달리 지성과 추상과 감정과 종교까지도 만들어 낼 수 있다는 점에서 훨씬 우위에 있다.

23. 심리의 양면성-인지와 심리

인지와 심리가 연관되어 있음을 어떻게 알 수 있을까? 인지 능력이 뛰어나면 그만큼 심리적으로 안정되어 있다는 뜻일까? 이를 위해 화장술에 얽힌 이야기를 잠시 살펴보도록 하자.

첫째는 여성들이 화장을 하는 이유다. 화장에는 양면성이 있다. 사회적으로 여성은 보호를 받고자 하는 기본 본능을 발휘하는데 그러기 위해서는 남성의 보호 본능을 일깨워 자신을 여러 비슷비슷한 개체 중에서 특별한 존재로 부각시킬 필요가 있다. 그때 사용하는 것이 화장술이다. 화장으로 인해 화장하지 않은 다른 사람들과 비교했을 때 뭔가 달라 보이게 함으로써 관심과 매력을 집중시켜서 보호받을 수 있다는 것이다.

그러나 이때의 심리는 매우 모호해서 오히려 지나친 화장이나 행동 때문에 남성들의 관심을 밀어낼 수도 있다. 예를 들어 사람들이 모인 더운 방 안으로 어떤 여성이 들어오면서 큰 소리로 "아이고, 짜증나네, 더워 못 살겠어"라고 소리친다면 사람들은 관심을 갖기보다 오히려 짜증을 내고 그 여성은 매력을 상실하게 될 것이다. 반대로 조용히 방에 들어와 한 구석에 다소곳이 앉아 눈만 살포시 내려깔고 있다면 남성들은 오히려 그 여성에게 관심을 가지게 될 것이고 어떻게든 그 여성이 원하는 조건을 맞춰주려고 애를 쓸 것이다. 심리란 바로 이런 것이다. 지나쳐도 안 되고 부족해서도 안되는 애매한 것이다.

최근에 성형수술과 화장술이 지나치게 발달해서 많은 사람들의 얼굴이 비슷비슷해지고 말았다. 화장의 처음 목적이 자기 자신을 드러내는 것이었다면 이제 거꾸로 자기를 평범하게 만드는 그런 기술이 되고 말았으니 이 또한 아이러니가 아닐까?

24. 안면인식과 인상파 그림

네덜란드의 인상파 화가인 Vermeer의 작품 중 "진주 귀걸이를 한 소녀"를 가지고 신경과학자들이 재미있는 연구를 진행하였다. 즉, 예술작품에 대한 신경적 반응을 분석해 본 것이다. 과학자들은 뇌 스캐닝을 통해 이 "진주 귀걸이를 한 소녀"를 감상하는 사람들에게서 나타나는 특별한 현상을 관찰하였다. 그림을 볼 때 대부분의 관람자들은 눈, 입, 귀의 순서로 시선을 옮겨간다는 사실이다. 먼저 소녀의 표정에 빠져들고, 그럼으로써 다시 한번 눈을 쳐다보고, 입을 본 다음, 다시 한번 귀걸이를 보는 과정을 되풀이해 반복한다는 것이다. 단순한 풍경화나 다른 그림에 비해 "진주 귀걸이를 한 소녀"의 그림을 사람들이 더 오래 감상하고 빠져드는 이유가 그림 속 소녀의 시선과 귀걸이에 있다는 것이다.

신경과학자들이 발견한 것은 관람자들의 대뇌 중 후두엽이 크게 자극받았다는 사실이었다. 후두엽은 뇌의 뒷부분에 위치하여 시각정보를 처리하고, 시각적 기억형성을 만드는 영역이다. 후두엽이 없으면 마치 컴퓨터가 그래픽카드를 장착하지 않은 것처럼 사물을 보아도 무슨 사물인지 정보 처리를 할 수 없다. 베르메르는 이 점을 착안해서 사람의 시선이 가는 눈과 입과 귀에 더욱 강조점을 주었고 다른 부분은 흐릿하게 처리했다고 사람들은 평가한다. 사실 여부는 알 수 없지만 베르메르가 의도적으로 인간의 심리를 그림 속에 살짝 묻어두었다는 뒷 이야기이다. 여하튼 이 결과는 왜 인상파의 작품들이 더 많은 사람의 관심과 호기심을 자극하는지 심리학적으로 설명할 수 있는 좋은 예이다.

25. 안면인식과 전쟁

또 다른 예는 최근 중동지역의 전쟁에서 어떻게 AI 기술이 활용되고 있는지를 보는 것이다. 여기서 말하고자 하는 AI의 주된 기술은 안면인식 기능이다. 이스라엘은 인구가 1,000만 명이 채 되지 않으며 면적도 우리나라 경상도 정도 밖에 되지않는 작은 나라이다. 그런 작은 나라가 방산 무기 생산 능력만은 엄청나게 발달하였는데 아마도 오랜 역사를 통해 주변국들과 자주 분쟁을 겪어왔기 때문이 아닐까 싶다.

최근의 전쟁에서 보면 이스라엘이 매우 정교하게 상대국 대원들만을 선택적으로 공격한 것을 볼 수 있다. 이는 장기간에 걸쳐 그들의 행동 패턴이라든가 고위급 인물들에 대한 정보들을 모아온 결과이다. 그 정보들을 AI에 투입시켰고, 사람이라면 오래 걸려야 할 분석 정보들을 AI가 순식간에 처리해 공격할 대상들을 족집게처럼 찾아내었다는 것이다.

전투 현장에서도 어떤 사람을 목표로 삼을 때 AI 안면인식 기술이 유용하게 이용될 수 있다. 요원이 직접 현장에 투입되면 정작 목표물을 제거하더라도 자기 또한 살아서 빠져나오기가 매우 어렵지만 AI는 정해진 목표를 다각적으로 분석할 수 있고, 미리 정해진 간접적 방법으로 공격할 수 있기 때문이다. 그것도 한 사람이 아니라 수십 명을 동시에 제거할 수 있는 그런 능력을 가지고 있다는 점에서 미래의 전쟁에서 엄청나게 강력한 무기가 될 것이다. AI를 활용하면 특정 목표물을 꼭 보고 공격하지 않더라도 심지어 목표물의 냄새까지 찾아내 공격할 수 있어 정확도마저 우수하다. 이처럼 AI의 안면인식 기술은 예술 감상에서 전쟁 수단으로까지 다각도로 활용되고 있다.

범죄 수사에도 AI가 적극 활용되고 있다. 거리에 설치된 AI CCTV는 특정한 용의자의 모습뿐 아니라 행동 패턴, 그리고 그 범죄자가 자주 저지르는 습관들을 데이터로 저장하고 분석해서 용의자를 특정짓는데 많이 활용된다. 다만 아직 그 정확도가 완벽하지 않고 간혹 엉뚱한 사람을 범인으로 몰아갈 수 있는 오류를 범하기 때문에 참고자료로만 사용되고 있다.

26. 인공지능과 자기 성찰

우리는 보통 심리라 하면 다른 사람의 마음을 훔쳐보는 것처럼 생각한다. 그러나 이보다 더 중요한 것은 자기 자신에 대한 자아 성취를 심리 분석을 통해 이루는 것이다. 예로부터 Socrates 같은 사람들은 "너 자신을 알라" 라고 이야기하지 않았던가? 사실 인간은 스스로에 대해 반성과 성찰을 하는 거의 유일한 동물이다. 아무리 지능이 높더라도 다른 동물들은 자기 자신에 대해 반성하고, 돌아보고, 또 거기서 나온 정보들을 토대로 해서 미래를 새롭게 구성하는 그런 일을 하지 않기 때문이다.

그렇다면 "과연 인공으로 만들어진 지능도 스스로 자기 자신을 돌아볼 것인가?" 라는 질문이 생길 수밖에 없다. 대부분 우리가 혼동하는 것은 지능과 지식에 대한 문제이다. 여러 가지로 구분하여 말할 수 있지만 이렇게 표현하는 것도 한 방법이다. 즉, 지식은 정보의 저장을 이야기하고, 지능은 그 아는 것을 삶의 현장에 적용하는 것을 말한다. 한걸음 더 나아가 "지성"은 여기에 감성까지 포함된 더 높은 차원의 문제이다. 인공지능이 계속 발달하여 지식과 지능까지는 가능할지 몰라도 과연 지성까지 도달할 수 있는가 하는 문제에는 고개를 갸우뚱하게 만든다.

07

생명의 시작

〈수정에서 출생까지〉

1. 생식주기

햄스터와 같은 장일동물은 햇볕에 오래 노출되면 발정기가 시작되면서 배란을 시작한다. 그러나 사람은 동물과 달리 발정기가 따로 없다. 특히 남성은 사춘기 이후에 정자를 만들기 시작하면서 일정한 주기가 없이 항상 사정(ejaculation)할 준비를 갖추고 있다. 여성은 사춘기 이후 정기적으로 배란을 하고 또 배란된 난자를 착상하기 위한 생식주기(reproductive cycle)가 시작되지만 발정기가 따로 있지는 않다.

2. 사람의 일생

사람의 임신기간은 약 266일이다. 즉 마지막 월경주기의 첫날부터 계산하면 280일(40주)이고, 수정 후부터 계산하면 266일(38주)이다. 그러나 이것은 어디까지나 이론적인 것이고 실제로는 이보다 2 ~ 3주 긴 경우도 많다.

임신 전 기간을 9개월로 보았을 때 3개 분기로 나누어 부르는 것이 보통이다. 즉 첫 3개월을 제1삼분기(first trimester), 그 다음 3개월을 제2삼분기(second trimester), 마지막 3개월을 제3삼분기(third trimester)라 부른다. 수정 후 처음 2주간은 수정란이 자궁 내에 떠있다가 서서히 자궁내막(endometrium)에 착상(implantation)을 시도하는 기간이다. 일단 착상에 성공하면 배자(embryo) 또는 배아라 부르기 시작한다. 물론 수정되는 그 순간을 인간의 시작으로 간주하지만, 발생학적인 차원에서 처음 14일은 아직 장기들이 형성되기 전이기 때문에 단순한 세포의 집합(cell mass)이라 할 수 있다. 착상에 성공한 2주 후 부터 본격적으로 각종 원시기관(primitive organ)들이 형성되기 시작하는 배자기(embryonic stage)는 약 8

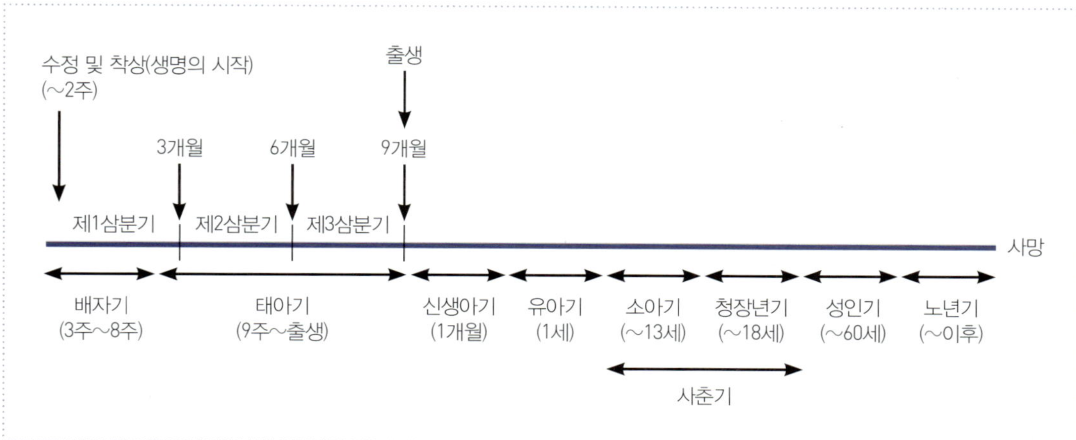

그림 7-1 사람의 발생과정

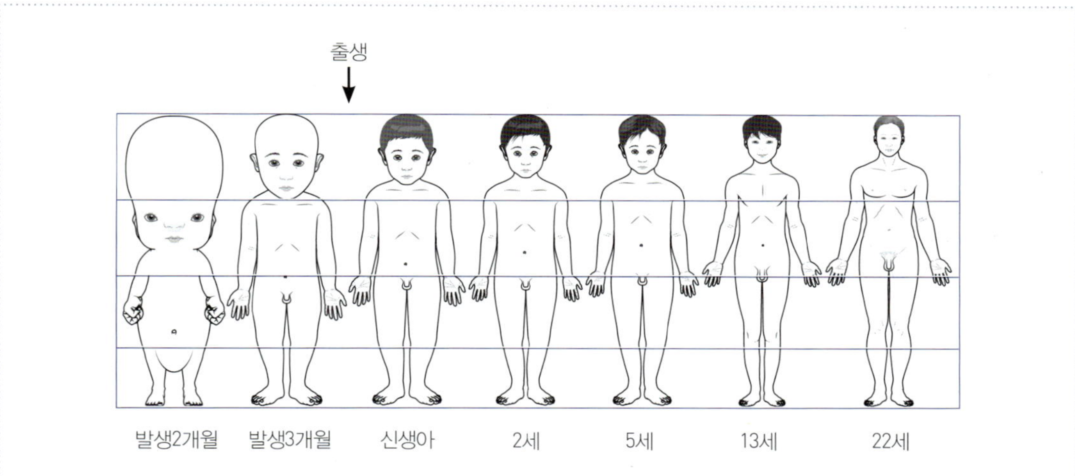

그림 7-2 출생 전후의 머리 성장 속도 비교

주말까지 계속된다. 8주가 지나면 태아기(fetal stage)에 들어선다. 태아기는 새로운 장기들이 나타나기보다 이미 만들어진 원시기관들이 더 커지고 성숙해지는 시기이다.

만약 착상이전에 해로운 약물에 노출되면 아기는 자연 유산이 될 확률이 높다. 노출된 시기가 배자기 때라면 원시기관들이 제대로 형성되지 못하므로 선천성기형이 될 확률이 높고, 태아기 때에 노출되면 발육이 다소 뒤떨어질 뿐 상대적으로 위험도는 낮은 시기이다. 출생 이전에는 머리가 유난히 크게 보이지만 점차 신체 다른 부위에 비해 머리의 성장 속도가 늦추어지면서 시간이 지나면 정상적인 비율을 되찾게 된다.

3. 출생 이후 시기

출생 후 첫 한 달간을 신생아기라고 한다. 이때 아기는 처음으로 모체와 완전히 분리되어 식사, 호흡, 체온 조절, 배설 등 모든 것을 스스로 해결해야 하는 시기이다. 그만큼 엄청난 변화를 겪는 기간이기에 만약 기능적으로 미완성된 부분이 있다면 그것 때문에 사망할 수도 있다. 요사이는 의학이 발달하여 신생아 사망율이 많이 줄어들었지만 그래도 여전히 주의를 요하는 시기이며 신생아기를 무사히 넘긴 아기는 생존율이 거의 100%에 달하게 된다.

신생아기 이후 첫 일년까지를 유아기라고 한다. 유아기는 신장과 체중이 눈에 띌 정도로 확연히 성장하는 시기로서 이 기간 중 키가 약 1.5배 자라게 된다. 이어서 소아기에 접어드는데 소아기는 12~13세 정도까지 지속된다. 젖니가 영구치로 바뀌는 등 후천적인 변화가 시작되면서 영양소의 요구가 급증하는 시기이다. 여자의 경우 12세에서 15세 사이, 남자의 경우 13세에서 16세 사이에 이차성징이 나타나면서 사춘기가 시작되는데 통상적으로는 여자에서 12세를, 남자에서 14세를 공식적인 사춘기의 시작 나이로 간주한다.

여자에서는 10~18세, 남자에서는 15~20세에 생식 능력이 완성되는데 이 시기를 청장년기라 부른다. 이어서 성인기와 노년기를 거치면서 조금씩 기능과 능력을 소실하다가 최종적으로 죽음을 맞이하게 된다.

4. 여성의 생식주기

여성의 생식주기는 대체로 12~13세에 시작하는데 약 35년간 지속되다가 폐경기(menopause)를 맞으면서 멈추게 된다. 그러나 이 기간도 개인별 차이가 있는 편이다. 생식주기는 뇌와 난소, 자궁의 기능이 호르몬에 의해 조화롭게 조절되는 아주 정교한 생화학적 반응이다. 생식주기는 건강한 여성에서 약 28일 주기로 이루어진다. 사춘기가 되면 뇌에서 두가지 호르몬이 분비되기 시작한다. 뇌하수체 전엽에서 분비되는 FSH (follicular stimulating hormone)가 그 첫 번째 신호탄격인 호르몬이다. FSH는 난포자극호르몬으로서 뇌에서 분비되어 혈액을 타고 난소로 전해져 난포들을 자극해 성장시키는 호르몬이다. FSH의 영향으로 매달 약 50여개의 난포가 성장하기 시작하는데 이때 난포들에서 에스트로겐(estrogen)이 대량으로 만들어진다.

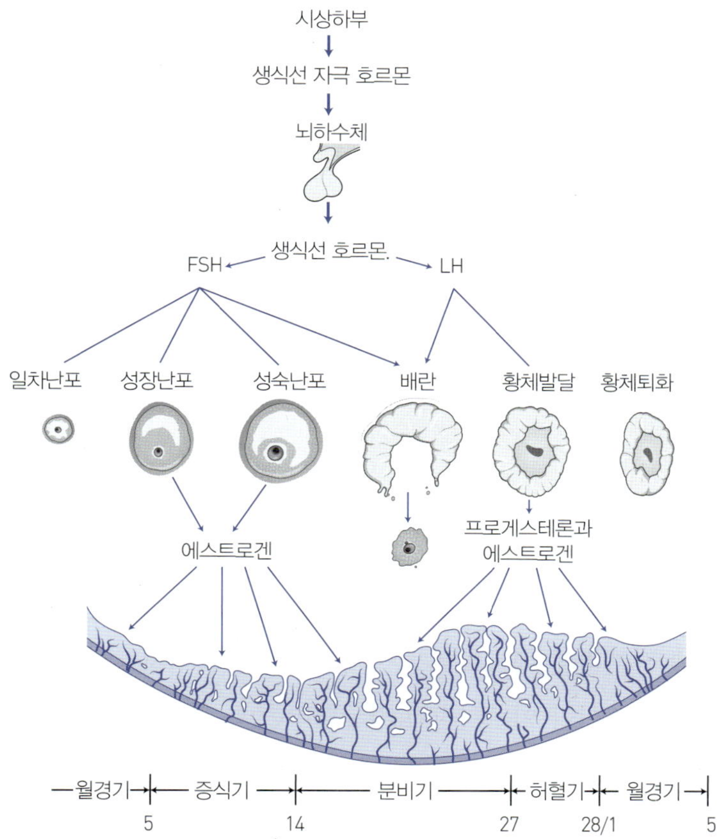

그림 7-3 여성의 생식주기

사춘기 이후 여성의 유방이 발달하고 피하지방이 축적되는 등 이차성징이 뚜렷해지는 이유가 바로 이 에스토로겐 때문이다. 난포가 계속 발달하여 배란 하루 전인 약 13일째에 이르면 뇌하수체 전엽에서는 또 다른 호르몬인 LH (leuteinizing hormone)를 분비해준다. LH는 배란을 촉진하는 동시에 배란 직후 붕괴된 난포를 황체로 변화시켜 주는 호르몬이다. LH는 배란 직전에 갑자기 증가하는데 이 현상을 LH 파동(LH surge)이라고 부른다.

배란은 1~2초 정도 걸리는데 배란된 난자는 투명대와 방사관세포로 싸여서 나오게 된다. 배란이 끝난 난포에는 임신호르몬인 프로게스테론(progesterone)이 가득 들어차는데 그 색깔이 노란색이기 때문에 난포 전체가 황체로 보이게 된다. 황체에서는 주로 프로게스테론을 분비하지만 약간의 에스트로겐도 같이 지속적으로 분비한다.

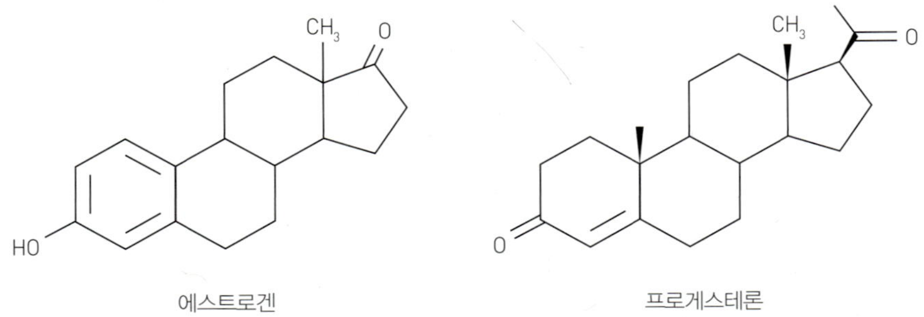

그림 7-4 에스트로겐과 프로게스테론

5. 에스트로겐과 프로게스테론

에스트로겐의 역할이 세포분열과 조직 수축인 반면, 프로게스테론은 조직을 안정시키는 역할을 한다. 난소에서 분비된 에스트로겐은 자궁내막을 증식시켜서 수정란이 착상할 수 있도록 준비시켜 준다. 임신이 이루어지면 자궁내막은 프로게스테론에 의해 이후 안정적으로 유지되지만 임신에 실패했을 경우 약 2주 후에 자동적으로 떨어져 나가면서 월경이 시작된다. 매주기마다 50여개의 난자와 난포가 성장하지만 이중 가장 잘 발달된 하나만이 배란되고 나머지는 퇴화된다. 따라서 여성의 난소를 관찰하면 그 사람의 생물학적 나이를 대략 측정할 수 있다.

6. 경구피임약

배란을 막기 위해서 여성은 정확하게 호르몬 레벨을 조절해야만 한다. 에스트로겐이 필요한 난포를 적절하게 성장시키고 나면 또 다른 난포들의 지나친 성장을 막아야 한다. 이때 에스트로겐은 혈류를 타고 뇌로 이동하여 FSH를 음성적(negative feedback)으로 제어해준다. 프로게스테론 역시 일단 하나의 난자가 배란되면 더 이상의 배란을 막기 위해서 LH를 음성적으로 제어해준다. 이 두 가지 여성호르몬의 음성적 제어 효과를 이용한 것이 바로 경구피임약이다.

7. 월경주기

월경주기(menstrual cycle)는 자궁내막이 주기적으로 증식했다가 떨어져나가는 반복적인 주기를 말한다. 주로 에스트로겐과 프로게스테론의 영향을 받는다. 에스트로겐과 프로게스테론은 차례로 FSH와 LH의 영향을 받게 된다.

월경주기는 매 28일 주기로 이루어지는데 월경이 시작된 날을 1일로 계산하여 14일째에 난소에서 배란이 일어난다. 배란을 중심으로 이야기할 때 제1일부터 제14일까지를 배란전기라 하고, 제15일부터 제28일까지를 배란후기라 한다. 월경을 중심으로 보면 제1일부터 제14일까지는 월경후기이고, 제15일부터 제28일까지는 월경전기이다.

자궁내에서 일어나는 변화를 시기별로 다음과 같이 나눌 수 있다.

① 월경기는 처음 1일부터 5일까지를 말한다. 월경주기의 첫 단계로서 자궁벽의 기능층이 떨어져 나가고 이후 4 ~ 5일에 걸쳐서 월경(menstruation) 형태로 배출되는 기간이다. 난소에서는 난포의 성장이 시작되는 시기로 에스트로겐의 분비가 조금씩 시작된다.

② 증식기는 6일부터 14일에 해당하는 기간으로 약 9일간 계속된다. 이 기간은 난소에서 난포가 성장하는 것과 일치되는 시기이다. 난포에서 분비되는 에스트로겐의 영향을 심하게 받기 때문에 세포분열이 왕성해지고 그 결과 자궁내막의 두께가 거의 2 ~ 3배까지 증가한다.

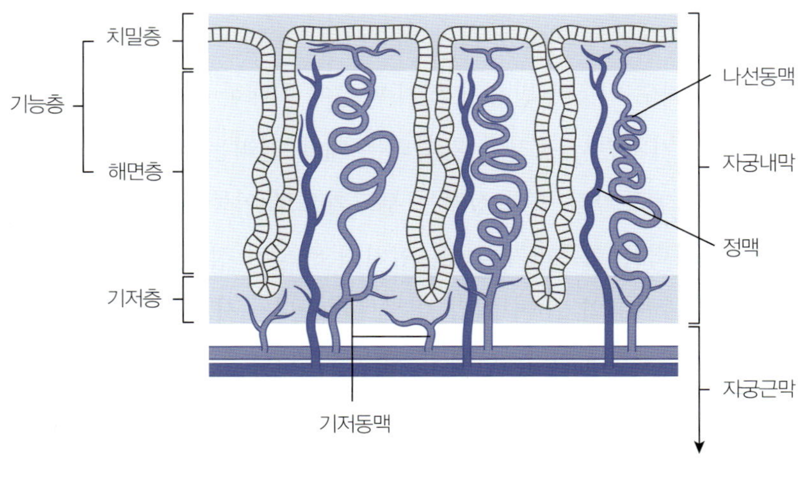

그림 7-5 자궁내막의 구조

③ 황체기는 15일에서 27일까지 약 13일간에 해당한다. 배란 직후의 시기로서 프로게스테론의 영향을 심하게 받는 시기이다. 황체에 의해 형성된 프로게스테론은 글리코겐이 풍부한 물질을 분비선의 상피세포에서 분비하도록 자극한다. 분비가 증가하면서 분비선은 점차 넓어지고 꼬이며, 분비낭의 구조도 확실해진다. 황체에서는 약간의 에스트로겐도 함께 분비하므로 자궁내막은 계속해서 두꺼워지고 나선동맥 역시 더욱 자라며 꼬이게 된다. 자궁내막이 최대로 두꺼워지면 약 5mm까지 자라게 된다. 만일 배란된 난자가 수정되면 수정란은 황체기의 약 6일째에 자궁내막에 착상을 한다.

④ 허혈기는 27~28일에 해당하는 월경주기의 마지막 1~2일이다. 임신이 일어나지 않으면 자궁내막은 이때부터 퇴화되기 시작한다. "허혈"이라는 말은 "부분적인 혈액감소"를 의미한다. 자궁내막의 나선동맥이 위축되고 황체가 퇴화되면서 호르몬의 분비가 감소하게 된다. 호르몬이 감소하면 자궁내막이 붕괴되면서 혈액 누출과 함께 새로운 월경주기가 시작된다.

8. 정자발생

편의상 정자발생(spermatogenesis)은 3개 단계로 나누어진다. 첫 번째는 그 숫자를 늘리는 체세포분열의 단계이다. 남성에게서 정자의 수는 대단히 중요하며 또한 수많은 정자를 만들어내도 절대로 고갈되지 않을 장치를 마련하는 것 또한 필요하다. 두 번째 단계는 감수분열(meiosis)이다. 염색체의 수를 절반으로 줄여 난자와 수정을 할 준비를 해야 하기 때문이다. 세 번째는 형태 변화를 수반하는 정자완성과정(spermiogenesis)이다. 정자가 난자를 찾아 길을 떠나려면 스스로 운동하기 위한 꼬리가 필요하다. 또한 핵이 들어있는 머리도 유선형으로 변해야 하고 너무 커도 이동에 방해가 되기 때문에 최대한 응축시킬 필요가 있다.

이렇게 3개 단계를 거치면서 정자가 완성되는 데에 걸리는 시간은 약 64일이다. 그러나 정자발생이 완성되더라도 아직 어린 정자는 부고환으로 이동되어 20여일을 더 머물러야만 비로서 운동력과 수정력을 획득하게 된다. 이처럼 완성된 정자는 곡정세관 안쪽에 머무르다가 부고환으로 이동하여 약 20여 일간 머무르게 된다. 사정되지 않은 정자는 퇴행되거나 사멸하여 영양소로 재활용된다. 완전히 성숙한 정자는 길이가 약 60~65㎛ 정도이다. 부피로 비교한다면 난자에 비해 약 1/85,000 정도밖에 되지 않는 크기이다.

사람의 정자는 머리가 원형이며 구조상 머리와 꼬리, 그리고 이 두 부분 사이의 목(neck)으로 나뉘어진다. 머리는 유전물질인 염색체를 담고 있고, 꼬리는 파상운동으로 정자가 앞으로 전진할 수 있게 한다. 꼬리의 앞부분을 둘러싼 미토콘드리아는 에너지를 공급해준다. 미토콘드리아가 위치한 꼬리 앞부분을 축세사라 하는데 이는 정자가 앞으로만 이동할 수 있도록 방향을 잡아주는 역할을 한다. 미토콘드리아는 운동을 위한 에너지인 ATP를 생산해낸다.

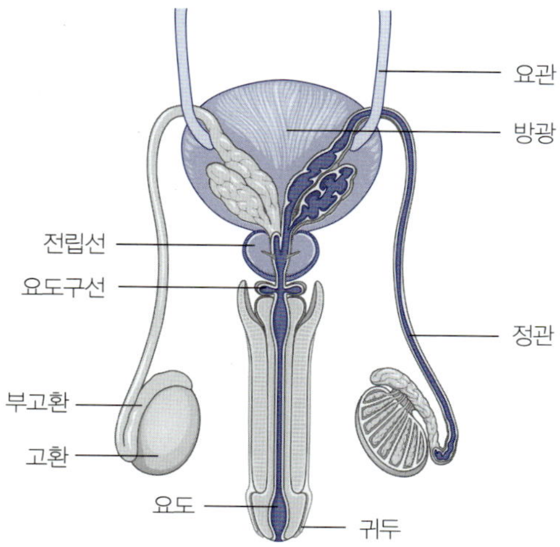

그림 7-6 남성생식기 구조

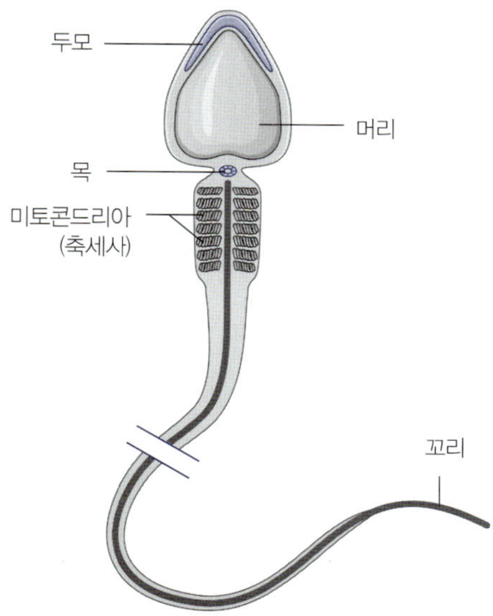

그림 7-7 성숙한 정자

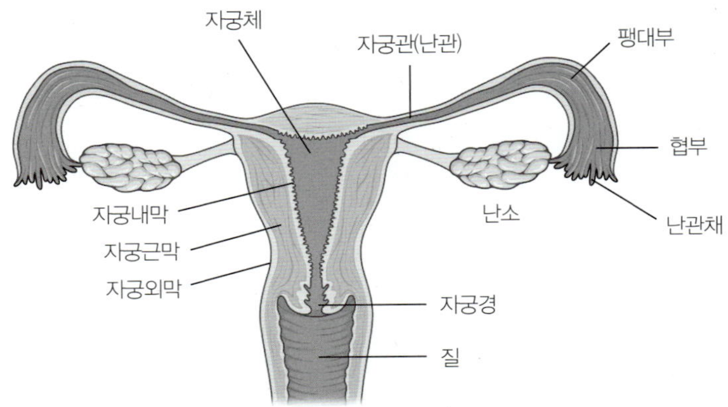

그림 7-8 여성생식기 구조

9. 난자발생

난자발생(oogenesis)에서 생각할 점은 난포(follicle)의 발달과 배란이다. 정자와 달리 개개의 난자는 난포라는 주머니 속에 넣어져서 발달하게 되기 때문이다.

출생을 거쳐 사춘기에 이르기까지 난자와 난포는 계속 발달과 성숙을 거치면서 가장 우수한 40,000여 개(난소당 약 20,000여 개) 만을 남기게 된다. 사춘기까지의 기간을 소위 "망기"라고 하는데 이는 일종의 휴식기로서 난자로서는 세포분열이 일시적으로 멈춘 기억 상실기에 해당한다.

10. 사춘기, 난자성숙과 배란

사춘기에 이르면 매 28일 주기로 배란(ovulation)이 시작된다. 배란을 통해 배출되는 난자는 주기별로 하나이지만 실제로는 50여개의 난자가 동시에 성숙되다가 가장 성숙이 빠른 하나만 배란되고 다른 것들은 퇴화되는 것이다.

단순 계산에 의하면 여성은 매달 50개의 난자가, 일년이면 약 600개의 난자가, 그리고 배란이 시작되는 사춘기부터 폐경기까지를 약 35년으로 본다면 평생 21,000여개의 난자가 필요한 셈이다. 이는 대체로 난소 하나에 들어있는 난자의 수효이므로 난소 2개를 가짐으로써 여성은 평생 배란에 필요한 충분한 수의 난자를 미리 가지고 태어나는 셈이다. 즉 임

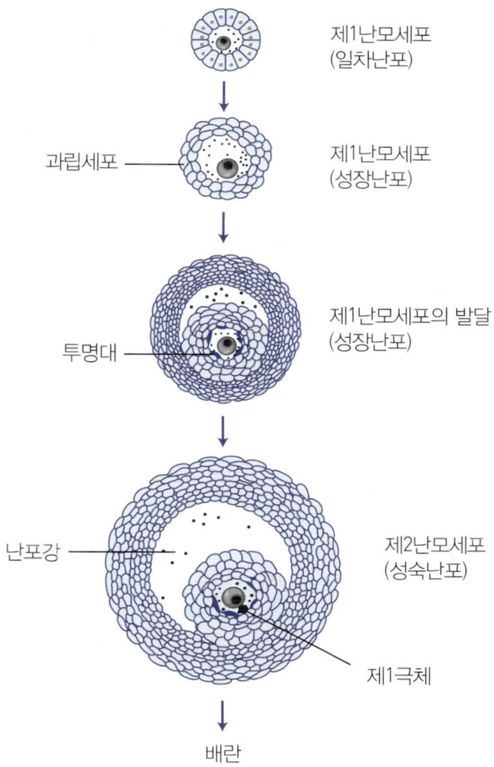

그림 7-9 난자발생과 배란

신 중인 여성은 자기 자신과 태아, 그리고 태아의 난소 속의 난자를 포함해 한 몸에 3대가 공존한다고 이야기할 수 있는 것이다. 이런 점은 남성이 사춘기가 되어 비로서 정자를 만들기 시작하는 것과 근본적인 차이가 있다.

사춘기에 이르면 배란될 난자를 감싸고 있는 난포만 발달하기 시작한다. 원시난포, 일차난포, 성장난포를 거쳐 제일 성숙한 난포를 성숙난포라 부른다. 또는 난소에서 난자를 처음 관찰한 사람의 이름을 따서 그라프씨 난포(Graafian follicle)라고도 한다. 이 시기가 되면 경쟁적으로 같이 발달하던 다른 난포들은 모두 퇴화되어 버린다. 배란될 때는 난자를 둘러싼 난포세포들이 같이 나오는데 이들을 방사관세포라 부른다.

표 7-1 난자와 정자의 비교

	난자	정자
크기	크다	작다
모양	구형	길다
수	적다	많다
운동성	없다	활발하다
세포질	많다	적다
난황	적거나(많다)	없다

11. 수정

수정이 일어나는 곳은 난관 내부의 팽대부이다. 만일 수정이 되지 않으면 난자는 자궁으로 천천히 이동해서 24시간 이내에 퇴화되어 버린다. 보통은 난자와 정자가 12시간 이내에 수정이 된다. 정자는 난자에 접근하면서 끊임없이 난관 벽에 머리를 부딪히게 되는데 이때부터 조금씩 머리를 둘러싼 막이 벗겨지면서 효소들이 방출될 준비를 한다.

정자가 뚫어야 할 두 가지 장벽은 난자를 둘러싼 방사관세포들과 난자의 세포막이다. 정자는 히알루로니다아제(hyaluronidase) 같은 효소를 계속 방출하면서 방사관에 붙어 있는 과립성의 난포세포들을 제거하는 동시에 꼬리의 추진력으로 방사관을 통과한다. 일단 첫 번째 정자가 투명대를 통과하면 다른 정자들은 통과할 수 없게 된다. 보통은 하나의 정자만이 수정을 시키는 것이 가능하다.

수정이 되면 난자의 핵과 정자의 핵이 마치 빵처럼 부풀어 올라 각각 여성전핵과 남성전핵이 된다. 계속해서 이 두 개의 전핵이 난자의 중앙에서 합쳐지게 되고 그럼으로써 염색체가 수적으로 회복된 온전한 세포, 즉 수정란이 만들어진다. 수정은 배란 직후 24시간 내에 완성된다. 정자의 미토콘드리아는 에너지를 공급하는 중요한 세포소기관이지만 막상 수정이 일어나면 모두 사라지고 난자 안에는 여성의 미토콘드리아만 남게 된다. 즉 자손에게 전달되는 미토콘드리아는 모두 어머니로부터 전해져 온 모계유전의 결과인 것이다.

두 마리 이상의 정자가 동시에 난자를 수정시키는 다정현상(polyspermy)이 간혹 발견되기도 하지만 이 경우 염색체의 수가 맞지 않아 퇴화되어 버린다. 다정현상은 여성이 자신도 모르게 자연 유산하는 원인으로 가장 흔한 것이다.

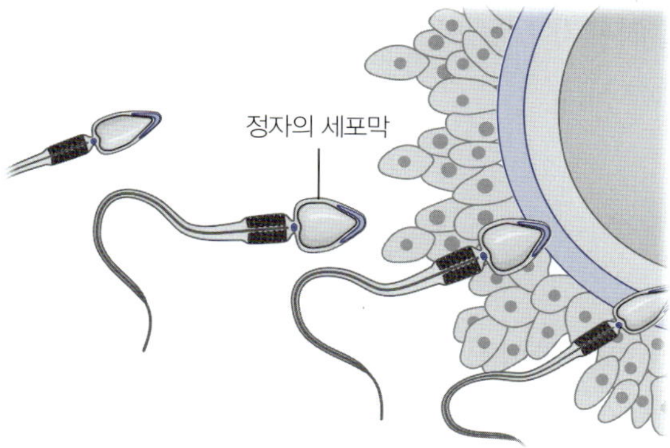

그림 7-10 정자가 난자를 뚫고 들어가는 모습

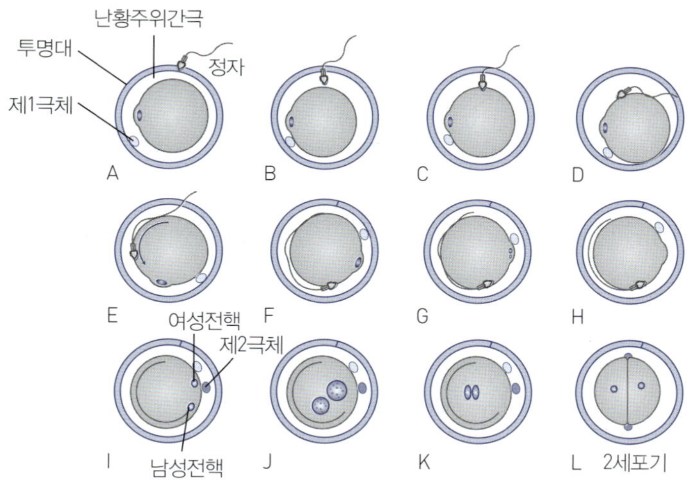

그림 7-11 수정

12. 임신

사람의 평균 임신 기간은 약 9개월, 정확하게는 266일 전후이다. 이 기간을 전체 3단계로 나눌 수 있다. ① 수정 직후 처음 약 2주간은 수정란이 배자 상태로 분화하는 시기이다(착상 및 배자형성기). ② 2주에서 8주까지는 신체 각 조직과 주요 기관들이 형성되며(기관형성기), ③ 9주 이후는 이때 만들어진 기관들과 조직들이 더욱 성장하는 시기이다(태아기). 배자와 태아를 영어로는 각각 embryo와 fetus라고 한다.

임신 중 처음 2개월이 가장 중요하고 특히 어머니가 약물 등에 노출되지 않도록 조심해야 한다고 강조하는 이유도 이때가 바로 각 기관들이 만들어지는 시기인 만큼 선천성기형의 우려가 높은 시기이기 때문이다.

13. 성의 결정

XX 염색체를 가진 배자의 미분화생식기는 난소로 발달하도록 프로그램되어있다. 미분화된 생식기에는 뮐러씨관(Müllerian duct)이라는 것이 있는데 이 조직이 점차 자궁, 자궁관, 자궁경부, 질의 상부 등으로 발달해 나간다. 한편 유선과 같은 수유조직도 함께 만들어진다. 여성생식기가 온전하게 만들어지는데는 에스트로겐의 역할이 함께 작용한다.

만약 Y염색체를 가진 정자가 수정이 되면 미분화생식선은 고환(정소)으로 스위치 전환되어 발생하게 된다. Y염색체에 정소결정인자가 들어있기 때문이다. 정소결정인자는 항뮐러인자(Anti-Müllerian duct factor)를 만들어 뮐러씨관이 여성생식기로 발달하는 것을 억제하는 한편, 고환의 상징인 간질세포와 지주세포가 만들어지게 한다. 그리고 울프씨관(wolffian duct)은 부고환, 정관, 정낭 등 남성생식기의 내부 구조로 분화된다. 남성생식기가 온전하게 만들어지는데는 테스토스테론의 역할이 함께 작용한다.

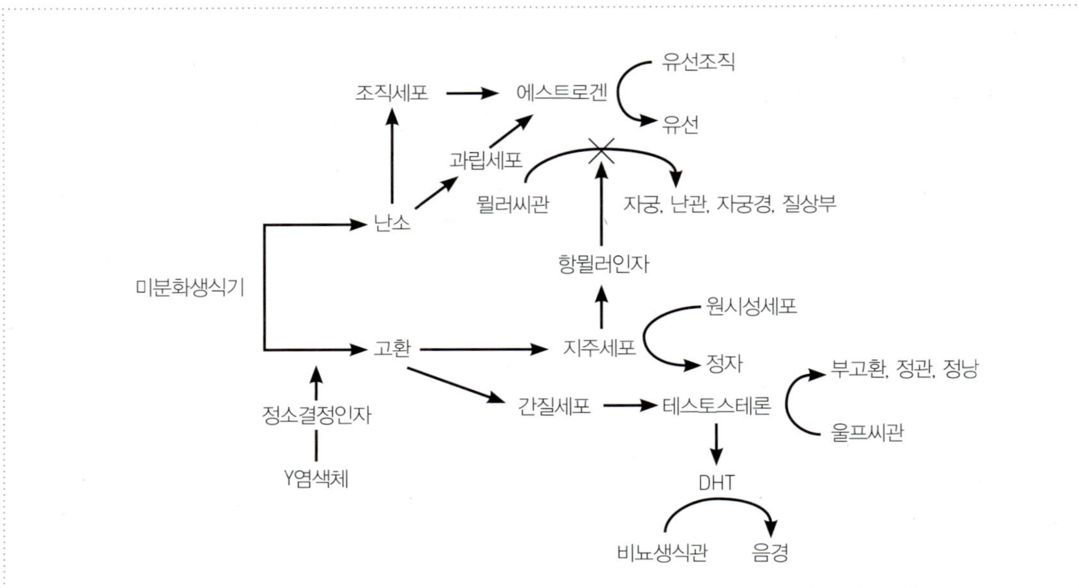

그림 7-12 성의 결정

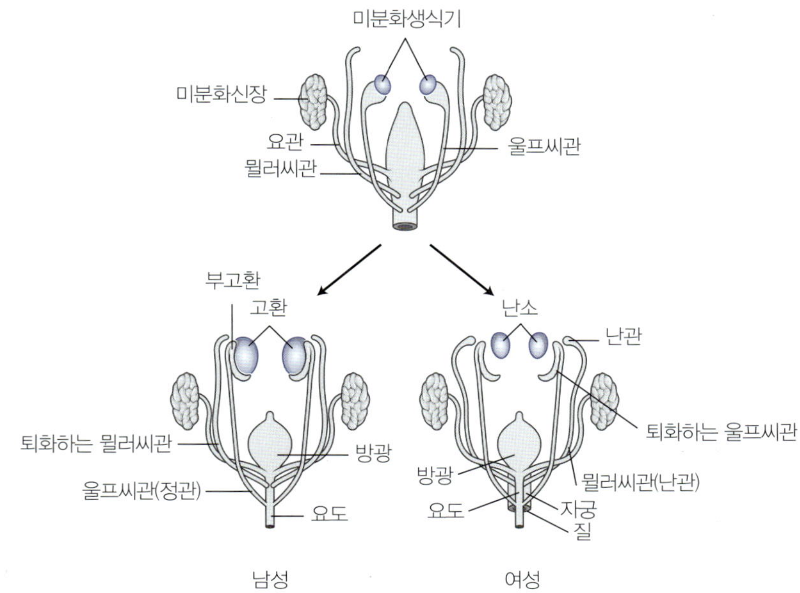

그림 7-13 남성과 여성의 생식기 분화

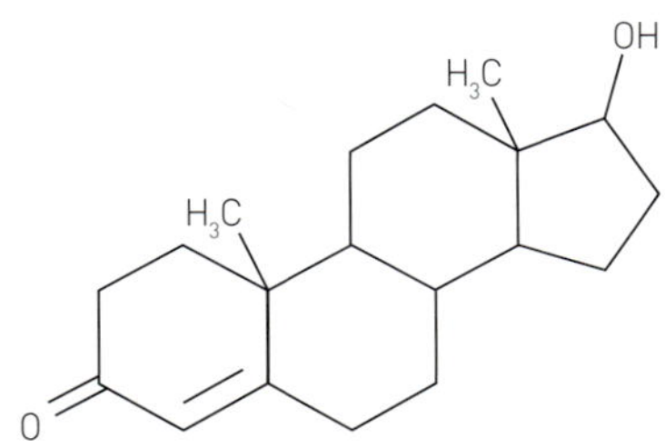

그림 7-14 테스토스테론

한편 남성의 외생식기인 음경은 테스토스테론에 수소가 두 개 결합된 디히드로테스토스테론(DHT, dihydrotestosterone)에 의해 만들어진다. 에스트로겐, 테스토스테론, 디히드로테스토스테론은 모두 콜레스테롤로부터 유래된 스테로이드 호르몬들이다. 비록 비슷한 구조를 하고 있지만 성결정에서의 역할은 매우 다르다.

14. 유전적 성과 호르몬에 의한 성

유전자에 의해 결정되는 성을 "1차적 성"이라고 한다. 사람은 생식기가 7주경까지 미분화 상태이지만 이후 뚜렷하게 분화를 하게 된다. 남, 여의 생식기 구조는 대체로 20주(5개월) 정도에 완성되는데 이때 어린 고환과 난소 안에는 미발달된 생식세포들이 가득 들어차게 된다.

염색체에 의해 1차적 성이 결정되었더라도 외관상으로 나타나는 표현형은 전혀 다를 수 있다. 비록 Y염색체가 남, 여를 구별지었더라도 생식기가 발생하는 데에는 성호르몬의 영향이 크기 때문이다. 호르몬에 의한 성의 결정이 "2차적 성" 결정이다.

15. 아기의 발생

① 발생 1일은 수정란이 만들어지는 첫째 날이다. 발생 1주가 되면 본격적인 자궁내 착상이 시작된다.

② 발생 2주 때 외배엽과 내배엽으로 나뉘어졌다가, 3주 때 두 개층 사이에 중배엽이 발달하면서 최종 3개 층으로 정렬이 된다. 배자기는 발생 3주 ~ 8주에 해당하는 시기이다. 배자기의 뚜렷한 특징은 주요 내장기관과 신체 각부의 기초가 완성된다는 것이다. 그렇기 때문에 약물에 접촉되면 선천성기형이 발생할 빈도가 높은 시기이기도 하다. 태반(placenta)이 형성되기 시작하면서 배자에 공급되는 영양분이 급속하게 증가하고 배자의 성장도 그만큼 빨라지게 된다.

③ 점차 외배엽에서는 주로 신경계통, 피부, 털, 손톱과 발톱, 피부의 땀샘, 입과 내장기관의 안쪽을 덮는 상피층이 발달하고, 중배엽에서는 근육, 뼈, 골수, 혈액, 혈관, 결합조직, 생식기관 일부, 신장 등이 발달한다. 내배엽에서는 소화기관을 덮는 장간막과 호흡계, 방광, 요도 등이 형성된다.

④ 발생 4주에 다다르면 제대가 발달하기 시작한다. 제대는 원시적인 탯줄로서 태반에 연결된다. 원시적인 모습의 머리와 턱이 나타나며, 심장은 벌써 박동을 시작하여 혈액 순환이 일어난다. 식도, 위, 간 및 췌장 등 조직들도 발달하게 된다. 팔과 다리가 될 작은 원시적인 싹이 각 해당 부위에서 나타나기 시작한다.

⑤ 발생 5 ~ 7주에는 머리의 성장 속도가 신체 다른 부위의 성장 속도보다 유난히 빠르다. 따라서 머리가 몸의 거의 1/3 정도에 해당할 정도로까지 크게 된다. 머리의 성장 속도

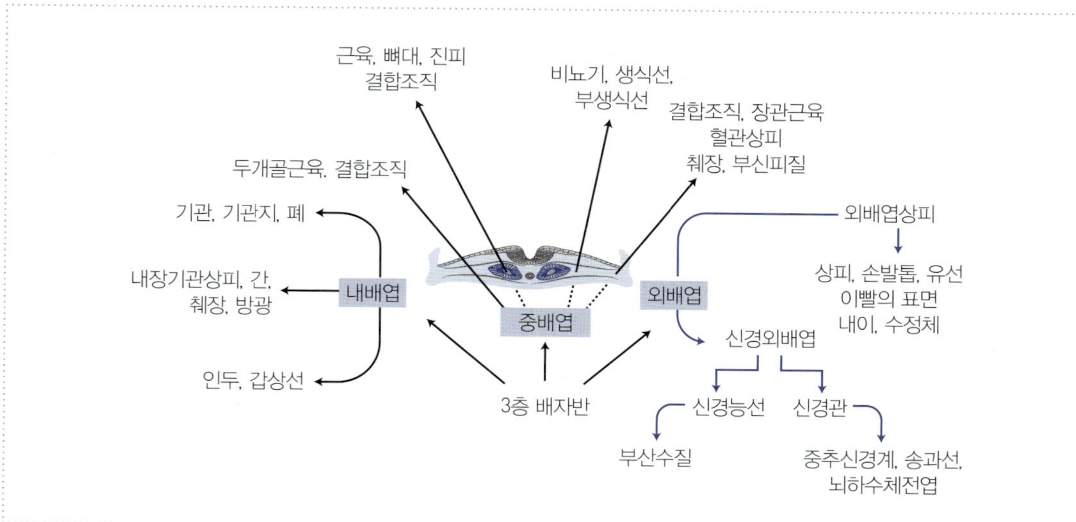

그림 7-15 외배엽, 중배엽, 내배엽의 발달

는 발생 3개월이 지나면서 상대적으로 느려져 궁극적으로는 정상 비율로 돌아온다. 머리 모양은 점차 둥글어지며, 곧추 서게 된다. 얼굴에는 눈, 코, 입이 나타나서 차차 사람의 형상을 갖추게 되고, 팔과 다리가 길어지며, 손가락과 발가락도 발달한다. 망막에는 색소가 나타나기 때문에 눈이 분명해진다. 7주 말까지는 주요한 내장기관이 모두 만들어지고 거의 온전한 사람의 형상을 이루게 된다.

⑥ 배자기는 8주 말에 완성되며 발생과정에서 가장 중요한 시기이다. 이 기간에 중요한 외부, 내부 기관들이 거의 완성된다. 눈은 아직 열려있지만 곧 닫히게 된다. 이 기간 중에 발생을 저해하는 요인이 어떠한 것이라도 일어난다면 태아가 형태이상(malformation)과 기능이상(malfunction)을 일으킬 확률이 높다. 8주말(약 2개월)에 배자는 길이가 30㎜ 정도이며, 무게는 5g 정도이다. 비록 신체적으로 아직 완성되지 못했을 지라도 눈, 귀, 코 등 구조가 발달하고 사지가 분명하기에 인간으로서 손색이 없다. 간의 모양도 현저해지며, 생식융기가 발달하기에 전문가라면 성을 구별할 수도 있는 시기이다.

⑦ 이후 발생 9주부터 출생까지를 태아기라 부른다. 산부인과 기준으로는 1개월을 4주, 즉 28일로 기준한다. 태아기 때는 더 이상의 분화가 일어나지 않는다. 대신에 배자기에 이미 형성된 기본 조직들이 더욱 성장하고 성숙되어 출생 준비를 마치는 기간이다. 따라서 선천성기형의 위험성은 상대적으로 낮다.

⑧ 3개월째 접어들면서 신체 전반에 걸쳐 뼈가 단단해지고, 외부생식기가 남 · 여로서 구별이 더욱 뚜렷해진다. 아직은 골수가 완전하지 않아서 간에서 조혈작용이 주로 일어난

다. 소변이 만들어지면서 양수로 배설된다. 3개월 말에는 미미하지만 입술을 건드리면 반응을 나타낸다.

⑨ 4개월째부터 여성의 난소가 분화하기 시작한다.

⑩ 5개월째는 근육 운동이 활발해지면서 어머니가 태동을 느끼는 시기이다. 태아의 심박동을 산모의 복부를 통해 들을 수 있다. 머리카락이 나타나고 피부에는 태모와 태지가 덮인다. 피하지방에는 갈색지방이 축적되어 출생시 체온이 저하되는 것으로부터 몸을 보호할 준비를 한다. 갈색지방은 열을 생산하는 주요 에너지원이다.

⑪ 6개월째에는 체중의 증가가 현저하고 눈썹이 나타난다. 피부는 주름지고 아직 반투명하다. 때문에 혈관이 들여다보이고 전반적으로 피부가 빨갛게 보인다. 6개월 말에 허파에는 계면활성제가 형성된다.

⑫ 7개월에 다다르면 피부에 지방이 많이 축적되어 몸이 부드러워지고 태아는 눈을 뜬다. 태아의 키는 약 37㎝ 정도이다. 이때까지는 간에서 조혈작용을 해왔지만 7개월째부터 골수가 이 기능을 떠맡게 된다. 동공반사 또한 나타난다. 7개월은 대단히 중요한 시기이다. 왜냐하면 모든 장기와 신체조직의 기능이 완성되는 시기이기 때문이다. 가장 늦게 기능이 완성되는 조직은 허파다. 조기 출산의 생물학적 정의는 28주 이후부터 만삭 전에 임신이 중단되는 것이다. 28주를 기준으로 하는 이유는 이때가 지나야 비로서 마지막 장기인 폐가 완성되어 살아남을 확률이 증가하기 때문이다. 그러나 아직은 미완성된 조직들이 많기 때문에 자궁내에서의 시간이 더 필요하다.

⑬ 8개월이 되면 남자아기의 고환이 자기 위치로 이동해 음낭 속에 자리잡는다. 9개월이 되

표 7-2 아기 발생과정의 요약

난할기	2주	• 수정란이 계속 분열하여 포낭(blastocyst)을 형성한다. • 세포들이 재배열되어 내부세포덩어리(inner cell mass)가 나타나고 포낭은 자궁벽에 착상된다.
배자기	3~8주	• 내부세포덩어리가 점차 배자반(embryonic disk)을 형성한다. • 배자(embryo)가 점차 원통 모양이 되고, 주요 내부 기관들과 외부 신체구조들이 나타나기 시작한다. • 태반과 탯줄이 형성된다. 배자는 양수에 떠 있게 된다.
태아기	9주~출생	• 배자기에 형성된 구조들이 계속 성장한다. • 뼈가 단단해지는 골화현상이 진행된다. • 생식기관이 분화되고 발달한다. • 팔, 다리가 정상적인 길이로 성장한다. • 근육 운동이 활발해지고 피부가 지방과 죽은 상피세포로 점차 덮인다. • 머리가 자궁경(cervix)을 향해 위치하여 출산을 준비한다.

표 7-3 발생 단계별 아기의 성장 요약

주령(주)	무게(g)	주요발달모습
9	8	눈이 닫혀있고, 아직 성의 구별이 어렵다.
10	14	손톱이 발달하기 시작한다.
12	45	태아의 성 구별이 가능하다.
14	110	하지의 발달이 뚜렷해진다.
16	200	귀가 돌출된다.
18	320	태지가 나타나고 발톱이 발달한다.
20	460	태모가 관찰된다.
22	630	피부는 주름 잡혀있고 붉은 색을 띤다.
24	820	손톱이 나타난다.
26	1,000	눈이 부분적으로 뜨이기 시작한다.
28	1,300	눈이 뜨이고 피부는 약간 주름잡혀있다.
30	1,700	발톱이 나타나고 신체가 통통해진다.
32	2,100	피부는 진분홍색이며 매끈해진다.
36	2,900	태모가 사라지며 사지는 다소 굴곡되어 있다.
38	3,400	유방이 돌출되고 남자아기는 고환이 음낭 내에 제대로 위치한다.

면 태아의 키는 거의 47㎝ 정도로 크며, 피부도 피하지방이 쌓여 부드러워진다. 태아의 몸은 전체적으로 오동통해진다. 이제 피부가 불투명하므로 분홍색으로 나타나게 된다.

⑭ 만삭시 아기는 키는 약 50㎝이고 몸무게는 2.7 ~ 3.6kg 정도이다. 머리가 점차 자궁경(cervix)을 향해 거꾸로 자리잡게 된다.

16. 출생후 발생

출생 후에는 출생 전보다 그 변화 정도가 크지 않지만 신생아기(new born), 유년기(infant), 소아기(childhood), 청장년기(사춘기, puberty), 성인기(adulthood)와 노년기(senescence)를 거치면서 다양한 변화들을 겪게 된다. 보통은 수정되는 그 순간을 생명의 시작으로 간주하지만, 진정한 생명의 시작이 언제인지에 대해서는 아직도 의견이 분분하다.

신생아기는 출생 후 처음 1개월로서 사망률이 가장 높은 시기이다. 신생아가 출생과 동시에 모체와 태반이 대신해주던 일들을 스스로 해야 하기 때문에 생리적 변화가 급하게 일어나야 하는 시기이다. 출생시 신생아의 피부는 약간 청색(cyanosis)을 띠지만 수분 이내에 진분홍색으로 회복된다. 탯줄은 일주일 전후로 떨어지는데 오래갈 경우에는 3주 이상 붙어있는 경우도 있다. 신생아는 빛과 소리에 반응할 수 있다.

유아기는 태어나서 4주 이후 처음 1년간에 해당한다. 이 때 체중이 거의 3배까지 늘어나게 된다. 젖니가 나타나며 근육과 신경계통이 성숙되어 조화있는 근육 운동이 가능해진다.

소아기는 출생 1년부터 사춘기까지의 광범위한 기간을 말한다. 체중이 증가되고 젖니는 후에 영구치로 대치가 된다. 걷고, 뛰고, 기어오르는 등 적극적인 활동이 가능해진다. 점차 배설 능력도 스스로 조절하게 되며 대화능력이 형성된다. 합리적으로 사고하는 능력과 감정면에서 더욱 성숙하게 된다.

청년기는 사춘기때 부터 성인기 사이를 지칭한다. 사춘기는 생리적으로 생식 능력이 완성되는 시기이다. 이차성징이 나타나고 지성, 감정 등이 모두 완성된다.

성인기는 발생학적으로 볼 때 더 이상의 심각한 변화가 없는, 그리고 조금씩 퇴행성 변화가 시작되는 시기이다. 제일 심각한 변화는 순환기관과 신경계통의 변화이다. 여성은 폐경기를 이 기간 중 겪게 된다.

노년기는 인생의 마지막 단계로서 평생을 통해 계속 사용한 신체의 노화로 말미암아 다양한 퇴행성 변화가 나타나는 시기이다. 노년기에는 순환기계, 신경계, 면역계 등 다양한 부위에서 질병이 발생할 가능성이 높아진다. 현대 사회는 전반적으로 평균 수명이 늘어나고 있는 추세이다. 중요한 것은 건강한 노후를 유지하는 것이라 하겠다.

08

성차와 인간행동

〈여성과 남성의 생물학적 차이〉

1. 여성과 남성

여성들이 사회적 관계에서 훨씬 더 다정다감하고 밀접한 관계를 갖기를 원하는 반면, 남자들은 어떤 스트레스가 주어지면 오히려 혼자 있으면서 그것을 스스로 해결해 나가고자 하는 독립적인 행동 패턴을 보인다. 이런 차이를 "어느 편이 더 좋다 또는 나쁘다"고 표현할 수는 없다. 왜냐하면 이는 단순히 심리적 차이이고, 자의식과 자존감 같은 내적인 기준이 남녀가 태어나면서부터 다르다는 것을 말해줄 뿐이다. 강조하고 싶은 것은 해부학적으로 실질적 형태를 가진 뇌가 형이상학적이고 형태가 없는 인지와 감정, 그리고 정서까지 좌우한다는 사실이다. 이 말은 곧 (전체는 아닐지라도) 뇌의 해부학적 연구를 통해 심리상태를 (상당히) 분석할 수 있다는 결론이고, 현대심리학에서 해부학과 생물학이 중요한 동반자적 영역으로 자리매김하고 있다는 결론이다.

최근 진행된 연구를 보면 남자와 여자는 선천적으로 뇌의 구조가 다르다는 추론이 상당히 일리가 있음이 밝혀졌다. 물론 근본 구조는 유사하지만 해부학적, 생화학적, 생리학적 및 특히 내분비 차원에서의 차이가 계속 밝혀지고 있다. 해마와 시상하부를 포함하는 변연계는 남자와 여자의 차이가 가장 많은 부분이다.

시상하부는 남성의 것이 훨씬 크다. 그것은 아마 테스토스테론의 영향 때문인 걸로 알고 있다. 그리고 그 때문에 남성이 느끼는 성욕이 훨씬 큰 것으로 알려져 있다. 해마에서 만들어진 기억은 전두엽으로 보내져 장기 저장되게 된다. 해마는 여자가 남자보다 훨씬 크고 또 활동적이다. 앞서 말한 것처럼 언어 능력이 앞서고, 감정이 더욱 풍부하며, 쉽게 말을 배우는 능력이 여기에서 비롯된다.

여성의 뇌는 상호 공감 능력을 발휘하기에 적합한 반면, 남성의 뇌는 사물을 논리화, 체계화하고 분석하기에 적합하다. 그 말은 남성은 일에 몰두하기 쉬운 성격을 보통 갖게 되며, 여성은 다른 사람들을 보살피고 친밀하게 문제를 해결하는데 더 능숙하다는 뜻이다. 침체된 상황에서 아이스-브레이킹(ice-breaking)하여 분위기를 반전시킬 필요가 있을 때에도 여성이 보통 리더의 역할을 한다. 물론 이런 것들은 남, 여라는 성별 차이보다 개인적인 심리나 성격의 차이라고 보는 견해도 많다. 하지만 보편적으로 여성과 남성이 선호하는 행동 패턴이 구별될 수 있을 정도라면 당연히 해부학적으로도 이를 설명할 수 있어야 한다. 여기서 해부학적이란 의미는 생식기관이 남, 여 구별되듯이 지성과 인식, 그리고 자아를 책임지는 기관인 뇌에서도 당연히 차이가 있을 수밖에 없다는 것이다.

2. 여성과 남성의 발생학적 차이

발생학적 연구를 보더라도 남자와 여자는 처음부터 다르게 태어난다고 이야기할 수 있다. 유아기 때까지 여자아이들은 자기를 바라보는 어른들과 더 많이 눈을 맞춘다고 한다. 여자아이들이 언어 능력도 빠르고, 기억력도 좋고 또 발음도 더 정확하게 한다는 것 또한 보편적으로 알려진 사실이다. 이는 언어 능력이나 공간에 대한 기억력, 협동심, 사교성 같은 요인들에 관여하는 뇌의 부분이 남자아이보다 여자아이들이 훨씬 빠르게 발달하기 때문으로 설명될 수 있다. 이런 사실들을 종합적으로 분석하면 뇌의 구조적 차이가 남자와 여자의 성격상 차이를 만들어낸다고 결론지을 수 있다.

남성의 뇌가 전체적으로 크기는 하지만 단위면적당 신경세포가 얼마나 밀집되어 있느냐는 또 다른 문제다. 여성의 뇌는 상대적으로 작은 면적에 신경세포의 연접인 시냅스가 더욱 밀집되어 분포되어있다. 즉, 단위면적당 신경세포의 밀집도가 더 높다는 뜻이다. 그렇기 때문에 언어 능력이 더 뛰어나고 활발한 것이다. 여성이 남성보다 말을 잘하는 이유도 바로 여기에 있다고 한다.

3. 체계화지수와 공감지수

앞서 말했듯이 남, 여의 뇌 구조를 표현하는 지표로 "체계화지수"와 "공감지수"가 있다. 물론 남자와 여자 사이의 이런 지표 차이는 성별 차이로 인한 사고와 행위, 심리와 감정 상태에 의해 영향을 받지만, 동시에 개인의 성숙한 정도에 따라서도 차이를 나타낸다. 즉, 어린아이와 어른들은 이런 기질적 차이를 다르게 나타낸다는 사실이다. 그렇기 때문에 이들 지수를 인용할 때는 남성, 여성이라는 성별 차이와 함께 성장지표를 함께 고려하는 것이 필요하다.

최근에는 유전학자와 생화학자들도 이 분야에 뛰어들었고 남자와 여자가 여러 행동 패턴에서 분명하게 다르다는 것을 생물학적으로 설명해내고 있다. 아직도 많은 사람들이 남자와 여자의 성격적 차이들이 성장 과정을 통한 환경이나 교육의 결과로 점차 달라지는 것인지, 아니면 처음부터 타고난 차이인지를 궁금해한다. 과학자들의 견해에 따르면 남, 여의 기질적 차이는 태어나면서부터 나타난다. 과학자들은 이런 차이가(적어도 일부는) 뇌의 구조에서 비롯된다는 것을 밝혀내었고, 그렇다면 뇌의 구조를 세밀하게 들여다봄으

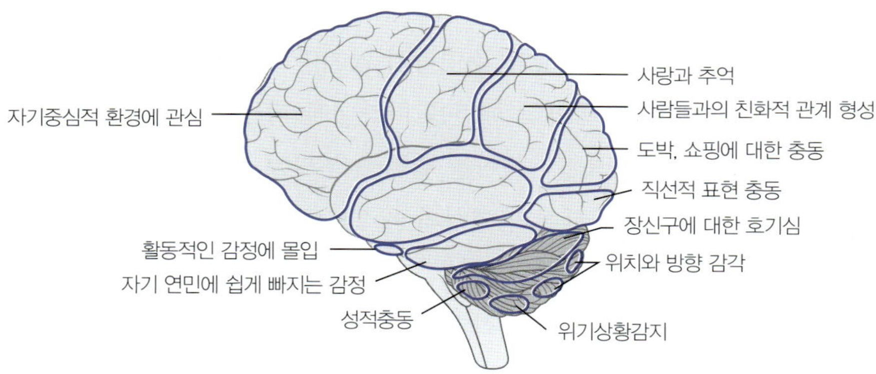

그림 8-1 여자의 뇌

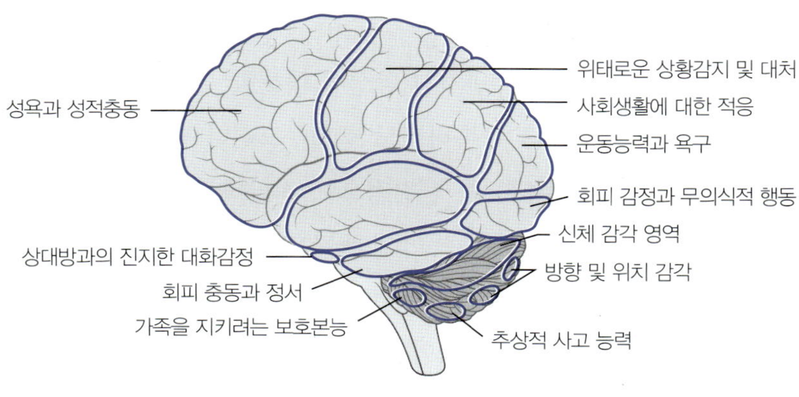

그림 8-2 남자의 뇌

로써 이를 설명할 수 있다고 보는 것이다. 그리고 이 가설은 상당히 일리가 있는 것으로 점차 확인되고 있다.

4. 뇌와 성호르몬

그러면 남자와 여자의 뇌 구조 차이가 선천적인 것인지, 아니면 후천적으로 획득되는 것인지를 어떻게 증명할 수 있을까? 즉, 남자와 여자가 성장하면서 접촉하는 환경적 요소들이 다르기 때문일까? 아니면 성호르몬 등의 생물학적 요인이 처음부터 작용하고 있는 것은 아닐까? 결론은 남자와 여자의 뇌는 태어난 순간부터 구조가 다르다는 것이다. 남자에게는 여성과 달리 Y염색체가 있다. 그 Y염색체가 바로 남성을 결정하는 역할을 한다. Y염색체에 있는 특정한 유전자가 원시생식기관을 남성 고환으로 자라도록 지시한다. 어린아이들에게서는 남성화라는 것이 그렇게 뚜렷하지 않지만 X염색체만을 가지고 있는 여성과 분명하게 다른 생식, 생리, 생화학적 패턴을 나타내게 되는 것이다. 그리고 그 구조적인 차이에 더하여 성호르몬이 더욱 그 차이를 벌려 놓는다는 것이다. 여기에 작용하는 대표적인 호르몬이 남성의 테스토스테론과 여성의 에스트로겐이다.

뇌는 이처럼 성호르몬들의 영향을 받는다. 그러나 단순히 이 두 가지 호르몬에 의해서 모든 것이 결정되는 것은 아니다. 신경학자들은 남자의 뇌가 여성보다 평균 약 10 퍼센트 정도 더 크다는 것도 알아냈다. 그럼에도 불구하고 “단순히 뇌의 크기만으로 남자와 여자의 인지, 정서적 차이가 야기된다”라고 말하는 것은 옳지않다.

5. 여성과 남성의 대화

대화에서도 마찬가지다. 여성은 넌지시 남성이 이해할 수 없는 어떤 언어나 눈길을 던짐으로써 그 남성을 테스트하거나 유혹하기도 한다. 그러나 남성은 그 의미가 무엇인지 알아차리는 데 한참 시간이 걸린다. 즉 간접적으로 전달하는 방식에 있어서 여성은 영리하지만 남성은 상대적으로 둔감하다는 뜻이다. 남성의 경우에는 직접적이고 구체적으로 이야기해주어야 그 사실 하나만을 알아듣는 반면, 여성은 간접적으로 이야기를 해도 빠르게 알아듣는 것이다. 즉 남성은 말하는 것이 그대로인 반면 여성은 말하는 것과 실제 의도가 틀릴 수 있다는 것이다. 그래서 여성들은 남성에 비해 대화에서 훨씬 더 우위에 있는 것처럼 보이고 남성들은 종종 이런 간접적인 언어에 대해 당혹스럽고 혼란해한다.

표 8-1 남, 여의 행동 양식 차이

성별	남성	여성
문제 해결 방식	체계화된 접근	감정적 접근
다중 작업 능력	낮다	높다
감정조절	높다(직선적 언어 사용)	낮다(간접적 언어 사용)
과제 해결 능력	높다	낮다
스트레스 대응	행동 우선	판단 우선
동일한 성에 대한 반응	공격성향	돌봄과 배려

6. 뇌에 영향을 미치는 물질들

우리 뇌에 영향을 미치는 화학물질은 70여 종류가 알려져 있다. 여기에는 호르몬도 당연히 포함된다. 그러나 이런 물질들은 때로 시너지 효과를 보이면서, 또는 상호 보완적으로 작용하기 때문에 각각의 반응 기작을 단정적으로 이야기하기는 쉽지가 않다. 그래서 뇌과학은 계속 연구가 필요한 영역이다.

일반적으로 여성은 남성보다 관계적 차원에서 더 섬세하고 민감하다. 여러 가지 촉각이나 통증, 또 냄새와 접촉, 심지어는 시각이나 후각, 청각까지도 여성들이 훨씬 민감한 것처럼 반응을 나타낸다. 한편 물건을 쉽게 잃어버리는 건 일반적으로 남성이고, 잃어버린 물건을 쉽게 찾는 것은 여성이다. 남성은 맡지 못하는 냄새까지도 여성은 쉽게 맡아 물건을 찾아내기 일쑤이고, 대화 중에도 손을 만지는 등 스킨십을 동반하여 친밀감을 찾아내려 애쓰는 경우가 많다. 모든 감각은 뇌와 연결되어 있기 때문에 이런 행동 패턴의 차이는 결국 남성과 여성의 뇌 구조로부터 야기되는 것이다. 그리고 이런 것들은 심리 상태와 직접 연결이 된다.

일부 보고에 의하면 공격이나 스트레스에 대한 분노를 통제하는 데 작용하는 뇌 부분이 여성이 더 큰 것처럼 나타났다. 이 말은 여성이 큰 충격에 저항하고 대처하는데 더 초연하다는 뜻이다. 그러나 이것 역시 계속적인 연구가 필요한 부분이다.

7. 성호르몬의 작용

테스토스테론이 하는 일은 남성의 적극성과 공격성을 키워주는 것이다. 테스토스테론이 작용하는 기관 중 특히 시상하부는 남성이 여성보다 훨씬 크다. 그 때문에 테스토스테론에 더욱 강하게 반응할 수 있고 성생활에서도 남성이 더욱 공격적이다. 여성은 테스토스테론의 수치도 낮고 시상하부의 크기도 더 작다. 그래서 성적 충동을 느끼는 데 있어 상대적으로 적극적이지 않다. 이 차이는 여러 가지 남성과 여성의 행동 패턴에 대해서 영향을 주게 되고 관계와 심리에 대해서도 당연히 영향을 줄 수밖에 없다.

테스토스테론은 성격이나 기분을 좌우하기도 한다. 테스토스테론이 많아지면 사회생활에서 다른 사람과의 경쟁심이 늘어나며, 결과적으로 주어진 사회적 임무에 대해서 더욱 성실하게 대처하게 된다. 그러면 만일 여성에게 테스토스테론을 처방하면 좀 더 공격적이 되지 않을까? 물론 실험적 데이터는 없지만 여성에게서도 다소 공격성이 증가할 수 있어서 어느 정도의 효과는 볼 수 있으리라 추정해볼 수는 있다. 그래도 남성만큼 되지는 않을 것이다. 왜냐하면 여성의 뇌에는 테스토스테론에 대한 수용체가 남성보다 적기 때문이다.

8. 바소프레신

시상하부에서 분비되는 또다른 호르몬 중에 바소프레신(vasopressin)이라는 것이 있다. 이 바소프레신 역시 남성이 보다 적극성을 띠게 하고 또한 책임감 있는 행동을 취하게 한다고 알려져 있다. 그래서 남성이 더 가정에 대한 책임감을 느끼게 되고, 적극적으로 가정을 지키려고 하는 현상을 나타낸다는 것이다. 중요한 것은 청각을 비롯해 어떤 감각이든지간에 여성은 좌뇌와 우뇌를 동시에 사용하고 또 이 둘을 서로 연결시켜 정보를 분석한다는 것이고, 남성은 한쪽만 사용하는 것처럼 보인다는 것이다. 그렇기 때문에 남성은 더욱 빠르고, 충동적으로 행동하는 반면 여성은 더많이 분석하고 그런만큼 더욱 차분한 성격을 보이게 되는 것이다.

9. 옥시토신

옥시토신(oxytocin)은 여성에게서 더 많이 분비되고 또 여성에게 작용한다고 알려져 있는 호르몬이다. 옥시토신 때문에 여성의 모성애도 남성보다 훨씬 큰 것으로 나타나 있다. 옥시토신 수치가 높을수록 사람들과의 관계에서 민감하고 또 밀접한 그런 현상을 나타낸다. 또한 옥시토신은 성적으로 충분함을 느끼게도 하고 또 모유 수유 시에도 여성에게 충만함을 느끼게 해주기 때문에 옥시토신이 증가할수록 여성은 더욱 만족스러워진다. 비록 상대적이기는 하지만 남성에서도 옥시토신 분비가 증가하면 여성과 함께 있을 때의 기쁨이 더

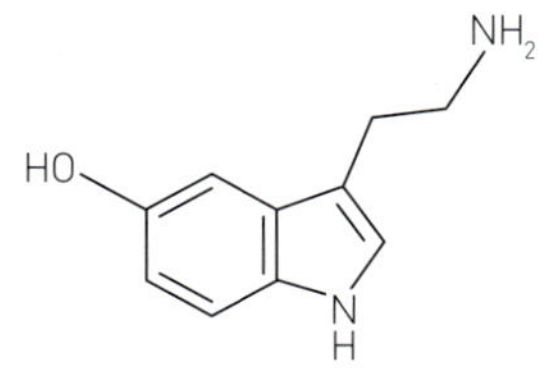

그림 8-3 세로토닌

배가된다는 보고가 있다.

10. 세로토닌

세로토닌(serotonin)은 기분, 행동, 불안 등 신경활동을 조절하는 호르몬이다. 차분한 성격과 감정적으로 가라앉은 상태를 유지시켜 주는 호르몬이다. 세로토닌의 양은 일반적으로 여성들이 높다. 그렇기 때문에 여성들은 어떤 일들을 처리함에 있어서 비교적 조용하고 차분하며 흥분하지 않는 편이다. 때로는 지나치게 차갑다고 보일 정도로 냉정을 유지시켜 주는 그런 호르몬이다. 반대로 세로토닌이 낮으면 흥분하기 쉽고 또 동시에 옥시토신이 낮으면 사람들과의 유대감이 떨어진다. 사람들과의 관계를 생각하기보다는 자신만의 생각을 밀어붙이기가 더 쉬워지며 이에 테스토스테론까지 높아지면 보다 적극적이고 공격적으로 된다. 만약 바소프레신까지 높다면 행동은 더욱더 공격적으로 될 수밖에 없다.

11. 에스트로겐

에스트로겐은 흔히 여성호르몬이라고 알려져 있다. 배란 전 난포가 발달하면서 그 난포에서 분비되는 호르몬인데 에스트로겐의 생물학적 역할은 여성을 더욱 여성답게 만드는 것이다. 신체 여러 부위에 지방을 축적시켜 부드러운 몸매를 유지하게 만들고 이차성징을 나타내게 한다. 성격적으로는 차분하고 더욱 섬세한, 그리고 명확한 사고를 하도록 유도해준다. 폐경기에 다달한 여성은 에스트로겐 양이 당연히 줄어든다. 그러면서 상대적으로 평소에는 적었던 테스토스테론의 역할이 부각된다. "나이가 들면 여성의 성격이 남성처럼 변하고 적극적이 된다"라고 흔히 하는 이야기의 생물학적 원인이 에스트로겐이다. 에스토로겐이 많고 적음에 따라 여성은 월경 기간 내내 기분이 변화할 수 있다. 자존감도 에스트로겐에 의해 유지가 되고 일에 대한 즐거움이나 열정 또한 에스트로겐이 좌우하기 때문에 여성에게는 매우 중요한 호르몬이 아닐 수 없다.

12. 프로게스테론

임신호르몬이라고도 불리는 프로게스테론은 배란 직후에 그 수치가 높아진다. 생물학적으로는 자궁내막을 안정화시키는 역할을 한다. 즉, 혹시라도 임신이 될 수 있는 상태에서 여성의 기분을 안정시키고 행복감과 만족감이 계속 유지되도록 만들어준다. 그런데 만약 프로게스테론이 지나치면 오히려 여성이 우울증에 빠질 수도 있다. 이외에도 도파민이나 엔돌핀 같은 호르몬들은 여성에게 편안함을 주고, 만족감과 함께 사랑의 감정을 증가시킨다. 친근함, 따스함, 안정감, 이런 정서적 감정들을 부여하는 것이다.

터너증후군 여성은 X염색체가 하나밖에 없는 경우이다. 이 X염색체를 엄마 쪽에서 받느냐, 아빠 쪽에서 받느냐에 따라 공감 능력과 사회성이 결정된다. 일반적으로 아빠 쪽에서 받은 아이들이 사회성이 더 우수한 것으로 알려져있다. 반면 엄마 쪽에서 받은 아이라면 공감 능력이 더 뛰어날 것으로 가정해볼 수 있다.

이 모든 것이 유전자의 지배 아래 있다. 머지않은 미래에 유전자 차원에서 질환들의 발병 가능성을 설명하게 될 것이고, 심지어 치료도 가능해질 것이다. 성격, 자아, 심리 역시 유전자 차원에서 설명되고, 바꾸어줄 수 있으리라 확신하는 과학자도 있다. 그럼에도 불구하고 유전자가 모든 것을 결정한다고 이야기하기에는 아직 이르다. 왜냐하면 유전자가 특정한 호르몬의 발현을 좌우하기는 하지만 결국 호르몬이 작용하는 그 시점에서의 신체 내 환경이 어떤가에 따라 최종 결과들이 결정될 것이기 때문이다.

13. 인히빈

여성이 스트레스를 받으면 생식주기가 변할 수 있다는 점, 그리고 뇌가 직접 생식기능을 통제한다는 것은 잘 알려진 사실이다. 남성의 경우에는 이 관계가 그다지 뚜렷해 보이지 않는다. 그럼에도 불구하고 남성도 어느 정도는 뇌가 생식기능에 관여한다고 추정되는데 정자 생산을 억제하는 인히빈(inhibin)이라는 호르몬이 뇌에서 분비된다고 보고되었다. 지

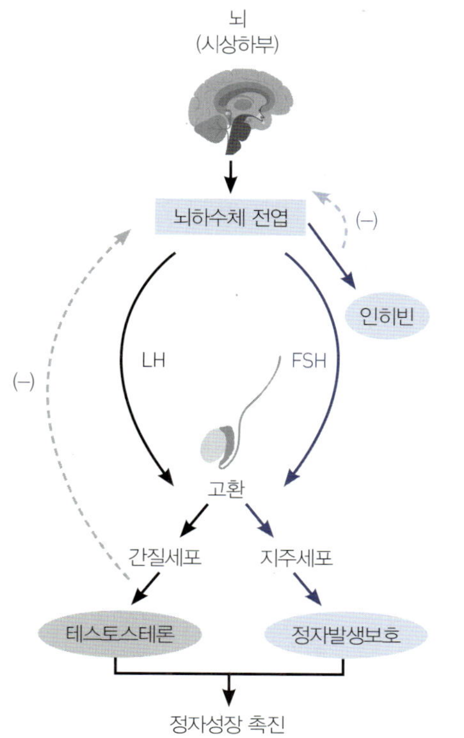

그림 8-4 인히빈의 작용

나친 스트레스는 남성의 정자 수 감소나 비정상적인 정자의 양산을 불러일으킬 가능성이 있다. 한 가지 다행스러운 것은 각종 약물과 감기로부터 정자가 철저하게 보호된다는 사실이다. 정세관에는 혈-고환장벽(blood-testes barrier)이라는 구조가 있어서 발달 중인 정자를 바깥 혈액으로부터 철저하게 분리시킨다. 이 보호 장치 덕분에 정자는 약물로부터 안전할 수 있는 것이다. 만약 정자가 약물과 감기로부터 보호받지 못한다면 그 결과는 참담할 것이다. 평생 감기 한번 앓지 않는 사람은 없을 테니까 이 세상에 정상적인 아기를 낳을 수 있는 남자가 거의 사라지고 말 것이다.

14. 호르몬의 상호 작용

이상의 호르몬들은 서로 얽혀서 작용한다. 종합적으로 볼 때 남성들은 여성에 비해 생각하고 행동하기보다 먼저 저질러 놓고 후회하는 패턴을 보인다. 물론 모두에게 적용되는

건 아니지만 말다툼을 하면 남성이 여성을 이길 수 없는 이유도 이런 호르몬의 상호작용으로 설명할 수 있다. 남성이 차분하게 아기를 육아하기 어려운 이유도 이런 호르몬의 상호작용 결과이다. 특히 스트레스 반응에 대해 생각해보면 남자들이 쉽게 화를 내는 반면 여성들은 너무 냉정한 반응을 보여 이것이 더욱더 남자들의 화를 북돋는 경우가 있다. 남자들은 일반적으로 감정을 쉽게 표출하고 공격적으로 표현하는 반면 여성들은 그럴수록 사건의 진위와 대응방법을 차분하게 분석하는 경향이 짙다.

표 8-2 남, 여의 호르몬 차이

호르몬	남성	여성
에스트로겐	낮다	높다
테스토스테론	높다	낮다
프로게스테론	낮다	높다
세로토닌	낮다	높다
옥시토신	낮다	높다
바소프레신	높다	낮다

09

뇌, 손상과 노화

〈단기기억과 장기기억, 망각〉

1. 인간의 뇌와 동물의 뇌

뇌가 지능의 핵심적인 구조라는 것을 우리가 어떻게 알 수가 있는가? 박테리아 같은 단세포 생물도 지능이 있는가? 움직이지 못하는 식물도 지능을 가지고 있는가?

관찰에 의하면 세균도 빛을 쪼이면 빛의 방향으로 움직이고, 좋아하는 물질을 주면 그쪽으로 움직여 이동해가는 것을 본다. 그럼에도 불구하고 우리는 이것을 지능이라 부르지 않는다. 해바라기도 해가 있는 쪽으로 얼굴을 돌리고, 빛의 방향으로 꼬부라지기까지 한다. 이런 성질을 우리는 지능이 아니고 주성이라고 부른다. 즉 외부에서 받는 자극에 의해 특정한 방향으로 운동하는 것은 세균이나 식물이 지능이 있어서 그런 것이 아니라는 것이다. 세균과 식물은 분명하게 뇌를 가지고 있지 않다. 이것은 다만 원초적인 반응이며, 일종의 화학적 반응이라고 할 수 있을 것이다.

그러나 동물은 분명하게 다르다. 특히 인간의 뇌는 더욱 다르다. 뇌를 통해서 신체의 모든 부분을 제어하고, 부분적인 지능에 기반을 둔 생각을 부여한다는 점에서는 비슷하지만 동물의 뇌와 인간의 뇌는 분명한 차이가 있다. 동물의 뇌와 달리 인간의 뇌는 감성과 같이 추상적인 것, 심지어는 종교와 미래에 대한 가능성까지도 유추할 수 있는 능력이 있다. 그리고 그에 따라서 자기의 행동 패턴을 결정해 나간다.

2. 신경생물학

운동 능력, 기억능력, 감정 등이 뇌의 어느 특정한 부분과 연결되어 있는지는 지난 십 수년간 연구의 주요 목표가 되어 왔다. 특히 이 분야를 신경생물학이라고 따로 지칭하는데 그렇게 해서 만들어진 뇌의 전체적인 모습을 뇌지도(brain map)라고 말한다.

일반적으로 뇌의 무게는 약 1.15 kg 정도이다. 자기 몸무게의 약 2퍼센트에 해당한다. 그 안에는 약 1,000억 개의 신경세포가 들어있는데 우리 은하계에 있는 별들의 숫자와 비슷하다고 생각하면 뇌가 얼마나 웅대하고 복잡한지 이해가 될 것이다.

뇌는 살아있는 기관이다. 계속해서 특정한 영양분과 산소의 공급을 필요로 한다. 산소가 부족하면 저산소증(hypoxia) 또는 무산소증(anoxia)에 빠지는데 몇 분 내로 뇌의 기능이 멈출수 있기 때문에 대단히 위험한 상태이다. 고산병이 무산소증을 일으킬 수 있다. 뇌가 사용하는 주된 영양분은 포도당과 케톤이다. 영양분이 결핍되어도 뇌가 버틸 수 없다. 관점에 따라서는 뇌가 신체 기능상 가장 중요하고, 소화기관, 호흡기관 등 기타 조직들은 뇌가 필요로 하는 영양소와 산소를 공급하기 위한 부속기관이라 볼 수도 있다.

원할한 산소와 영양분의 공급을 위해서는 혈류가 뇌를 끊임없이 통과해야 한다. 이를 위해 심장에서 공급하는 혈액의 20% 정도가 항상 뇌로 공급되고 있다. 그리고 혈액 속에 독성물질이 있으면 안 되기 때문에 뇌세포와 혈류 사이에는 혈-뇌 장벽(blood-brain barrier)이라고 하는 특정한 장치가 가로 놓여있다. 이로 인해 독성물질을 걸러내어 뇌를 보호하는 것은 좋지만 때로 뇌 속에 어떤 질환이 생겼을 때 약물치료가 어려운 원인이 되기도 한다. 왜냐하면 이 장벽을 약물이 쉽게 통과할 수 없기 때문이다.

음주 역시 노화를 가속시키는 주요 원인이다. 혈-뇌 장벽에도 불구하고 알코올은 비교적 쉽게 이 장벽을 통과하기 때문이다. 알코올이 영향을 미치는 주요 부위는 기억을 만들어 내는 해마, 그리고 기억을 장기 저장하는 전두엽이기에 그 폐해가 더 심각할 수밖에 없다.

3. 뇌 연구의 문제점

그렇다면 해부학적으로는 사람과 동물의 뇌 구조가 어떤 구조적 차이를 보이는지 그 비교 기준을 먼저 마련해야 할 것이다. 그래야 지능과 관련된 실험에 적합한 동물모델을 찾을 수 있기 때문이다. 이 작업은 매우 어려운 일이다. 대부분의 동물은 인간과 동일한 형태의 지능이 없기 때문에 동물의 뇌를 가지고 실험을 해도 밝혀낼 수 없는 한계가 분명히 있다. 사람은 실험동물이 아니기 때문에 살아있는 뇌를 대상으로 연구하기는 더욱 불가능하다.

그럼에도 불구하고 과학자들은 뇌의 활성화, 비활성화 상태를 비교하기 위해 여러 가지 도구들을 활용하고 있다. 현재 가장 적합하게 보이는 도구는 fMRI(functional Magnetic Resonance Imaging)이다. 뇌의 노화 정도를 파악하기 위하여, 즉 뇌의 연령이 실제 나이와 어떻게 다른지를 파악하는 데에도 MRI 촬영과 AI 기술이 적용되고 있다. 이 첨단 기술들은 뇌의 부피를 측정하고 생리학적 특징을 조사해서 뇌의 생물학적 나이를 알아내는 데 매우 유용하다.

4. 중추신경계와 말초신경계

신경계는 크게 중추신경계와 말초신경계로 나뉜다. 뇌와 척수는 중추신경계에 속한다. 이들은 신경계에서도 가장 중심이 되는 부분으로 감각기관에서 받아들인 정보를 분석하고, 운동기관에 적절한 대응 명령을 내리는 부분이다. 말초신경은 눈, 코, 귀같은 감각기관과 맞닿아서 정보를 받아들이거나 뇌로부터의 명령을 운동기관에 직접 전달하는 신경들이다.

5. 신경세포

뇌의 기본 단위는 신경세포이다. 그리고 신경세포가 모인 것을 신경계라고 말한다. 신경계의 기능은 정보를 받아들이는 것, 또 그 정보를 기억하는 것이다. 뇌는 신경계의 핵심부위로서 받아들인 정보를 분석하고, 그 분석된 정보에 따라 신체 각 부위를 통제하는 일을 담당한다. 신경계는 전기적인 신호에 의해 작용한다. 신경세포는 기능에 따라 여러 종류가 있어서 각각 고유한 기능을 발휘한다. 앞으로의 연구는 서로 다른 신경세포에서 만들어낸 정보들이 어떻게 통합적으로 합쳐지고, 조화있게 기능을 발휘하는지에 초점이 맞추어질 필요가 있다.

신경세포의 기본 구조는 수상돌기, 세포체, 축삭들이다. 수상돌기는 세포체에서 뻗어나온 짧은 돌기로서 주변 세포들로부터 전해오는 정보를 받아들이기 위한 일종의 안테나 역할을 한다. 세포체에는 핵이 들어있다. 또한 핵이외에 미토콘드리아, 소포체 등 세포소기관들이 있어 세포가 살아가기 위한 기본 기능을 수행한다. 축삭은 전기적 신호를 직접 주변 다른 세포로 전달하는 돌기이다. 축삭의 길이는 1 mm ~ 수 미터에 이르기까지 다양하다. 신경세포에는 수초가 없는 무수신경(자극의 전도가 느림)과 수초로 둘러싸인 유수신경(자극의 전도가 빠름)의 2종류가 있다.

신경계는 신경세포와 신경교세포, 그리고 혈-뇌 장벽으로 구성되어 있다. 신경세포의 주된 에너지는 포도당이다. 대부분의 세포들은 포도당은 다당류인 글리코겐 형태로 저장하지만 신경세포는 글리코겐을 스스로 저장할 수 없기 때문에 에너지를 전적으로 혈당량에 의존할 수밖에 없다. 혈당량이 급격히 감소하면 혼수상태에 빠지는 이유가 바로 이것이다.

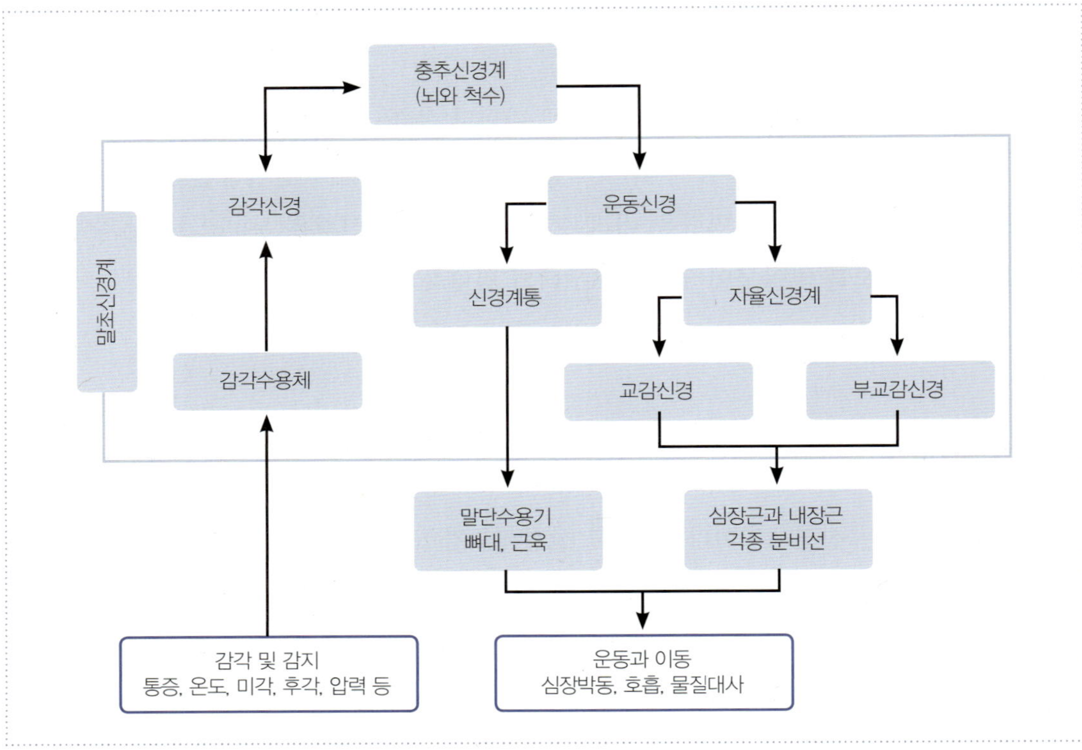

그림 9-1 신경계통

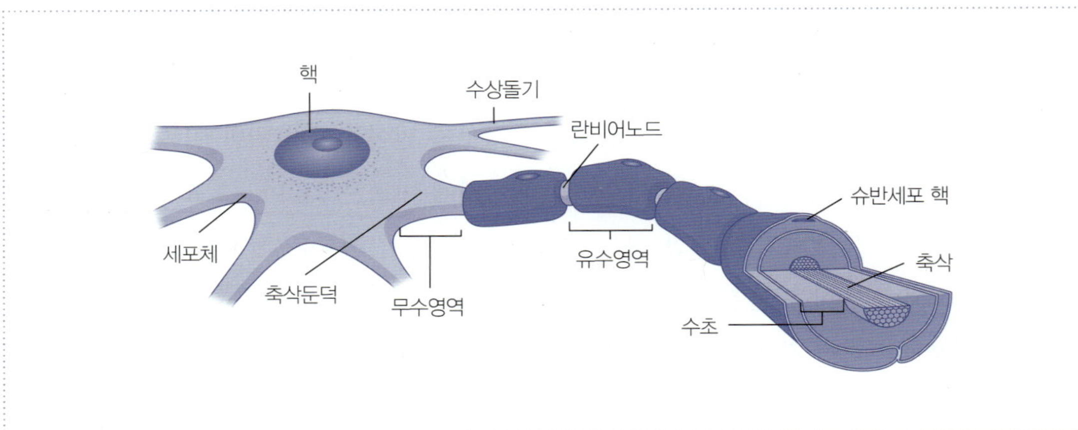

그림 9-2 신경세포

신경세포는 위치와 기능에 따라 세 가지로 다시 나눈다. 감각신경세포는 주변으로부터의 정보를 받아 중추신경계로 전달해준다. 중추신경계의 대부분은 중간신경세포이다. 중간신경세포는 감각신경세포로 부터의 정보를 또 다른 신경세포에게로 연결해 준다. 중간신경세포들 사이에서 일어나는 정보 교환이 곧 기억이다. 뇌는 새로 들어오는 정보들을 이 저장된 기억과 비교한 다음 적절한 대응 명령을 내리는 것이다. 운동신경세포는 말단운동기관에 이렇게 분석된 명령을 전달해주는 신경세포이다. 전달된 명령에 따라서 근육은 수축과 이완을, 내분비선은 호르몬 분비를 할 수 있다.

6. 신경교세포

신경세포는 살아가기 위해 다른 세포들의 도움을 필요로 한다. 이 도움세포가 신경교세포이다. 신경교세포는 신경세포 주변에 위치해서 영양분도 공급하고, 혈-뇌 장벽도 만들어준다.

중추신경계에 위치한 희소돌기세포는 수초를 형성해준다. 성상세포는 혈-뇌 장벽을 만들어 뇌가 독성물질에 의해 파괴되는 것을 막아준다. 미세아교세표는 대식작용으로 뇌를 보호하고, 뇌실막세포는 층을 이루어 뇌의 안쪽을 덮고 있다. 말초신경계의 신경교세포로는 슈반세포(Schwann cell)와 위성세포가 있다. 슈반세포는 수초를 형성하고, 위성세포는 세포체를 보호한다. 희소돌기세포가 여러개의 신경세포를 동시에 수초로 감싸준다면 슈반세포는 하나의 신경세포 축삭을 각각 감싼다는 점에서 차이가 있다.

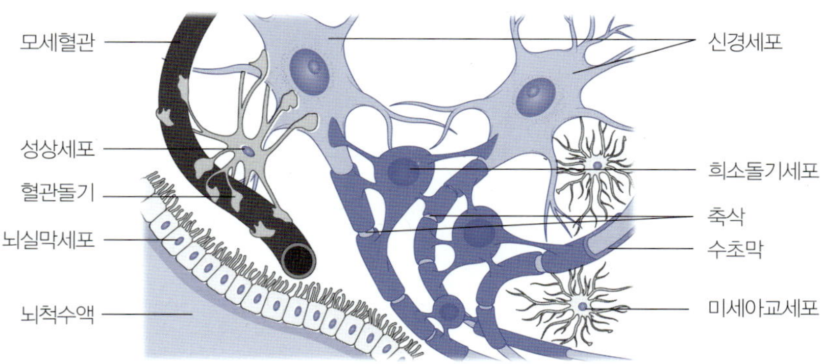

그림 9-3 신경교세포

7. 혈-뇌 장벽

신경세포는 고도로 분화되었기 때문에 아주 정교한 환경에서만 살아갈 수 있다. 혈-뇌 장벽은 세포와 세포 사이가 강한 연접으로 붙어있어 뇌에 공급되는 혈류에서 독성물질을 걸러내는 역할을 한다. 이처럼 철저한 방어에도 불구하고 여전히 혈관 벽을 그대로 통과하는 물질들이 있다. 알코올, 니코틴, 카페인, 헤로인 등 해롭다고 알려진 물질들이다.

8. 시냅스

전기신호가 축삭의 끝까지 도달하면 신경전달물질이 분비되어 다음 신경세포로 전달된다. 두 개의 신경세포를 연결해주는 공간을 시냅스라 부른다. 신경세포의 축삭에서 분비된 신경전달물질은 다음 신경세포의 수상돌기로 전달된다. 이것이 곧 계속적인 자극의 전도로 이어진다.

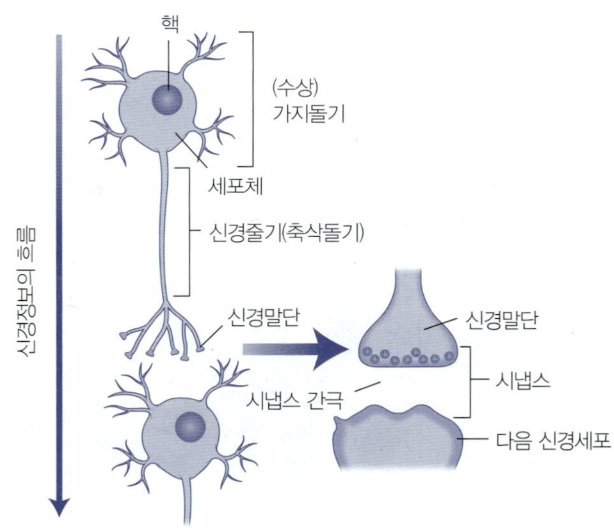

그림 9-4 시냅스

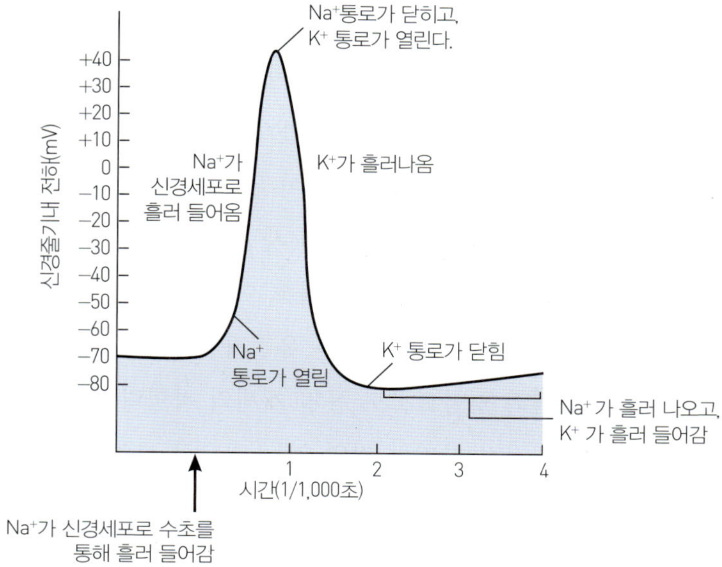

그림 9-5 활동전위

9. 활동전위

신경세포가 자극에 반응하는 것을 활동전위라고 한다. 활동전위는 자극이 축삭을 따라 전달되는 동안 주기적으로 반복된다. 축삭을 자극하면 흥분이 일어나서 바깥으로부터 Na^+가 세포 안으로 유입된다. 그리고 자극이 중지되면 더 이상의 Na^+ 유입을 막기 위해 Na^+ 채널이 닫히고, K^+ 채널이 열리면서 세포 밖으로 K^+가 빠져나온다. 즉, 유입된 Na^+에 상당하는 만큼 K^+가 빠져나와 전기적 성질을 보상해주는 것이다. 이것이 곧 활동전위이고, 신경자극이다. 활동전위가 축삭을 따라 이동하는 것이 곧 자극의 전달(흥분)이다. 이러한 흥분은 축삭 끝에 도달할 때까지 계속해서 이어진다.

10. 기억유전자

그렇다면 과연 기억력과 관련된 특정한 유전자가 있을까? 즉 어떤 사람은 타고나면서부터 좋은 기억력을 가지고 태어나고 어떤 사람은 상대적으로 기억력이 좋지 않게 태어날 수가 있는 것일까? 생쥐의 실험을 통해서 본 결과는 이 말이 상당히 신빙성이 있음을 보여준다. 미로를 설치해놓고 두 마리의 생쥐를 동시에 출발시켰을 때 쉽게 통과하는 생쥐는 특정 유전자가 그만큼 더 발달되어 있는 것으로 확인되었다. 쉽게 표현하자면 IQ 유전자가 태어날 때부터 강화되어 있거나 안정되어 있는 쥐는 기억력이 더 좋다는 것이다.

사람의 경우는 물론 훨씬 복잡하다. 적어도 일곱 개 이상의 유전자가 기억과 연관되어 있다고 보고되어있다. 그리고 이 숫자는 연구가 거듭될수록 더 늘어날 것으로 보인다. 단지 몇몇 개의 유전자에 의해 그 개체의 기억력이 완전히 결정된다고 볼 수는 없는 이유는 환경의 영향도 무시할 수 없기 때문이다. 어떤 사람은 80% 정도가 유전자에 의해서, 그리고 나머지 20% 정도가 환경에 의해서 결정된다고 이야기하지만 전문가들 사이에서도 의견이 서로 분분하다. 면밀한 관찰에 의하면 좋은 유전자를 갖췄다고 해서 무조건 좋은 기억력을 가지는 것이 아니고 환경적 영향으로도 동일 개체의 기억력은 상당히 바뀌기 때문이다.

의외로 성별에 따른 유전적 차이는 거의 없는 것으로 보인다. 부부간에 서로를 탓하면서 "당신 머리를 닮아 아이가 공부를 못한다"고 핀잔하는 것은 아무런 생물학적 근거가 없는 말이다.

즉 재능있는 사람이 좋은 유전자를 가지고 태어나더라도 주변의 환경이 그것을 키워줄 만한 바탕이 되지 못하면 제대로 발휘할 수 없다는 것이다. 반면에 비록 유전자는 최고가 아닐지라도 좋은 환경에서 양육을 받으면 그만큼 태생적 유전자가 최대한으로 일할 수 있도록 훈련된다는 뜻이다. 예를 들면 절대 음감이 여기에 해당된다. 절대 음감은 타고난 유전자로 결정되는 것이지, 훈련에 의해 결정되는 것이 아니다. 그러나 노력하지 않으면 아무리 좋은 절대 음감을 타고났더라도 천재적 재능이 절로 습득될 수는 없다. 언어능력이나 운동 능력도 이와 마찬가지이다. 결국 이런 것들은 모두 환경이 어느 정도 뒷받침하느냐에 의해 바뀔 수 있기 때문에 노력이 함께 필요하다.

11. 뇌의 정보처리 능력

뇌는 약 10,000조 개의 정보를 1초 내로 처리할 수 있다. 인간이 만든 슈퍼컴퓨터가 1초당 1,000조 개의 정보를 다룰 수 있으니까 아직까지는 우리 인간의 뇌가 최고의 슈퍼컴퓨터보다 최소 10배 이상 우수하다는 이야기이다. 인공지능의 발달 속도가 아직 인간의 뇌를 따라오려면 멀었다고 볼 수 있다.

12. 뇌손상과 노화

나이가 들수록 뇌세포의 수가 점차 줄어든다는 연구 결과가 발표된 적 있다. 기억력이 쇠퇴되고 머리가 점점 둔해진다는 이야기인데 그에 따라 반응속도 역시 느려진다. 그러나 뇌의 기능은 단순히 신경세포의 수에 의해서만 결정되지 않는다. 신경세포와 신경세포 간의 대화, 즉 시냅스 회로가 얼마나 활발하게 작용하고 있는가에 따라 더 많이 좌우된다. 게다가 뇌의 부위에 따라 신경세포의 숫자 역시 나이와 상관없이 변할 수 있다. 어떤 연구에서는 기억을 담당하는 해마 부위의 신경세포가 나이가 들수록 오히려 증가한다고 발표된 바 있다. 어떤 이들은 신경세포의 수보다 더 중요한 것은 단위면적당 밀집도, 즉 신경세포가 몇 개 존재하는지가 더 중요하다고 강조한다. 여성들이 상대적으로 더 작은 뇌를 가지고 있음에도 불구하고 언어감각이 더 뛰어난 것은 바로 신경세포의 밀도가 높기 때문이라는 것이다.

DHEA (Dehydroepiandrosterone) 부족 또한 뇌의 퇴화를 촉진시킨다. DHEA는 부신에서 만들어져서 손상받은 세포를 회복시켜주는데 이 호르몬이 부족하면 피부와 근육이 동시에 늙어버린다. DHEA를 회춘호르몬이라 부르는 이유도 여기에 있다. 뇌의 퇴화를 막기 위해서 DHEA의 체내 합성을 조절할 수 있다면 이 또한 뇌를 보호하는 방법 중 하나가 될 것으로 본다.

13. 기억과 건망증

술을 지나치게 마시면 단기 기억이 사라진다. 이는 해마(hippocampus)에서의 신경세포가 상당 부분 상처를 입기 때문이다. 기억을 저장하는 전두엽 역시 알콜로 인해 쉽게 손상을 입는다. 이렇게 알콜로 인한 신경세포의 잠식이 되풀이하여 일어나면 결국에는 단기 기억뿐 아니라 장기 기억까지도 손상받을 수 있다.

해마는 우리 뇌에서 가장 중요한 기억장치이다. 그리고 기억과 인지능력은 곧 심리라고 볼 수 있다. 해마는 기억을 만들어내지만 저장하지는 않는다. 간질환자들에게서 해마를 수술로 제거하면 수술 이전의 일은 잘 기억을 하지만 새롭게 발생하는 일들을 기억하지 못하는 것을 보면 이를 알 수 있다. 즉 해마에서는 기억을 만들어서 다른 부위로 보내고, 그 다른 부위에서 기억을 저장하는 것이다. 다시 말해 기억을 만드는 것은 해마, 저장하는 것은 전두엽 등 뇌의 다른 부분이다. 일단 전두엽이 기억저장장치로서 알려져 있지만 더 정확하게 뇌의 어느 부분, 또는 어느 부분들이 어떤 장 · 단기 기억을 저장하는 지에 대해서는 계속해서 연구가 필요하다.

간혹 건망증과 기억상실을 혼동하기도 한다. 건망증은 어떤 사실을 잠시 깜박 잊어버리는 것이다. 건망증은 사실을 잊어버리기 전에 있었던 것과 비슷한 상황을 만들어주면 금방 “아 맞아, 그랬어”라고 되살릴 수 있는 증상이다. 그러나 치매는 다르다. 건망증이 기억을 불러내지 못할 뿐 완전히 사라지는 것은 아닌데 비해 치매는 기억 자체가 완전히 사라지는 것이다. 앞서 말한 알코올로 인한 단기 기억은 물론 중독되고 반복되면 위험성이 있지만 술이 깨면 예전 기억이 되돌아오기 때문에 엄밀한 의미에서 기억상실이라기 보다는 단기적인 건망증이라 할 수 있다.

14. 뇌의 사용량

흔히 태어나서 죽을 때까지 뇌 전체 용량의 10퍼센트 정도밖에 사용하지 못한다고 말한다. 그러면 나머지 90퍼센트는 잉여 부분이란 뜻으로 사용하지 못하고 아깝게 낭비되는 부분이란 뜻이다. 과연 그럴까? 그렇지 않다. 정확한 표현은 “뇌의 기능적 용량이 100이라고 할 때 실제로는 뇌의 모든 부분을 골고루 사용하지만 10퍼센트 정도의 능력밖에는 나타내지 못하고 있다”라고 표현하는 것이 더 정확할 것이다.

15. 뇌 인지 및 심리의 중추적 역할

결론적으로 뇌의 어느 부분이 인지 능력을 부여하고 또 사람의 심리를 좌우하는 것일까? 과연 지금까지의 연구들로 축적된 정보는 뇌의 기능을 충분히 설명할 수 있을 정도인가?

뇌는 대뇌, 소뇌, 중뇌, 간뇌 등 여러 부위로 나눠지기도 하고, 또 바깥 부분을 이루는 피질과 안쪽을 이루는 수질로 나뉘어지기도 한다. 세부적으로는 해마, 전두엽, 후두엽 등 다양한 부위로 다시 나뉘어진다. 우리가 특히 주목할 부분은 해마 부분이다. 자전거를 타다가 넘어져 다친 사람의 해마를 수술로 제거하였더니 사고 이전의 모든 기억이 사라진 보고가 있다. 그러나 새롭게 경험한 기억들은 해마가 제거된 이후에도 계속 남는다는 사실이 관찰되었다. 이 말은 해마 이외에 다른 기억저장소가 있다는 뜻이다. 해마가 기억을 만들면 이것이 기억저장소에 저장된다고 보는 것이 맞다. 이 두 가지의 기억중추로 인해서 뇌는 그 사람의 경험과 감정을 총괄 통제하고 있다.

술을 많이 마시고 단기적으로 기억이 사라졌을 때 뇌를 들여다보면 해마가 알콜로 인해서 크게 손상된 것을 알 수 있다. 해마에 있는 신경세포들과 시냅스들이 깨져나간 것이다. 알콜로 인해서 시냅스가 깨어져 나가다 보면 새로 축적된 기억들이 저장되지 못해 사라지게 되고 결과적으로 알코올성 치매를 거쳐 장기적인 기억상실로 이어진다는 것이다. 기억은 심리를 좌우하는 대표적인 기능이기 때문에 심리학에서는 해마를 중요하게 생각할 수밖에 없는 것이다

16. 알츠하이머와 β-아밀로이드

최근들어 뇌과학에서 활발하게 연구되고 있는 질환은 알츠하이머(Alzheimer)이다. "어리석다"라는 뜻의 치매라고 정의하는데 이 알츠하이머의 원인으로 지적되고 있는 것은 "β-아밀로이드(β-amyloid)"라고 하는 단백질이다. 이 단백질이 뇌에 쌓이면 독성으로 작성해서 결국에 세포를 죽이기 때문에 인지 장애가 나타날 수밖에 없다는 것이다. β-아밀로이드는 심지어 뇌 위축 증상을 불러일으키기도 한다. 그런데 이 β-아밀로이드가 정말로 치매의 원인인지, 아니면 치매의 결과인지는 아직 분명하지 않다. 왜냐하면 건강한 사람, 심지어는 젊은 사람에게서도 β-아밀로이드가 발견되기 때문이다. 결국 세월이 가면서 β-아밀로이드 양이 상당히 늘어나면 그때부터 본격적인 치매 현상이 나타난다.

쥐는 수명이 짧기 때문에 β-아밀로이드가 축적될 만한 충분한 시간적 여유가 없어서 치매에 걸리지 않는다. 그런데 β-아밀로이드를 쥐에게 다량으로 투여하면 치매환자와 비슷한 증상을 나타내는 것이 관찰된다. 그리고 죽은 쥐의 뇌를 조사해 보면 β-아밀로이드의 양이 상당히 축적되어 있는 것을 확인할 수 있다. 결국 이런 이유로 β-아밀로이드가 치매의 원인이라 생각하는 것인데 그렇다면 β-아밀로이드가 뇌에 쌓이지 않도록 하는 것이 신약 개발의 포인트가 될 것이다. 즉 "β-아밀로이드를 체내 합성하는 효소를 밝혀내고, 그 효소를 차단함으로써 치매를 예방할 수 있지 않을까"라는 것이 현대의학에서 추구하는 부분이다.

이외에도 치매의 원인으로 청력상실, 높은 LDL 콜레스테롤 수치, 우울증, 외상성 뇌손상, 운동부족, 당뇨병, 흡연, 고혈압, 비만, 과음, 사회적 고립, 공기오염, 시력상실 등 다양한 요인들이 보고되어있다.

17. 동물의 뇌

뇌는 동물에게만 있는 특수 조직이다. 뇌에서는 각종 정보를 받아들이고, 이를 정확히 분석해서 근육이나 분비선이 적절히 반응할 수 있도록 명령을 내려준다. 과학이 발달한 오늘날에도 아직 뇌의 모든 기능에 대해 정확히 알지 못하고 있다. 특히 뇌가 어릴 적의 기억을 수십 년 동안 어떻게 간직할 수 있는지, 그 기억을 어떻게 유지하는지 구체적인 기작에 대해 무수한 이론과 가설만 있을 뿐이다. 그러나 한 가지 분명한 것은 뇌를 가지고 있기 때문에 동물이 식물에 비해 기능적으로 우수하다는 것이다. 뇌로 인하여 동물은 첫째, 체내의 항상성이 유지되도록 신체 각 부위를 통합 조절할 수 있으며, 둘째, 뇌가 있기에 적절한 반응을 나타낼 수 있어 주변 환경 조건에 따라 신속하게 이동할 수 있다. 위험한 환경에서는 빠르게 빠져나와 몸을 보호할 수 있고, 먹이를 얻거나 교배하는 과정에서 더욱 적극적이다.

제 3 부

사회 속에서 삶 이해하기

10

생애주기별 발달과제

〈전 생애의 발달단계와 발달과제〉

인간 발달단계 개념은 인간의 탄생에서 사망까지 자연스러운 진행단계를 이해하는 데 필수적이다. 왜 어떤 사람이 그런 방식으로 행동하는가를 이해할 수 있게 해주는 지식기반을 제공한다. 본 장의 구체적 목표는 다음과 같다. 첫째, 생애주기와 발달과제의 개념과 원리를 학습한다. 둘째, 인간의 신체적 발달과정과 성격형성과정을 이해한다. 셋째, 전 생애에 걸친 인간 발달을 포괄하는 통합적인 관점인 에릭슨의 심리사회이론을 학습한다. 넷째, 생애 주기별 대표적인 과제를 이론적 관점에서 조망한다. 마지막으로 발달장애 아동의 개념, 유형 개입전략을 사례를 통해 탐색한다.

1. 발달의 개념과 발달단계의 이해

인간은 전 생애동안 한 단계에서 다음 단계로 넘어가는 변화과정을 지속한다. 인간의 발달과정을 이해하는 것은 개인의 전반적인 성장과 발달을 촉진하는 데 필수적이다. 이 장에서 출생부터 사망까지 발달적 과정을 탐구한다. 인간은 나약한 존재로 각종 위기에 노출되지만 이는 이전에 알지 못했던 방식으로 다시 우리를 키우는 자양분이 되어 새로운 단계의 안정된 삶의 토대가 만들어진다. 개인의 자연적 진행을 설명하는 이론들은 클라이언트가 보여주는 발달 단계의 다양한 특징, 특별한 발달 단계를 지나고 있는 클라이언트가 경험하는 사회적 쟁점과 개인적 문제와 왜 이러한 문제가 발생하는가 하는 이유, 그리고 유사한 단계에 속한 클라이언트에게 개입할 수 있는 기술 등을 제공한다. 이 이론들은 특히 인간의 삶을 도와주는 사회복지사, 임상심리 상담가, 간호사 등 인간 서비스 전문가에게 필요한 관점을 제공해 준다. 인간의 발달 과정은 각 문화마다 고유한 가치관, 규범, 기대를 가지고 다르게 나타날 수 있으므로 개인의 발달은 사회적, 문화적 맥락에서 이해

해야만 보다 정확하게 이해할 수 있다. 사회적, 문화적 맥락에서 개인의 정체성과 관련된 발달 과제를 분석함으로써, 특정 집단의 필요를 충족시키고, 보다 효과적인 교육 및 정책 프로그램을 개발하는 데 기여할 수 있을 것이다.

인간 발달은 복잡하고 다양한 차원에서 발생한다. 발달은 전 생애에 걸쳐 이루어지며 신체적, 심리적, 사회적 역할의 변화를 포함한다. 비록 발달 모델이 다르다 하더라도 이들은 일정한 원리에 의해 진행된다(그림 10-1).

- 계속적 변화: 탄생부터 사망까지 변화는 계속된다. 발달은 급격하게 변화하는 것이 아니라 연속성을 가진다.
- 변화: 주기적이고 나이가 들어감에 따라 더욱 복잡한 행동을 하게 된다.
- 방향성: 아동의 발달은 일정한 순서와 방향이 있다. 인간의 발달은 앞 단계의 발달이 다음 단계의 기초가 된다. 아동의 발달은 상부에서 하부로 즉 머리에서 발 방향으로 발달하고 중심에서 말초 방향으로 발달한다. 유아는 팔 전체를 움직이는 운동을 하다 점차 손목과 손가락을 움직이는 방식으로 단순한 것부터 복잡한 것으로 발달한다.
- 결정적 시기: 발달에는 결정적인 시기가 있다. 특정한 시기에 특정 기관이나 기능의 발달이 급격히 진행되는데 이 시기를 결정적 시기라고 한다. 어느 시기에나 발달은

그림 10-1 발달원칙

가능하지만 영역에 따라 가장 쉽게 이루어지는 최적의 시기가 있는데 이 시기가 결정적 시기이다.

- 개인적 차이: 모든 발달은 보편적인 수서로 이루어 지지만 성장속도와 발달시기는 개인간에 차이가 있다.
- 상호작용: 발달은 개인과 환경의 상호작용이다. 발달은 개인이 환경에 영향을 미치고 그 결과가 개인에게 돌아오게 된다. 또한 신체, 언어, 인지, 정서, 사회성 발달 등, 발달 영역은 서로 밀접하게 관련이 된다.
- 점성원리: 인간발달이 유전적인 요인에 의존한 일련의 단계에 의해 지배되며, '이전 단계의 발달을 토대로 다음 단계의 발달이 이루어진다'는 원리다. 이를 달리 표현하면 특정 단계의 발달은 이전 단계의 발달과업에 영향을 받게 되며 이러한 경험은 우리의 삶에서 누적이 된다.

발달과 관련된 용어로는 성장, 성숙, 학습이 있다. 성장은 주로 신체적 변화에 초점이 맞춰지고, 성숙은 기능적 완성도를 의미한다. 발달은 신체적, 인지적, 정서적, 사회적 측면 모두를 포함하는 포괄적 과정이며, 학습은 경험과 교육을 통해 새로운 능력을 습득하는 과정이다. 이 네 개념은 서로 연관되어 있으며, 인간의 전 생애에 걸쳐 복합적으로 일어난다. 이들 차이점은 표 10-1에 제시되어 있다.

표 10-1 발달 관련 개념 비교

구분	정의	특징
성장 (Growth)	신체적 크기와 양적 변화	양적 변화, 빠른 속도
성숙(Maturity)	기능과 능력이 최상에 도달한 상태	질적 변화, 자연스러운 도달
발달 (Development)	성장과 성숙을 포함한 전인적 변화 과정	질적 + 양적 변화, 점진적
학습(Learning)	경험을 통해 지식, 기술, 태도 등을 습득하는 과정	능동적, 지속적, 누적적

2. 발달단계별 변화

연령은 변화의 이정표를 바탕으로 발달단계를 구분하는 가장 보편적인 방식이다. 아동이 성장하면서 생리적 변화가 발생한다. 비록 아동의 신체적 발달은 상당히 일관성이 있지만 특정 아동의 발달의 범위는 환경과의 상호작용과 그 아이의 유전적 성향에 기초한다. 대부분의 아동은 상당히 예측가능한 비율로 발달하기 때문에 특정 아동 대다수 자녀를 위해 정상적인 심리적 시기를 인식한다면 한 아동이 생리적 발달의 표적이 되는지 아닌지를 결정할 수 있다. 신체적 발달 지연은 생리적, 정서적, 지적 손상의 우선적인 지표이다. 예를 들어 대부분의 아이들은 돌이 되면 걷기 시작한다. 이때까지도 서지 못한다면 발달장애의 표시가 될 수 있다. 조기 진단을 통해 발달장애가 확인된다면 그 아이가 가진 기능을 최적화하는데 도움이 된다.

1) 신체적 발달

아동전문가들은 운동발달 영역, 언어영역, 감각발달, 이차 성징 등에서 연령 적합한 기준을 검토하고, 이들의 행동이 정상발달인지 규범에서 많이 벗어난 행동인지를 비교하고 결정하게 된다. 인간의 성장과 발달은 인간 서비스제공 전문직의 이러한 예상된 발달 기준석을 다음과 같이 제공해준다

- 태아기(수정-출생): 태내기는 배란기, 배아기, 태아기 3단계로 나뉘어진다. 수정후 3주차부터 태아가 형성되고 주요 장기와 시스템이 형성되기 시작한다. 3개월이면 기본 구조와 성별 구별이 가능해진다. 임신 6개월 태아는 체중이 더 증가하고 피부가 두꺼워지며 움직임이 활발해진다. 약 40주가 되면 태아는 출생준비를 하게 된다.
- 영유아기(출생 후 2년) : 신생아는 생존에 필요한 반사활동을 한다. 영아기는 보호자에게 의존하여 빠른 성장을 경험한다. 키와 체중이 급격히 증가하며 두뇌발달도 활발하고 걷기 말하기 등 기초적인 운동능력이 발달한다. 애착관계 형성과 대상영속성 획득을 통해 건강하게 성장하게 된다.
- 유아기(2-6세): 취학전기로도 불리는 이 시기에는 운동능력과 언어능력이 급속히 발달하고, 자아의식이 발달한다. 활동량이 증가하고 자기주장이 강해지며 정서표현이 강렬하게 나타난다. 놀이와 상상력을 기반으로 주변환경에 대한 탐색이 활발하다.
- 아동기(6세-12세): 초등학교 시기로 학교를 통해 성장이 지속되며 근육과 뼈가 발달하여 신체 비율이 성인과 비슷해진다. 학교를 통해 이전보다 확장된 세상을 접하게 시기로 학습이 중요한 시기이다. 보존개념과 탈중심화 등 인지능력의 향상과 도덕성이 발달하고 또래관계를 형성한다.
- 청소년기(13-20세까지) : 성호르몬의 분비가 증가하고 급격한 성적 성장으로 인한 신체적 변화가 일어나는 시기로 흔히 사춘기로 불린다. 자아정체성 형성과 가족에서 벗어나 독립적인 성인을 준비하는 시기이며 사회적 관계 발달형성이 중요해진다.

- 성인기(20-40세): 근육량과 체력은 성인 초기에 정점에 도달한다. 직업을 가지고 새로운 가족을 형성하는 변화의 시기이다.
- 중년기(40-65세): 신진대사가 느려지고, 근육량의 감소, 뼈밀도 감소, 피부나 머리카락의 변화 등 신체적 노화가 시작된다. 갱년기와 빈둥지 증후군을 경험하며 고혈압, 심장병 등 성인병이 발생할 수 있다. 반면 경제적 사회적 책임이 가장 높은 안정기이기도 하다.
- 노년기(65세 이후 사망까지): 신체기능이 감소하며 호흡기, 순환기, 소화기 등 기관의 기능이 저하되고 시각, 청력 등 감각기능 상실되는 생리적 변화가 발생한다. 기억력 저하와 같은 인지적 변화가 나타나며 은퇴 후 활동량이 감소하고 사회적 역할의 부재와 소외감을 심해질 수 있다.

2) 성격발달

인간의 성격은 어떻게 형성되는가? 이 질문은 오랜 시간 심리학자들이 규명하려고 노력해왔다. 성격 형성에 대한 다양한 관점을 제공하며, 각각의 강점과 한계가 있다. 많은 이론들 가운데 여기에서는 정신역동, 사회학습 이론, 인지학적 관점, 인본주의적 관점을 살

표 10-2 성격 형성에 대한 관점 비교

이론	정신역동이론	사회학습이론	인지적 관점	인본주의
대표학자	Sigmund Freud	Albert Bandura	Jean Piaget	Carl Rogers
성격 형성의 메커니즘	본능적 욕구(Id), 자아(Ego), 초자아(Superego)의 상호작용이 무의식적 충돌과 내적 갈등	환경적 경험과 사회적 상호작용에 의해 지속적으로 변화하고 발전	성격은 개인의 인지구조와 해석 방식과 신념 체계의 결과	무조건적 사랑, 수용을 통해 건강한 자기개념과 성격이 형성됨
핵심개념	무의식, 내적 갈등 중심	모델링, 강화와 처벌, 자기효능감	인지구조, 기대, 해석, 신념	자기개념, 조건 없는 수용
특징	어린 시절 경험에 크게 의존, 변화 어려움(고정적 성격)	환경적, 인지적 과정 강조 지속적 학습과 경험에 따라 변화 가능	개인이 환경에서 받은 정보를 해석하고, 인지적 패턴과 기대는 행동과 감정, 성격에 영향	성장과 자아실현 강조 긍정적 환경 제공 시 변화 가능
적용사례	어릴 때 엄격한 규율과 비판을 받았던 경험이 무의식에 자리 잡아 훗날 과도하게 비판적 완벽주의적 태도를 보임	공격적인 행동을 관찰하고 모방하면 공격적 성격이 형성, 칭찬을 받으면 자신감 있고 사교적인 성격	어려운 상황에서 부정적 사고 유형(소극적이며 우울)과 긍정적 사고 유형(적극적이고 낙관적)은 다르게 문제 해결	무조건적인 사랑과 지지를 받으며 성장하면 긍적적, 창의적인 성격 형성으로 도전에 적극적

펴보겠다. 정신역동이론은 무의식적 갈등과 어린 시절 경험이 성격 형성에 결정적임을 강조하며, 성격은 고정적이고 심층적인 무의식적 영향에 주목한다. 사회학습이론은 성격이 주로 외부 환경과 사회적 상호작용, 관찰과 강화 과정을 통해 형성되고 변화하는 것으로 본다. 행동이 환경의 영향 아래 형성되며, 학습과 강화가 핵심이다. 인지학파는 개인이 환경을 어떻게 인지하고 해석하는지에 초점을 맞춘다. 성격은 기대, 신념, 자기 대화 등의 인지적 구조와 전략의 산물로 보고, 인지적 재구성과 자기 인식을 통해 변화할 수 있다고 본다. 인본주의는 자기실현 욕구와 타인으로부터 무조건적인 수용을 받아 긍정적 자기개념의 발달된다고 보았다. 통합적 이해를 위해서는 적용사례에 이들 이론을 함께 고려하는 것이 유익하다.

3. 통합적 심리사회적 발달 이론

Eric Erickson은 전 생애에 걸친 인간 발달을 포괄하는 통합적이고 역동적인 모델을 개발하였다. 이 이론은 인간의 생애 전반에 걸친 심리사회적 성장 과정을 제시하고, 각 단계마다 해결해야 할 심리사회적 위기와 그에 따른 성격적 특질을 이해하는 데 핵심적 틀을 제공한다. 심리사회적 발달이론은 발달과업으로 긍정적인 면과 부정적인 요소를 모두 포함한다(표 10-3 참조).

이 이론은 정신분석학적 전통과 인간중심적 심리학이 결합된 독특한 체계로, 개인의 정체성과 사회적 역할 모두를 포괄한다. 그가 제시한 각 단계별 위기와 특질은 개인의 성격과 정신건강에 중요한 영향을 미치며, 현대 심리학 연구와 실천에서도 여전히 유효한 이론적으로 평가받는다. 그러나, 문화적 다양성과 개인차를 충분히 고려하는 통합적 연구와 검증은 지속되어야 할 것이다.

4. 발달단계별 발달과제

인간 삶의 전 과정은 유아기의 순수와 아동기의 호기심, 청소년기의 열정과 청년기의 도전, 중년기의 성취와 노년기의 지혜는 각각의 시기가 서로 연결성을 가지고 발달한다. 발달단계별 반드시 성취해야 하는 발달과업이 존재하지만, 발달과업은 문화, 성별, 인종, 성적 지향에 따라 다양하다는 것을 이해할 필요가 있다. 특정 시기별 대표적인 과제를 선별하여 탐구함으로써 인간의 발달단계별 과제와 특징을 이론적으로 파악하려 한다.

표 10-3 Erikson의 심리사회적 발달 이론

시기	위기	특징	특질/병리	주요대상
신생아기 (0~1세)	신뢰감 대 불신감	성공적으로 해결하면, 세상에 대한 희망과 안전감 획득	희망/위축	주양육자(모친)
유아기 (1~3세)	자율성 대 수치심	자율적 행동을 통해 자기 효능감과 독립심을 발전시킴	의지/강박행동	부모
학령기 (3~6세)	주도성 대 죄책감	주도적으로 활동하며 목표를 세우고, 성취감을 통해 자신감을 획득	목적의식/억제	핵가족
아동기 (6~12세)	근면성 대 열등감	활동을 통해 성취와 능력을 인정	능력/무기력	이웃과 학교
청소년기 (12~18세)	정체성 대 역할 혼미	정체성을 탐색하며, 미래를 위한 목표와 가치관을 확립	성실/배척	또래, 가족, 사회
초기성인기 (18~40세)	친밀감 대 고립감	깊은 인간관계와 연대를 형성	사랑/배타성	배우자, 협력동반자
중년기 (40~65세)	생산성 대 침체	자신의 역할과 성취를 바탕으로 다음 세대를 위해 기여	배려/ 거부	확대가족, 분업
노년기 (65세 이상)	통합감 대 절망감	자신의 지난 삶을 긍정적으로 평가하고 자아통합을 달성	지혜/경멸	후손, 인류

1) 유아기: 신뢰감 형성

우리는 어떻게 타인과의 신뢰와 애착을 형성할까? 순수하고 맑은 마음으로 세상의 모든 것을 신선하게 받아들이는 이 시기의 발달과제는 신뢰감 형성과 안정감 확보이다. Bowlby의 애착이론과 Freud의 정신역동이론은 유아기의 경험이 평생의 인간관계와 정서적 건강에 중요한 영향을 미친다는 공통점을 보이는데 신뢰형성에는 일관되고 세심한 돌봄과 양육이 중요하다고 보았다. John Bowlby는 주양육자와의 안정적인 애착(attachment)이 유아가 세상에 대한 안전감과 신뢰 형성에 기반이라고 보았다. 안정적인 애착은 이후 타인과의 관계 형성, 자기존중감, 문제 해결능력 등에 긍정적인 영향을 미친다. Sigmund Freud는 유아기의 경험이 성격 형성에 결정적 역할을 한다고 보았다. 구강기의 유아는 구강을 통한 쾌락경험이 기본 신뢰감 형성에 영향을 준다는 것이다.

애착 유형과 형성 과정은 유아의 기질에 따라 차이가 날 수 있다. 그러나 예측가능하고 일관된 양육 태도, 신체적 접촉과 애정 표현, 그리고 안정적이고 지지적인 가정환경과 사회적 지원은 애착관계 형성에 매우 중요하다. 특히 양육자가 아기의 신호에 민감하고 적절히 반응한다면 안정된 관계를 형성할 수 있다. 안정된 애착을 형성한 유아는 주 양육자

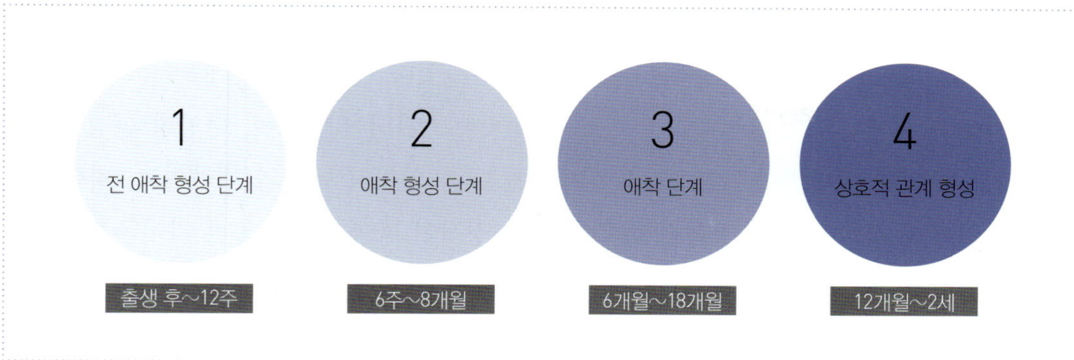

그림 10-2 애착 발달과정

에 대한 신뢰감이 높아지고, 이는 타인에 대한 신뢰감으로 확장된다. 이러한 신뢰는 이후의 대인관계, 자아존중감, 감정 조절 능력에 긍정적 영향을 미치는 중요한 기반이 된다.

애착은 출생 후부터 형성되기 시작하여, 다음과 같은 단계로 발달한다. 전 애착 형성단계는 애착 대상이 고정되어 있지는 않지만 미소, 울기, 눈 맞춤 등을 통해 양육자에게 상호적 신호를 보낸다. 애착 형성단계는 특정 인물(주 양육자)에 대한 선호가 나타나기 시작하며, 친근감과 애정 표현을 보인다. 애착 단계에서 기기와 걷기가 가능해지며 대상영속성이 (대상이 시야에서 사라져도 대상이 계속 존재함을 인지하는 능력) 발달한다. 주 양육자에 대한 애착을 분명히 나타낸다. 주 양육자와 떨어지면 불안해하는 분리불안을 보이는데 이는 아이가 대상영속성을 획득했음을 보여주는 증거이기도 하다. 다음단계는 상호적 관계 형성단계로 언어나 신체표현을 통해 양육자와 협력적, 적극적인 상호관계를 유지하며, 안정감이 높아지면 독립적인 행동도 증가하게 된다.

2) 아동기: 배우고 성장하는 시간

아동기는 호기심과 탐구심이 발달하며, 주변 세계를 배우고 이해하려는 욕구가 강한 시기이다. 이시기는 다양한 경험을 통해 자아존중감을 키우고, 학습에 대한 흥미를 발전시키는 것이 발달과제이다.

① 자아존중감 형성

아동기 자아존중감 형성과 도덕성발달은 아동의 정서적, 심리적 발달에 중요한 역할을 하는 핵심 과제이다. 자아존중감은 자신에 대한 정서적 평가, 즉 자신을 얼마나 가치 있고 존중하는지의 감정을 의미한다. 자아개념에 기초하여 자신에 대한 긍정적 또는 부정적 감정을 반영한다. 자아존중감이 높을수록 자신감 있고 긍정적인 태도를 보이며, 낮을 경우 자신감 저하, 우울, 불안 등 정서적 문제를 유발할 수 있다.

아동기의 자아개념과 자아존중감은 서로 밀접하게 연관되어 있으며, 다양한 환경적 · 사회적 요인에 의해 발달한다. 자아개념은 자신에 대한 인지적 이해와 평가이고, 자아존중감은 그 인지적 평가에 대한 정서적 반응이다. 긍정적인 자아개념은 높은 자아존중감으로 이어지기 쉽고, 부정적인 자아개념은 낮은 자아존중감과 관련된다. 따라서 자아개념이 현실적이고 긍정적일수록, 자아존중감도 높아지는 경향이 있다.

자아존중감발달과 관련된 요인으로는 성공 경험에서 오는 자기효능감, 가족과 또래로부터의 지지와 인정, 타인으로부터의 칭찬, 문화적 규범과 기대 등이 영향을 미친다. 특히 부모의 양육 태도는 자아존중감 발달에 직 · 간접적으로 영향을 미친다. 따뜻하고 지지적인 부모 아래 성장한 아이는 긍정적 자기개념과 높은 자아존중감을 형성하는 경향이 강하며, 이는 건강한 대인관계와 자기효능감의 기초가 된다. 반면, 권위적이거나 방임적인 부모 아래서 자란 아이는 낮은 자아존중감과 불안, 자기비판적 성향을 가질 가능성이 높다고 알려져 있다

② Kohlberg의 도덕성 발달

Lawrence Kohlberg는 아동이 도덕적 딜레마에서 해결 반응에 따라 도덕적 수준을 이해하고 예측가능한 유형으로 발전시켰다. 첫 번째 수준은 전인습적 단계로 대개 2-9세 아동이 처벌에 대한 두려움이나 보상의 갈망에 의해 도덕적 결정을 한다. 1단계는 그들에게 영향을 미칠 수 있는 권위를 가진 사람으로부터의 처벌을 피하고 인지된 힘에 의해 결정된다. 2단계 결정은 자신의 욕구 만족과 개인적 보상획득의 희망을 위한 자아중심적/쾌락추구적 갈망이다. 예를 들어 저녁을 먹으면서 장난감을 가지고 놀 때 엄마가 지금은 장난감 내려놓고 식사후 놀라고 한다면 아이는 '알았어'하고 말하지만 (처벌 회피) 엄마가 보지 않는다고 인식하면 장난감을 몰래 가지고 논다(쾌락추구).

Kohlberg의 인습적 수준의 도덕단계는 9-18세의 연령에 해당하며, 상호주의와 사회적 동조에 기초한다. 3단계에서는 타인의 인정을 얻으려는 노력하고 4단계에서는 죄의식과 불명예를 피하고 사회적 의무를 수행하는 규칙을 준수하려고 한다. 대개 13세 정도가 되면 아동은 3단계에서 이르게 된다. 이때 아동은 중요한 사람들이 도덕적으로 옳다고 믿는 방식으로 인정을 받으려고 반응한다. 따라서 부모를 실망시키지 않으려는 방식으로 행동한다. 좀더 성장하면서 부모의 인정보다는 엄격한 사회적 규칙인 법과 질서에 따라 결정을

내리게 된다(4단계). 이때가 되면 적절하게 기능하는 사회를 위해서는 법을 준수해야 한다고 생각한다.

후인습적 사고는 13세 이후에 가능하지만 이 수준까지 도달하는 개인은 많지 않다고 주장했다. 5단계는 민주적으로 인정되는 보편진리라 할 수 있는 사회계약의 수용, 6단계는 다른 사람들이 고수하는 보편적 원칙과 도덕적 가치일 필요가 없는 개인적인 양심에 기초한다. 5단계에서 개인은 법을 존중하고 준수하지만 법조문에 얽매이기보다는 법의 정신을 성찰하고 판단한다. 배고파 우는 아이를 위해 음식을 훔치는 부모와 화풀이 대상으로 물건을 훔치는 경우 같은 절도죄를 적용하여 동일한 법적 처벌을 해야 하는 가를 고민하면서 법을 성찰하게 된다. 마지막 6단계는 도덕적 결정은 보편적 진리, 개인적 양심, 인간의 권리와 품위에 기초한다. 개인은 자신의 의사결정과정의 도덕적 진실에 기초한 행동이 더 나은 사회를 위하고 인간의 품위를 존중하는 행위라 생각되면, 성찰을 통해 법을 어기는 선택을 할 수 있다. 권리를 위한 민주화, 인권운동을 위한 노력이 기존 법률을 위반한다고 문제가 되는가를 성찰하는 것이다.

Kohlberg의 도덕성 발달 이론은 Carol Gilligan에 의해 지나치게 남성적인 정의 논리에 치우쳐있다고 비판을 받는다. 남성적인 관점에서 보면 타자와의 관계성을 중시하는 여성의 관심은 도덕성 발달의 3단계로 평가하는 것이다. 그러나 남성의 정의의 원칙과 여성은 관계성의 원칙은 도덕성이 발달의 위아래 수준이 아니라 남녀의 차이로 보아야 한다는 Gilligan의 견해는 매우 흥미로운 관점이다.

표 10-4 도덕발달수준

수준	단계	특징
수준 1: 전인습적 수준	단계 1	복종 지향(처벌을 피하기 위해 규범에 복종하는 단계)
	단계 2	보상 지향(보상과 호의를 얻기 위해 따르는 단계)
수준 2: 인습적 수준	단계 3	착한 소년/소녀 지향(타인의 승인을 얻고 비난을 피하기 위해 따르는 단계)
	단계 4	권위 지향(권위자의 비난을 피하고 의무 불이행에 따른 죄의식을 피하기 위해 법과 규범을 지키는 단계)
수준 3: 후인습적 수준	단계 5	사회적 계약 지향(공공의 선을 위해 다수가 동의한 원칙에 따라 행동하는 단계)
	단계 6	윤리적 원리 지향(정의, 존엄, 평등과 같이 자신이 스스로 선택한 윤리적 원칙에 따라 행동하는 단계)

3) 청소년기: 정체성과 독립의 시기

질풍노도의 시기로도 일컬어지는 청소년기는 자신의 정체성과 가치관을 탐색하며, 독립적인 자아를 형성하는 것이 이 시기의 발달과제다. 어떻게 정체성을 탐색하고 확립할까? 이 질문은 Marcia의 정체감 상태 이론을 중심으로, 청소년기의 사회적 역할 탐색 과제를 살펴본다. James Marcia는 자신의 정체성 발달 이론에서 청소년기 정체성확립에 관하여 탐색과 전념 두 부분이 있다고 말한다. 마르시아는 청소년들은 오래된 가치나 선택사항들을 재검토하고 새로운 대안들을 탐색하는 위기의 시기를 어떻게 보내느냐가 정체성 지위를 결정한다고 보고 4가지 정체성 상태를 그림과 같이 제시하였다.

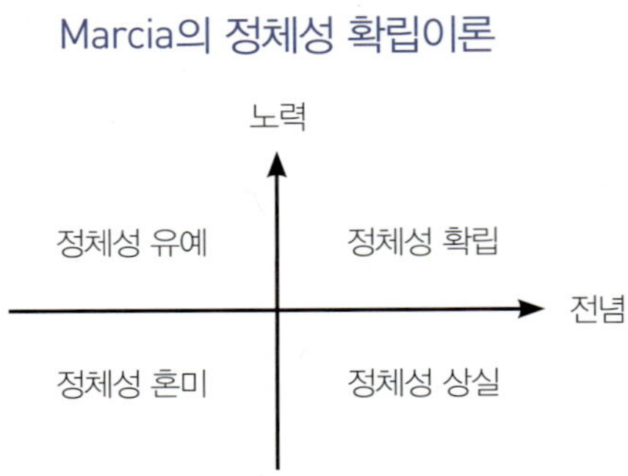

그림 10-3 Marcia의 정체성 상태

4) 청년기: 책임과 성취의 시기

청년기는 직업적, 사회적 역할을 확립하고, 성취감과 책임감을 키우는 시기로 일과 가정에서 역할 수행과 목표 달성을 해야 한다. 직장에서 우리는 어떻게 사회적 역할을 수행할까? 성인 초기의 발달 과업 중 직업 선택은 매우 중요한 주제이다. 성격 특성은 직업 선택에 중요한 요소이다. 외향적이고 활동적인 사람은 대인관계 중심의 직업을 선호할 수 있고, 내성적이고 신중한 사람은 연구나 분석 중심의 직업을 선택할 가능성이 높다. 자신이 잘하는 일이나 흥미를 느끼는 분야에 끌리게 되며, 이는 직업 만족과 성과, 그리고 장기적인 직업 적응에 영향을 미치기 때문에 중요하다.

Ginzberg의 직업 발달 단계 모델은 직업 선택 과정을 현실적 탐색과 구체적 탐색, 현실적 결정의 세 단계로 직업 선택 과정을 설명하는 대표적인 이론이다.

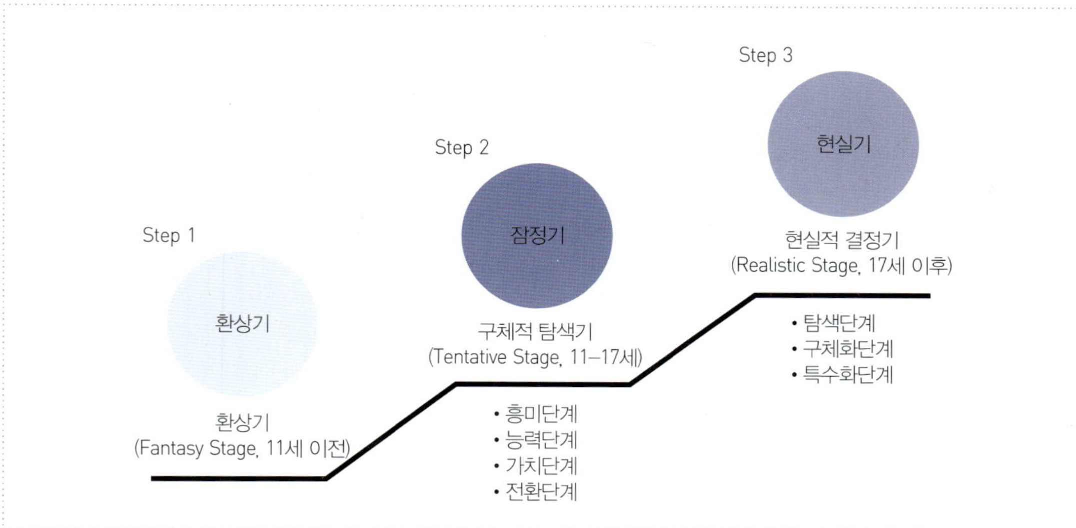

그림 10-4 Ginzberg 직업 발달 단계 모델

5) 중년기: 역할의 재조정과 정체성 재구성

중년기는 경험과 성취를 바탕으로 안정감과 책임감을 느끼며, 자신과 주변을 돌아보는 성숙의 시기이다. 삶의 의미를 재평가하며, 후배 양성과 사회적 기여를 실천하는 과제를 수행하는 시기이다.

중년기는 자신의 삶과 정체성에 대한 재평가, 역할의 변화, 불확실성, 불안 등으로 인해 심리적 · 사회적 도전에 직면하는 위기의 시기임과 동시에, 경험과 성취를 바탕으로 자기 이해와 성장을 이루고, 새로운 역할과 기회를 통해 삶의 의미와 만족을 찾는 황금기이기도 하다. 중년기는 종종 자신의 삶의 의미, 성취, 목표에 대해 재평가하는 시기로, 이 과정에서 자신이 이룬 것에 대한 회의나 이루지 못한 것에 대한 불안과 좌절을 경험하기 쉽다. 건강, 직장, 가족, 사회적 역할 등에 대한 책임과 부담이 커지고, 자녀의 독립, 노년의 부모 돌봄, 직장에서의 변화(퇴직) 등으로 역할이 변화하면서 정체성 위기를 겪으면서 우울, 불안, 무력감으로 이어질 수 있다. 한편 중년기는 직장, 가정, 사회적 역할에서 높은 성취를 이루거나 안정된 상태를 경험하고, 새로운 취미나 자기개발, 자녀 양육, 직장 내 리더십, 멘토링 등 다양한 역할에서 의미 있는 활동을 통해 자기효능감과 자아존중감을 높일 수 있는 성장의 황금기로 인식되기도 한다. 중년기는 '변화와 성찰, 위기와 성장'이 공존하는 복합적 시기이므로 시기를 어떻게 활용하느냐에 따라 삶의 질과 정체성 재확립 여부는 달라진다.

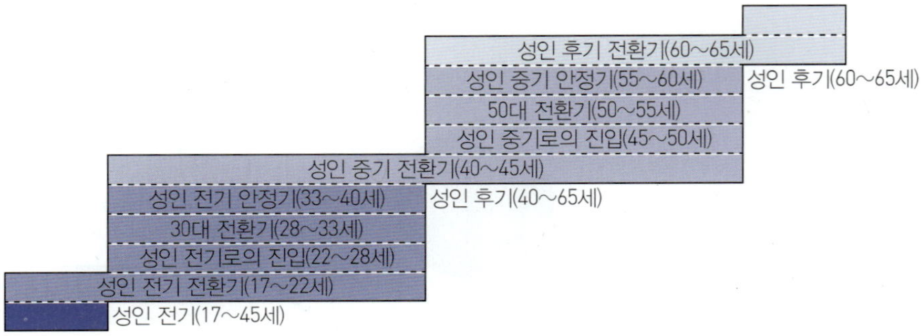

그림 10-5 Levinson의 성인기 발달 모형

중년기 역할의 재조정과 정체성 재확립에 도움이 되는 Levinson의 인생계절발달이론(Levinson's Season of Life)은 중요한 통찰을 제공한다. Levinson은 40~60대에 해당하는 성인 발달을 여러 계절로 구분하며, 특히 중년기는 "중년의 위기" 또는 "중년의 재평가" 시기로 본다. 이 시기에 개인은 역할 재조정, 정체성 재확인, 삶의 의미 재구성 과정을 겪고 선택과 변화가 생긴다(그림 10-5).

6) 노년기: 삶의 의미 찾기, 성공적 노화

노년기는 그동안의 삶을 돌아보며 성취와 경험을 바탕으로 삶의 의미와 지혜를 얻고, 후세와의 유대를 강화하는 시기이다. 이 시기에는 어떻게 사회적 연결과 인생의 의미를 찾아갈까?

성공적 노화는 신체적, 정신적, 사회적 기능을 최대한 유지하며, 삶의 질을 높이고, 목표와 의미를 찾으며, 긍정적인 태도를 유지하면서 나이 들어가는 과정을 의미한다. 미국노화학회(American Society on Aging, ASA)는 성공적 노화를 "신체적 건강 유지, 인지적 기능 유지, 사회적 참여, 삶의 만족도 향상"으로 정의한다. 성공적 노화를 위해서는 신체적 건강과 기능을 유지, 인지적 유지, 사회적 참여와 관계 유지, 정서적 안정과 긍정적 태도, 그리고 개인의 적응력과 자기효능감 등이 필요한 조건으로 강조된다. 성공적 노화모델은 4가지 조건을 제시한 그림으로 제시한다.

최초의 노화 이론인 분리이론(Disengagement Theory)은 노화 과정에서 노인과 사회 간의 상호작용이 자연스럽게 감소하며, 이는 노인과 사회 모두에게 긍정적 역할을 한다는 이론이다. 노인은 은퇴, 신체적 쇠약, 사회적 역할 상실 등을 통해 점차 사회적 활동에서 물러

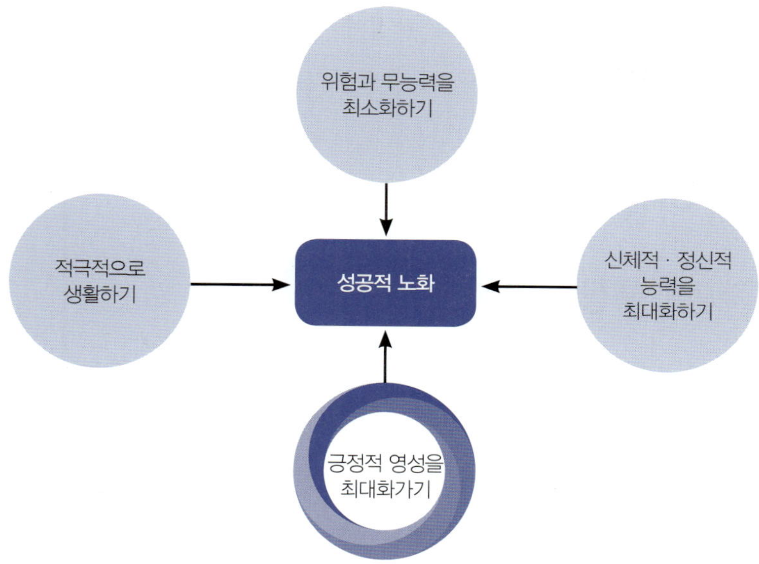

그림 10-6 성공적 노화모델

나며, 이러한 사회적 책임에서 분리는 자연스럽고 건강한 노화 과정의 일부로 간주한다. 반면에 활동이론(Activity Theory)은 활발한 사회적 활동과 교류가 노인들의 만족감과 성공적 노화를 촉진한다고 본다. 사회적 역할, 취미, 봉사활동 등 적극적 참여할수록 삶의 만족도가 높아진다. 활동을 통한 정체성 유지와 사회적 연결 강조한다. 개인의 능력과 환경의 변화에 적응하는 자기조절 능력을 강조하는 최근의 선택적 최적화이론(Selective Optimization with Compensation, SOC)은 노년기에 제한된 자원(시간, 건강 등)을 효율적으로 관리하기 위해 선택, 최적화, 보상 전략을 사용하여 개인이 자신의 능력과 환경을 조절하며 의미 있는 삶을 유지하는 것을 성공적인 노화로 본다.

표 10-5 노화이론 비교

이론	핵심 내용	특징	연구자
활동이론	적극적 활동 유지가 성공적 노화의 핵심	활동적일수록 만족감 높음	Robert J. Havighurst
분리이론	노인은 역할과 활동에서 점차 물러남이 자연스럽고 긍정적	역할 상실과 수용 강조	Elaine Cumming & William Henry
보상을 수반한 선택적 최적화 이론 (SOC)	노화는 선택적 활동, 최적화, 보상 전략을 통해 성공적으로 가능	개인별 맞춤 지원과 적응 전략 강조	Paul Baltes & Margret Baltes

성공적 노화는 신체적, 인지적, 사회적, 정서적 영역에서의 적극적 유지와 적응을 통해 이루어지며, 다양한 이론이 서로 보완적 관점에서 노화 과정을 설명한다(표 10-5). 이는 노인 개개인의 특성과 상황에 맞춘 지원이 필요하다는 것을 시사한다.

5. 발달장애 아동의 이해

1) 발달장애 개념과 특징

발달장애란 무엇인가? 최근 증가하는 발달장애는 뇌의 기능 결함이기 때문에 자기조절로 해결하는데 한계가 있고 전문적인 치료가 필요하다. 발달장애는 신경발달적 장애로서, 아동이 성장하는 과정에서 인지, 언어, 사회성, 행동 등 여러 영역에서 지속적이고 흔히 영구적인 발달문제를 겪는 상태이다. 발달장애는 초기 발달 단계인 학령전기에 발현되기 시작하여, 개인적 · 사회적 · 학업적 또는 직업적 기능에 손상을 유발하는 것이 특징이다. 발달장애는 신경발달적 특성으로, 아동의 발달에 초기 개입이 매우 중요하다. 조기진단을 통해 적절한 치료와 교육을 빠르게 시작하면 언어, 인지, 사회성 등 다양한 발달 영역에서 향상될 가능성이 높아지기 때문에, 조기 발견이 중요하다. 장애가 심화되기 전에 예방 또는 완화하는 것이 비용 효율적이므로 조기 치료는 장기적으로 사회적 비용을 절감하는 효과가 있다. 따라서 정기적인 스크리닝과 부모의 관찰, 전문가 평가를 통해 신속하게 장애를 인지하고 적절한 개입을 시작하는 것이 효과를 높이는 전략이다.

발달장애는 다양한 유형과 특성이 존재한다. 사회적 상호작용과 의사소통의 어려움, 제한적이고 반복적인 행동 양상, 강한 관심사 집중이 특징인 자폐스펙트럼장애(ASD)는 증상의 심각도와 행동 양상에 차이가 크다. 지적장애(지적발달장애)는 IQ 70 이하로 인지 능력에 따라 경도, 중도, 심도 등 지적 기능 저하가 나타나서 학습과 문제 해결 능력 저하, 일상생활의 독립성 부족하다. 충동성, 과잉행동, 집중력 결핍, 쉽게 산만해지는 특징을 보이는 ADHD(주의력결핍과잉행동장애)는 일상생활과 학습에 영향을 미치는 수업 집중 어려움, 충동적 언행과 산만한 행동을 특징이다. 언어장애는 또래보다 말이 늦거나, 의미 전달 어려워 언어 이해력 저하와 의사소통 문제가 특징이다. 학습장애(특정 학습장애) 다른 인지 능력은 정상 또는 높을 수 있지만 특정 학습 영역(읽기, 쓰기, 수학)만 저하된 경우이다. 발달장애의 유형별 특징과 차이점은 아래 표로 제시하였다.

표 10-6 발달장애 유형별 특징 비교

유형	특징	차이점	지원 전략
자폐	사회적 어려움, 반복 행동	증상 강도 다양, 특이 행동 존재	조기 개입, 사회성 훈련
지적장애	지적 기능 저하, 적응력 부족	인지 수준에 따른 지원 차이	맞춤형 교육, 일상생활 지원
ADHD	충동성, 과잉행동, 집중력 저하	행동 패턴과 강도 차이	행동 조절, 환경 조정
언어장애	의사소통 어려움	특정 영역에 특화	언어치료, 의사소통 지원
학습장애	특정 학습 영역 저하	지능은 정상, 특정 영역만 저하	개별지도, 보조기술

발달 결함의 범위는 학습 혹은 뇌의 집행 기능을 조절하는 것과 같은 매우 제한적인 손상부터 사회기술이나 지능처럼 전반적인 손상에 이르기까지 다양하다. 신경발달장애는 동반질환이 흔히 나타난다. 예를 들면, 주의력결핍 과잉행동장애(ADHD)가 있는 많은 아이들은 특정 학습장애가 동반된다.

장애 아동의 잠재력을 최대한 발휘할 수 있도록 장애에 대한 이해와 적절한 사회적 지원을 제공하는 것이 필요하다. 다양한 유형의 발달장애는 장애별 특성에 맞는 조기진단과 맞춤형 지원이 중요하다. 아동의 전반적 발달을 지원하고, 개별적 맞춤 지원 체계 구축하기 위해 의료, 교육, 복지, 심리, 언어치료 등 다양한 분야 전문가들이 협력이 중요하다. 사례 중심 연구와 실증적 연구를 통해 다양한 환경에서의 개별화 지원 효과 평가해야 한다.

2) 주의력결핍 과잉행동장애(ADHD)

주의력결핍 과잉행동장애(ADHD)는 주의산만, 그리고 과잉행동-충동성 체계의 손상으로 정의되는 발달장애이다. 세계적으로 약 5%로 추정되는 ADHD는 2023년 한국 환자수는 20만명으로 추산된다. 일을 끝마칠 때까지 가만히 있지 못하거나 다른 사람의 말을 듣지 않는 것처럼 보이고, 참을성이 없고 규칙이나 순서를 기다리지 않는 등 문제가 연령이나 발달 단계와 일치하지 않는 수준으로 나타난다. 아동기 ADHD는 반항장애나 품행장애와 같은 장애들과 자주 중복되어 나타나며 종종 성인기까지 지속되는 경향이 있다. ADHD는 약물치료와 함께 부모훈련 사회적 관계개선을 위한 인지행동치료 일정관리 교육 등을 병행하여 치료할 수 있다. ADHD 아동에게 구체적으로 행동수정기법을 적용한 사례를 보는 것이 도움이 될 수 있다.

ADHD 아동 사례와 행동수정기법 적용 예시

- 사례 개요: ADHD (주의력 결핍 과잉행동장애)로 진단된 7살 A는 학교에서 집중력 부족, 산만함, 충동적 행동, 과잉행동이 관찰되고 특히 수업 시간에 집중하지 못하고 자리에서 일어나거나 친구와 소란을 피우고 떼쓰는 경우가 많아 학교사회복지사에게 의뢰
- 행동 목표: 최소 15분 이상 수업 시간 동안 집중력 유지
  수업중에는 꼭 손 들고 말하기 충동적 행동 감소
  자리에서 갑자기 일어나는 등 과잉행동 감소
- 적용된 행동수정기법
  - 긍정강화: 집중력 유지하고 평온한 태도 등 행동목표 수행시 즉각적인 칭찬과 보상 제공하고 과잉행동을 안하면 좋아하는 간식, 짧은 게임 시간 등 작은 보상을 제공한다.
  - 행동계약 : 학생, 부모, 교사가 함께 기대하는 행동과 보상을 명확하고 구체적으로 계약서를 작성하여 매일 목표 행동을 기록하고, 부모와 교사가 점검한다.
  - 구체적 행동수정 전략: 시각적 일정표 및 체크리스트 사용, 행동이 일어난 즉시 칭찬하거나, 부적절한 행동 시 즉시 차분하게 행동을 교정 등 즉각적 피드백 제공한다. 일정표를 알기 쉽게 정리하여 보여주고 단호하게 지시하며, 확인표를 대조 확인해주는 것이 도움이 된다.
  - 집중력을 높이기 위해 10~15분 간의 활동 후 짧은 휴식을 넣어 피로와 산만함을 방지하고,
  - 교실에서 산만한 요소 최소화, 조용한 공간 확보 등 환경을 조정한다.
- 효과 기대: 행동수정기법을 일관되게 적용하여 점차 목표 행동을 자발적으로 수행하는 빈도를 증가시키고, 충동적 · 과잉 행동이 감소되고, 자기 조절 능력과 자신감도 함께 향상될 수 있다.

ADHD 아동에게는 행동수정기법을 체계적으로 적용하고 개별 맞춤형 전략을 계속 조정하며 지속적인 지원을 하면 효과적이다.

6. 마무리

이번 장에서 우리는 유아기부터 노년기까지 인생의 각 단계에서 마주하는 발달과제와 의미를 살펴보았다. 발달의 개념과 성격형성 이론들은 인간이 끊임없이 변화하고 성장하는 존재라는 것을 알려준다. 발달장애의 이론과 사례를 통해, 아동기에 발생하여 전생애에 걸쳐 나타나는 문제를 어떻게 해결하는지 생각해보는 것도 중요하다. 생애주기별 주어진 과제들은 단순한 과제가 아니라, 인간이 자신의 정체성을 형성하고, 만족스러운 삶을 살아가는 데 필수적인 과정이다. 예를 들어, 유아기의 신뢰감 형성, 청소년기의 정체성 탐색, 성인기의 책임과 성취, 중년기 역할 재정립, 노년기의 의미찾기 등은 모두 시기별 인생의 중요한 의미를 담고 있다.

인생의 어느 한 시점이 끝이 아니라, 모든 단계는 새로운 시작이다. 인생이란 긴 여정에서 각 단계마다 만나는 도전과 과제들은 우리를 더 깊이 이해하고, 더 풍요로운 삶으로 이끌어주는 소중한 기회이다. 이러한 과정이 우리의 삶을 더 풍성하고 의미 있게 만들어가는 길일 수 있다. 이후 삶에서 우리가 해결할 과제들을 살펴보며, 앞으로 어떤 방향으로 성장하고 싶은지 생각해보는 것도 의미있는 일이 될 것이다.

11

심리상담과 개입

〈중독의 이해〉

최근 심각해지는 중독문제는 맹목적인 사랑처럼 위험하다. 중독은 개인의 건강은 물론 가족이나 지인과의 관계상의 문제, 그리고 폭력, 자살, 생산성 저하, 치료비용의 증가 등 막대한 사회적 폐해를 초래하는 사회문제다. 따라서 중독을 제대로 이해하고 이를 논의하는 기회를 제공함으로써 중독문제를 극복하려는 노력이 필요하다. 본 장의 구체적 목표는 다음과 같다. 첫째, 중독의 개념과 유형을 학습한다. 둘째, 중독의 원인과 메커니즘에 관한 이론을 이해한다. 셋째, 중독의 치료와 개입방법을 제시한다. 마지막으로 중독연구의 미래를 조망한다.

1. 현대사회와 중독, 위험한 관계

우리는 다양한 대중매체를 통해 알코올과 다른 약물사용의 문제점, 인터넷이나 도박중독으로 인한 문제를 다루는 기사들을 자주 접하게 된다. 역사상 가장 많은 폐해를 가져온 물질은 알코올이었다. 하지만 최근에는 청소년과 젊은 세대에서 디지털 기기중독이 증가하고 있으며, 펜타닐과 같은 강력한 마약의 위험성에 관한 뉴스를 통해 중독문제가 일상생활에 부정적인 영향을 미치는 심각한 사회문제임이 전 세계적으로 부각되고 있다. WHO에 따르면, 전 세계적으로 2019년 기준 약 2억 명이 알코올 사용 장애이며 이로 인해 해마다 약 300만명이 사망하고 있다. 또한, 전 세계적으로 35억 명 이상이 인터넷을 사용하고 있으며, 이 중 상당수가 인터넷중독의 위험에 처해 있다. 2021년 기준, 한국 정신건강증진센터에 의하면 한국에서 알코올 의존증으로 진단받은 환자는 전체 성인의 약 3.5%에 해당하는 100만명에 이르고 청소년의 인터넷 중독률은 약 20%로, 이 중 심각한 중독 비율은 약 10%로 나타났다.

흔히 "사랑은 맹목적이다"라고 하는데 이는 연인 관계뿐만 아니라 약물이나 행위에 중독된 사람에게도 똑같이 적용될 수 있다. 중독자는 중독물질이나 행위에 대해 강한 끌림을 느끼며, 처음에는 긍정적인 감정에서 시작하지만, 점차 의존도가 높아지고, 옆에 없으면 불안과 고통을 느끼게 된다. 중독자도 마찬가지로, 초기에는 스트레스를 해소하는 긍정적인 효과가 있지만, 점차 건강 문제, 관계 파탄, 사회적 고립 등 다양한 고통을 겪고 자신과 주변 사람들의 삶을 파괴하면서도 중독에서 벗어나지 못하게 된다. 중독물질(행위)은 중독자들의 삶에서 무엇보다 중요한 관계의 중심 자리를 차지하고, 중독자들은 술이나 약물을 사용하지 않고는 살 수 없음에도 불구하고 문제는 중독이 아니라고 부정하게 되는 것이다. 이처럼 현대사회에서 중독의 위험은 개인과 사회 전반에 걸쳐 심각한 영향을 미치며, 이를 탐구하고 이해하는 것은 매우 중요하다.

2. 중독의 개념과 유형

미국 국립약물 중독연구소(National Institute of Drug Addiction)에서는 중독을 "개인과 주변 환경에 부정적인 폐해를 유발함에도 불구하고 강박적으로 약물을 추구하게 하고 약물을 사용하게 하는 만성적인 질병[1](Chronic disease)으로, 재발[2](relapsing disease)이 빈번한 뇌질환[3](brain disease)"이라고 정의한다. 다시 말해 약물 중독(addiction)은 약물 사용에 대한 강박적 집착, 일단 사용하기 시작하면 끝장을 보고야 마는 조절 불능, 해로운 결과가 있으리라는 것을 알면서도 강박적으로 사용하는 상태를 말하며 심한 심리적 육체적 의존상태를 말한다.

중독에 관한 과거의 연구들은 물질이나 행동에 대한 생리학적 의존 여부, 즉 내성이나 금단증상에 초점을 맞추어 왔다. 그러나 최근 연구는 생리적인 의존이 중독을 진단하는 데 있어서 더 이상 필수적이지 않다고 주장한다. 전체 인구의 5-10% 정도가 인터넷중독이며, 8-10% 정도는 알코올 혹은 다른 물질에 중독되어 있고 1.53%는 도박중독, 1-3%는 음식 중독, 5%는 성중독 그리고 2-8%는 소비중독이라고 보고된 바 있다. 중독의 유형은 크

1) 만성질환은 서서히 발생되고 진행하여 점차 심각해지는 질병으로, 대표적인 만성질환에는 천식, 당뇨, 고혈압과 같이 정확하게 언제 발생하였는지는 정확하게 모르지만 한번 진단을 받게 되면 지속적으로 관리와 치료가 필요한 질병이다.

2) 재발 질환이란 이전의 상태로 돌아가는 경향성이 크다는 것을 의미한다.

3) 뇌질환이라고 하는 것은 중독성 약물과 강박적 행동은 뇌의 체계에 화학적 영향을 주며, 보상회로를 과도하게 자극하여 뇌 기능을 변화시키기 때문이다. 대표적인 변화가 내성과 금단증상이다.

게 두 개의 범주로 나눌 수 있다. 하나는 알코올, 니코틴, 그리고 약물 등에 의존하는 물질 중독이고 다른 하나는 도박, 인터넷, 쇼핑, 일 등 특정 행위를 강박적으로 수행하는 행위 중독이다. 현대사회에서 특히 도박중독과 인터넷중독이 청소년과 젊은 층을 대상으로 급속히 증가하고 있어 개인적, 사회적 측면 등에서 심각한 결과를 발생시키고 있다.

3. 중독에 대한 잘못된 정보와 믿음

중독에 대한 이해를 돕기 위해 잘못된 정보와 그에 대한 올바른 정보를 명확히 하는 것이 중요하다. 중독에 대한 흔한 오해들은 표 11-1에 정리하였다.

4. 중독의 원인과 메커니즘 이해

물질 사용과 남용은 범죄나 폭력, 아동학대와 같은 다양한 사회문제와 연관되어 있다. 이러한 문제에 대한 사회적 비용은 일반적으로 세금으로 충당된다. 따라서 중독의 진단과 치료는 효율적이어야 하며 이를 위해서는 중독의 원인과 기제에 대한 이해가 필수적이다.

표 11-1 잘못된 믿음 대 올바른 정보

연번	잘못된 믿음(Myth)	올바른 정보 (Truth)
1	중독자가 바닥을 쳐야 한다	중독에서 벗어나기 위한 경로는 개인마다 다르며, 바닥을 치지 않고도 회복할 수 있는 경우가 많고 무엇보다 중독 문제는 가능한 한 빨리 해결하는 것이 중요
2	중독은 의지력이 약한 결과다.	중독은 의지력의 문제로 한정제한할 수 없고 다양한 생물학적, 심리적, 사회적 요인이 결합된 결과
3	중독은 개인의 선택이다	뇌의 보상 시스템에 영향을 미치는 질병으로, 의식적인 선택 이상의 문제
4	중독은 특정 유형의 사람들에게만 발생한다.	중독은 누구에게나 발생할 수 있다
5	중독은 한번 치료하면 완치된다	중독은 만성질환으로, 지속적인 관리와 재활이 필요하다
6	중독자는 항상 명백한 증상을 보인다.	중독을 숨기고 정상적으로 보일 수 있으며, 증상은 다양하게 나타날 수 있다
7	중독은 치료할 수 없는 질병이다.	중독은 충분한 지원과 적절한 치료로 관리 가능하고 회복에 성공한 사람이 가능성을 보여준다
8	중독은 단지 물질에만 해당된다	중독은 알코올, 약물 등 물질 뿐아니라, 도박, 인터넷, 음식 등 다양한 형태의 행위중독도 존재한다.

중독의 원인은 다양하며, 유전자, 불안, 우울증, 외로움 등 심리적 문제, 가족, 친구, 사회적 환경, 그리고 문화적, 경제적 배경등 여러 요인이 복합적으로 작용한다. 하나의 모델로 모든 중독현상을 설명할 수는 없으므로 중독에 대한 다양한 원인과 기제에 관한 관점을 탐색한다.

그림 11-1 Eric Pickersgill 〈Removed 연작 사진〉 공익광고

Eric Pickersgill은 스마트폰이 어떻게 서로를 소외시키는가를 Removed 연작 사진을 통해 잘 보여준다.

그림 11-2 Jean Jullien은 스마트폰 감옥에 사는 현대인의 일상과 세태풍자

Jean Jullien은 스마트폰 감옥에 사는 현대인의 일상과 세태풍자, 그리고 유머가 가득한 일러스트 작품으로 풍자하고 있다.

1) 도덕 모델과 사회적 낙인

도덕 모델은 알코올 중독을 개인 선택의 결과로 본다. 음주운전 위반을 처벌하는 것도 도덕 모델에 기반하여 자신의 행동에 대한 도덕적 책임을 지게 하는 것이다. 이 모델은 중독자들에게 의지가 약하고 비도덕적이라는 낙인을 찍고, 개인의 의지 강화를 해결책으로 본다. 이 낙인으로 인해 중독자는 외부에서 도움을 찾기보다는 문제를 숨기거나 혼자서 해결하려고 하기 때문에 치료기관을 찾아 도움을 받는데 장벽이 될 수 있다.

중독자에게 사회적 낙인은 어떠한 영향을 미치는가? 중독자는 "중독자"로 낙인찍히게 되면 자신의 정체성이 부정적으로 변화할 수 있다. 중독자는 자신에 대한 부정적인 인식, 스트레스와 불안 등의 정서적 고통으로 중독 증상을 악화시킬 수 있고 이는 치료와 회복을 향한 동기를 저하시키게 된다. 또한 중독자에 대한 사회적 편견과 차별은 직장, 교육, 사회적 관계에서의 기회를 제한하여 이들은 정상적인 사회생활을 하기 어렵게 된다. 이러한 중독자의 고립화 경향은 여성 중독자의 경우에 더욱 뚜렷해진다.

2) 질병 모델

Jellineck(1960)이 제시한 질병모델은 처음에는 알코올 중독에 적용되었으나 점차 다른 약물에 대한 중독으로 일반화되어 적용되고 있다. 질병모델은 당뇨병, 고혈압과 같은 다른 만성질환처럼 알코올, 약물 중독자들의 상태는 치료하지 않고 내버려 두면 점점 나빠지고 "완치"가 없는 질환이지만 적절한 치료를 통해 관리할 수 있고, 질병을 치료하는 방법은 완전한 금주뿐이라고 본다. Jellinek은 알코올 중독 질병의 진행성 단계 및 그 단계들과 연결되어 있는 증상들을 설명하였다(그림 11-3 참조).

질병모델의 가장 큰 장점은 중독에 부여되는 낙인을 제거하고 대신에 치료를 받을 수 있게 기여한 점이다. 질병에 관한 지식은 알코올 및 약물 중독자가 자신이 다른 사람과 생리적으로 다르다는 것을 받아들이게 하고 중독자를 편견 없이 치료하도록 동기를 부여할 수 있지만, 이 질병에 대한 개인적 책임이나 차이를 무시하고 중독자를 환자로 만드는 의료모델을 당연시하게 한다는 비판을 받고 있다.

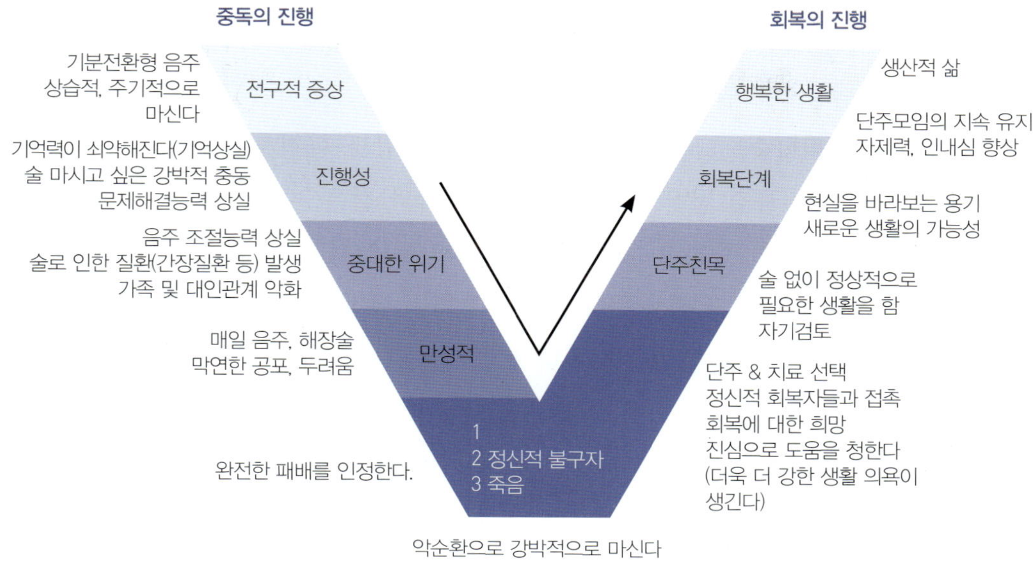

그림 11-3 알코올중독 진행과정, 중독과 치료의 진행과정

3) 생물학적 관점

생물학적 관점은 개인이 중독에 이르게 되는 유전과 생리작용을 중요하게 생각한다. 생물학적 요인으로는 약물에 대한 신경생물학적 변화와 관련된 뇌의 기능장애로 보는 관점이다. 알코올 중독자의 자녀는 알코올 중독자가 아닌 사람의 자녀보다 알코올 중독이 될 가능성이 더 높다는 유전적 요인과 뇌의 보상시스템, 도파민의 영향을 강조하는 것으로 알려져 있다.

4) 심리학적 모델

심리학적 모델에서는 정서적 고통을 유발하는 심리적인 문제에서 일시적으로 벗어나기 위해 알코올과 다른 약물을 사용한다고 본다. 자기 존중감이 낮은 사람은 중독에 의존할 가능성이 충동적인 성향을 가진 개인은 중독에 빠질 확률이 높다. 알코올 및 약물에 대한 중독의 원인을 설명하는 심리학적 모형은 다양하다. 대표적인 심리모형은 정신역동이론, 사회학습이론, 인지행동이론이다.

정신역동이론: 정신역동 모델은 중독을 자아결함, 부적절한 양육, 애착장애, 적개심, 동성애, 등과 연결시키고 있다. 이들은 아동기 구강기의 고착이 습관성 음주로 이어진다고

보고 음주가 무의식적인 갈등을 해결하기 위한 시도로 이해한다. 즉 정신역동 모델은 물질 남용은 근본적인 정신 병리의 신호로 보고, 정서조절 결함이 핵심문제이며 불안정한 대상관계가 물질 남용으로 발전하기 쉽다고 주장한다.

사회학습이론: 사회학습모델은 약물 남용에 있어 사람과 환경사이의 상호작용을 강조하며 문제 음주, 흡연, 물질 남용, 과식, 강박적 도박과 같은 '나쁜 습관'의 한 범주로 중독 행동을 설명한다. 한 개인이 음주기회로 인해 불안이나 긴장 등을 해소하게 되고, 주위로부터 음주를 권유받게 되면 점차 음주효과의 강화를 통해 약물이 문제해결의 효과적인 수단으로 학습된다. 스트레스를 인지하거나 모델링을 통해 약물을 사용한 사람이 스트레스 상황에서 즉각적인 약물의 효과를 경험하고 모델링의 대상을 통해 정보를 얻거나 인정을 받게 되면 강화된다. 그러나 약물은 내성이 생기기 때문에 효과를 경험하기 위하여 알코올 사용량을 늘려야 하고, 개인이 더 사용하면 할수록 심리적 의존상태가 일어나고, 결과적으로 그 약물이 제거되면 금단 증상을 경험하게 된다. 이렇게 학습된 반응은 신체적 의존이 형성될 때까지 계속되면, 혐오감을 주는 금단증상이 계속적인 약물 사용의 동기가 된다.

인지이론: 인지이론은 중독이 개인의 기대, 신념, 태도, 인지적 왜곡에 의해 영향을 받는다고 설명하며, 치료는 이러한 인지적 구조를 변화애 초점을 둔다. 개인이 알코올이나 약물 사용 후 기대하는 긍정적 효과가 중독 행동을 유발하거나 유지하는 역할을 하며 중독자는 자신의 문제를 과소평가하거나, 자신의 행동이 통제 가능하다고 믿거나, 부정적인 결과를 무시하는 왜곡된 인식을 가질 수 있다. 특히 스트레스나 유혹 상황에서 무의식적으로 떠오르는 사고가 행동에 영향을 미친다.

5) 사회문화 모델(Social Theory)

중독은 사회적 환경, 문화, 가족, 경제적 요인과 깊은 관련이 있다고 보는 관점이다. 중독의 발병률이 성, 연령, 학력, 종교, 직업 등의 요인에 따라 다양하게 분포된 점은 사회적 스트레스, 가족 내 문제, 문화적 기대, 사회적 규범이 중독에 영향을 미칠 수 있음을 시사한다. 가족 중에 중독 문제가 있는 경우, 개인의 중독 위험이 증가한다. 친구나 가족이 중독 문제를 겪는 경우, 그 영향으로 중독에 빠질 가능성이 높아진다. 알코올, 약물, 도박 등 중독성 물질이나 활동에의 접근이 용이할 경우, 음주나 약물 사용이 허용되는 경우, 중독 발생 위험성이 높아질 수 있다.

6) 통합적 모델

이 관점은 약물남용과 의존으로 가는 길은 다양하며 중독은 생물학적, 심리적, 사회적 요인이 복합적으로 작용하는 결과로 보는 포괄적 관점이다. 어떠한 단일 모델로도 어떤 사람이 물질에 중독되는지 원인을 설명할 수는 없고 중독자의 원인과 동기는 사용자마다 다르다는 입장이다. 중독의 메커니즘은 신경생물학적, 심리적, 사회적 요인 등 다른 대부분의 모델들을 하나로 결합하고, 복잡성을 이해하는 것이 중독 치료와 예방에 있어 중요한 기준이 된다고 본다.

이처럼 중독에 대한 다양한 관점들이 있으며, 문제해결을 위해서는 여러 관점을 통합하여 개인 맞춤형 치료를 제공하는 것이 필요하다.

표 11-2 중독에 관한 다양한 관점 요약

관점	핵심 내용	특징
도덕모델	개인의 도덕성, 책임 문제	도덕적 교정, 규범, 처벌
질병모델	신경생물학적 변화와 관련된 만성 질환	약물치료, 의료적 개입 강조
생물학적 관점	뇌의 생리적 변화와 유전적 요인	약물치료, 신경조절 기술 활용
심리학적 관점	심리적 문제와 충동, 정서적 요인	심리상담, 행동수정
사회문화적 관점	사회적 환경, 문화, 가족, 경제적 요인	가족치료, 예방, 사회적 지원
통합적 관점	생물심리사회적 요소 모두 고려	다차원적 접근, 포괄적 치료

5. 중독 사정과 진단

중독의 사정(assessment), 선별(Screening)과 진단(Diagnosis)은 중독 여부를 평가하고 치료가 필요한지를 판단하기 위한 과정으로 서로 연결되어 있지만, 목적과 과정에서 차이가 있다. 먼저 선별(Screening)은 표준화된 설문지나 간단한 검사 도구를 사용하여 짧은 시간 내에 중독의 가능성을 빠르게 확인하여 추가 평가가 필요한지를 판단한다. 사정(Assessment)은 면담, 설문지, 생리적 검사 등 다양한 도구를 사용하여 개인의 정신적, 신체적, 사회적 요인을 포함한 광범위한 정보 수집하여 개인의 중독 상태에 대해 평가하고 개입계획을 위한 정보를 제공하는 것이다. 중독의 진단(Diagnosis)은 특정 중독 여부를 DSM-5(정신 장애 진단 및 통계 매뉴얼) 또는 ICD-10(국제질병분류)와 같은 기준을 사용하여 확인하고, 이를 바탕으로 공식적인 진단을 내리는 과정이다. 모든 과정은 상호 보완적이며, 중독 치료의 효과적인 접근을 위해 모두 중요하다.

중독의 진단기준인 DSM-5와 ICD-10은 서로 다른 맥락에서 개발되었으며, 각기 다른 특징과 장단점을 가지고 있다. 물질 사용 장애에 대한 진단기준을 제공하는 DSM-5와 ICD-10은 중독의 심리적, 사회적, 신체적 측면을 고려하여 포괄적인 평가를 가능하게 함으로써 전문가들은 중독의 심각성을 평가하고 적절한 치료 방안을 모색할 수 있게 한다. 두 진단기준은 각각의 장단점이 있어 특정 문화적 맥락이나 환자의 상태에 따라 적절히 활용해야 한다. 두 기준의 비교와 차이점, 장단점을 정리결과는 표 11-3에 제시한다.

표 11-3 진단기준 비교

진단기준명	DSM-5	ICD-10
특징	주로 미국 내에서 사용되며, 심리적 측면 강조 세부적, 포괄적 기준으로, 진단의 정확성을 높일 수 있지만 미국 외 다른 문화권에서의 적용이 어려움.	전 세계적으로 사용되고 신체적 의존에 중시 간단한 구조로 인해 진단이 용이하지만 일부 중독 환자의 누락가능성 존재
진단 기준의 세부사항	물질 사용의 심리적, 신체적 의존을 모두 포함 내성과 금단 증상뿐만 아니라 사회적, 직업적 기능 저하 등을 영향을 고려함	신체적 의존(금단 증상, 내성)을 강조 사회적 및 직업적 기능 저하는 다루지만 DSM-5에 비해 상대적으로 덜 세분화됨
중독 진단 기준	**11가지 기준 중 2개 이상이 12개월 이내에 해당 물질을 더 많이 사용하거나 더 오랜 기간 동안 사용하려고 했으나 실패함. 물질 사용에 대한 지속적인 욕구나 갈망이 있음. 물질을 사용하지 않으려 할 때 금단 증상이 나타남. 물질 사용의 양을 조절하지 못함. 물질 사용으로 인해 사회적, 직업적, 또는 개인적 기능에 문제가 생김. 물질 사용이 위험한 상황에서 계속 이루어짐. 물질 사용으로 인해 사회적, 대인관계의 문제가 발생함. 물질을 사용하기 위해 많은 시간을 소비함. 사회적, 여가 활동을 포기하거나 줄임. 물질 사용의 지속에도 불구하고 신체적 또는 심리적 문제가 있음. 내성이 생겨 더 많은 양을 사용해야 함.	**물질 사용 장애 물질에 대한 강한 의존을 느끼며, 사용하지 않으면 불안정한 상태가 됨. 물질 사용에 대한 조절을 잃음. 물질 사용에 시간을 많이 소비함. 물질 사용을 줄이거나 중단하려는 시도를 실패함. 신체적 의존: 금단 증상이나 내성이 나타남. 사회적 및 직업적 기능의 손상: 개인적, 직업적, 사회적 관계에 부정적 영향을 미침. 사용 중단에도 불구하고 계속 사용함.

6. 중독의 치료와 회복을 향한 여정

중독의 이해는 개인적, 사회적 차원에서 매우 중요하며, 이를 통해 보다 효과적인 예방과 치료 접근이 가능하게 된다. 구체적으로 살펴보면 다음과 같다.

1) 약물남용치료 형태

알코올 중독자 또는 약물 중독자라는 말로 한사람을 규정할 수 없듯이 하나의 완전하고 신뢰할 수 있는 치료접근은 존재하지 않는다. 정신보건 전문가들이 제시하는 약물남용에 대한 종합적 치료 프로그램의 구성요소는 그림 11-4에 제시되어 있다

- 치료공동체: 치료공동체란 중독 치료를 위한 거주환경을 말한다. 치료공동체의 목적은 구조화되고 고립된 상호원조적 환경을 형성하여 그 안에서 중독자를 재사회화시키고, 각 개인이 성숙한 참여자로서 기능하게 하는 데 있다. 대부분의 치료공동체는 매우 고립적이고 장기적인 시간을 요구하기 때문에 탈락자가 많은 편이다.
- 입원과 거주치료: 입원이나 거주치료 형태는 치료공동체보다 치료기간이 짧고 외출이나 자신의 가정에서의 외박도 가능하여 사회적 고립도 덜하다. 일반적으로 의료기관에서는 약물치료를 병행하거나 약물치료 없이 해독과정을 제공한다.
- 외래치료와 낮병원 : 치료는 병원이나 일반 치료기관에서 이루어지지만, 환자는 보통 자신의 집에서 남은 시간을 보내므로 입원이나 거주치료에 비해 경제적이고, 치료와

그림 11-4 종합적 중독 치료 프로그램의 구성요소

일상생활을 병행할 수 있다. 그러나 환자의 가족이나 지인이 약물이나 알코올사용을 철저히 감시하고 중단노력을 지원하지 않는다면 약물이나 알코올을 사용할 수 있다는 명백한 위험이 따른다.

- 집중 외래치료와 일반 외래치료: 정신보건 센터와 같은 독립된 기관이나 클리닉에서 이루어지는 집중 외래치료는 3-4주간 동안, 매 회기는 2시간에서 4시간 정도로 진행된다. 주요한 장점은 저렴한 비용은 물론 학교나 직장을 다니며 중독치료를 병행한다는 점이있다.
- 치료형태의 선택: 특정 개인에게 가장 적합한 치료를 결정한다는 것은 어려운 일이지만 매우 중요한 일이다. 치료 적합성를 판단하는 기준으로는 클라이언트의 동기, 약물사용을 중단할 수 있는 능력, 사회적 지지, 직업, 신체적 상태, 정신적 상태, 이전의 치료경험 등이 포함된다. 가장 바람직한 유형은 구속을 최소화하고, 성공 확률을 최대화하는 동시에 사정과정에서 필요하다고 확인한 요인들을 충분히 고려하는 프로그램이다.

7. 효과적인 상담치료

중독 문제의 복잡성을 이해하고, 다양한 접근을 통해 개인 맞춤형 상담 치료를 가능하게 한다. 각 치료법의 효과는 개인의 특성과 환경에 따라 달라질 수 있으므로, 종합적인 접근이 필요하지만 가장 많이 사용되는 인지행동치료와 동기강화상담, 그리고 자조집단을 통한 사회적 치료를 간략하게 소개하려 한다.

1) 인지행동치료

인지행동치료(Cognitive-Behavioral Therapy)는 장기적인 회복을 돕는 중독치료 방안으로 중독자의 부정적인 생각과 행동을 인식하고 변화시키는 데 초점을 맞춘다. CBT는 비현실적인 믿음과 비논리적 추론으로 상황을 왜곡하는데서 환자의 증상이 발생한다고 보고 이런 오류를 스스로 깨닫고 수정하도록 돕는 인지치료와 과거의 반복이나 조건화 과정을 통하여 학습된 문제행동을 분석하고 치료하는 행동치료가 결합되어 있다.

본격적인 인지행동치료 과정으로서 인지 사례의 개념화와 인지교정을 확인하고 수정하기, 실상황에서 일어날 수 있는 재발 상황을 설정하여 술 거절하기를 연습하고 평소에 떠오르는 알코올 갈망과 감정 변화를 조절하고 재발 예방을 위한 다양한 사회기술 훈련 등을 연습한다. 인지행동치료는 인지치료는 인지왜곡을 스스로 발견하고 수정하도록 가르치고 돕는 것이 핵심이므로 자발적 참여가 중요한 성공요인이다. 인지행동치료에서는 환자와 환자 가족을 대상으로 알코올이 신체와 심리적으로 어떤 변화를 어떻게 일으키는가에 대해 교육하고 중독되어 가는 과정 중에서 환자와 가족이 겪는 심리적 변화와 고통 등을 교육한다.

행동주의 모델은 혐오적 조건화나 감각화를 통해 약물 및 알코올 문제를 치료한다. 혐오적 조건화는 알코올 사용에 메스꺼움이나 호흡곤란, 전기 충격 등 혐오적인 자극이나 이미지를 연결함으로써 개인의 알코올에 대한 욕구를 감소시키거나 제거하는 과정이다. 이러한 과정은 고통스럽고 스트레스를 유발할 뿐 아니라 잠재적으로 위험하기 때문에 클라이언트를 선발하는데 신중해야 하며 의료진의 감독이 필요하다.

알코올이나 약물사용을 부정적 결과나 메스꺼움 같은 혐오스러운 이미지와 연관시키는 감각화 과정은 환자가 실제로 메스꺼움이나 전기 충격과 같은 경험을 하는 것이 아니기 때문에 신체적 위험부담이 없고 클라이언트가 중도 탈퇴할 가능성도 상대적으로 낮다.

2) 동기강화상담

동기강화상담(Motivational Interviewing, MI)은 그 효과가 지속적으로 입증되고 있는 모델이다. 중독자가 스스로 변화할 수 있도록 지원하며, 자아 탐색을 통해 회복의 길을 찾도록 돕는 태도와 의사소통기법을 조합한 변화단계이론을 근거로 한다. 상담자는 변화의 과정에서 생기는 내담자의 양가감정을 함께 탐색하고 변화가 필요한 행동과 관련된 내담자의 가치와 목적을 명확히 하는 다양한 활동을 통해서 행동의 변화를 방해하는 양가감정을 해결하도록 돕는다. 내담자의 변화를 향한 동기를 이끌어 내고 자기효능감을 증진시킴으로써 내담자가 변화과정에 보다 적극적으로 참여하게 한다. 내담자의 변화의지가 어느 정도 자리 잡으면 상담자는 보다 다양한 기법을 사용하여 변화를 향한 결심을 강화시키고 변화의 궤도를 유지하도록 돕는다.

Richard Miller와 Stephen Rollinick이 제시한 동기강화 상담의 중심이 되는 4가지 원리(표 11-4)와 James Prochaska와 Carlo DiClemente 개발한 변화모델(model of change) 단계(그림 11-5)는 다음과 같다.

표 11-4 동기강화상담의 원리와 내용

동기강화 상담의 네 가지 원리	
공감 표현하기	내담자의 관점을 이해하고자 하는 열망을 가지고 존중하는 태도로 귀를 기울임
불일치감 증가 시키기	내담자의 현재 행동과, 보다 차원 높은 자신의 목적과 가치관 사이에 불일치감을 만들어 증폭시킴
저항과 함께 구르기	내담자의 저항에 직접 맞서지 않고 저항과 함께 구르거나 함께 흘러감
자기효능감 증가 시키기	상담자가 아닌 내담자에게 변화를 선택하고 이행 하는 책임이 있음

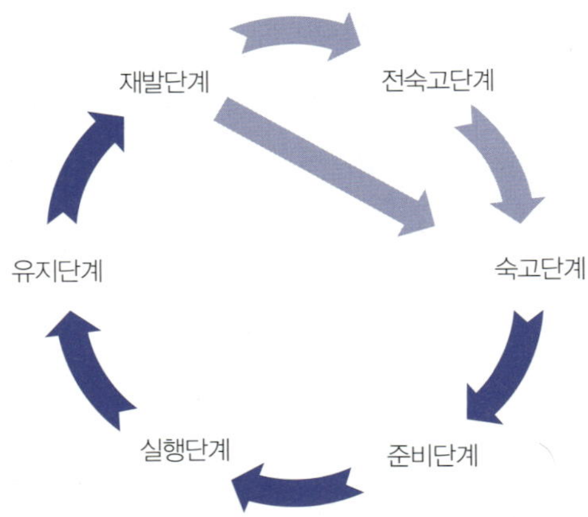

그림 11-5 변화모델

일반적으로 전숙고단계 동안 클라이언트는 자신의 문제를 인식하지 못하고 있으므로 강요나 공격적 직면은 피하고 정보와 피드백을 통해 자신의 문제를 인식하게 한다. 숙고단계에서 클라이언트는 자신의 문제에 관하여 양가감정을 가진다. 클라이언트는 다른 사람들이 자신의 문제를 인식하고 있다는 것을 알고 있으며 변화할 것인지 아니면 거부할 것인지 망설이는 단계로 여기서 변화를 선택하도록 하는데 감정이입, 존경과 온정, 구체성, 즉시성과 일치성, 진실성과 확실성과 같은 동기강화 면접기법을 활용할 수 있다. 결심단계에서 상담가는 클라이언트의 행동을 촉진하는 기회가 주어지는데 이 기회를 잡지 못하면 클라이언트는 숙고단계로 후퇴하게 된다. 이 단계에서는 동기강화 면접기술이 적절하고 효과적인 변화 전략이 될 수 있다. 실행단계는 문제를 극복하기 위해 자신의 행동과 경험 그리고 환경을 실제로 수정하는 시기이다. 남용자가 약물 중단으로 심리적 고통과 약물 갈망에 굴복할 위험성이 높은 이 단계에서는 약물 사용 충동 저항 노력을 강하게 지지해 주어야 한다. 유지단계에서 클라이언트는 재발하지 않고 자신의 행동을 통해서 나타난 결과를 유지하려고 노력한다. 최소 6개월 이상 약물 없이 살아온 상태로 이때는 성공에 대한 인정과 행동변화를 유지하면서 겪게 되는 어려움을 편안하게 의논할 수 있는 환경을 조성하고 변화단계에서 자주 발생하는 재발을 보고할 수 있게 도움을 줄 수 있다. 재발단계는 유지에서 실패하여 다시 중독으로 가는 단계이다. 동기강화 면접은 각 단계별 목표들을 성취하기 위해 고안되었다.

3) 중독의 사회적 치료: 자조집단

알코올 중독자 익명의 모임(Alcoholics Anonymous, AA)와 같은 12단계 프로그램은 서로의 경험을 공유하고, 지속적인 지지를 통해 자기 인식과 사회적 지원을 통해 회복을 도모하는 방법이다. AA는 알라논(Al-Anon 알코올 중독자 가족모임) 및 알라틴(Alateen 알코올 중독자 자녀모임), 약물사용자를 위한 약물 중독자모임(Narcotics Anonymous, NA), 도박중독자모임(Gamblers Anonymous, GA) 그리고 자신을 성중독자, 음식중독자 등이라 생각하는 사람들을 위한 12단계 집단이 파생되었다. AA는 단주에 대한 열망이 유일한 구성원의 자격이며, 이 모임은 회비 없이 기부를 통해 자조적으로 운영된다. 모임은 어떤 종교나 종파 혹은 정치단체나 조직과도 연결되어 있지 않으며, 논쟁을 지양하고 특정한 의도를 주장하지도 않는다.

AA의 효과에 관한 연구결과는 12단계 자조그룹에 참여하는 것이 약물사용 감소와 심리사회적 기능의 향상에 영향을 효과적이며, 건강관련 서비스 비용을 감소시키는 것을 알 수 있다. AA참여만 하는 것보다는 AA와 다른 전문적 치료를 병행할 때 효과적이며, 지속적인 관리방법으로 보는 것이 바람직하다고 알려져 있다.

8. 중독 연구 및 치료의 전망

중독에 대해 알고 더 많이 탐구하고 이해함으로써 우리는 중독자에 대한 사회적 낙인을 줄이고, 효과적인 개입 프로그램 개발하고 중독 문제에 대한 정책을 수립할 수 있다. 중독 연구의 미래 전망은 어떠할까? 전반적으로 중독 연구는 기술 발전, 사회적 변화, 그리고 개인의 삶의 질 향상과 밀접한 관련이 있기 때문에, 앞으로도 다양한 연구가 이어질 전망이다. 현재 중독 문제는 사회적, 경제적, 건강적 측면에서 큰 영향을 미치고 있으며 새로운 디지털 매체의 등장으로 인해 디지털 중독문제가 더욱 부각될 것이다. 앞으로 중독 연구는 계속해서 다양한 방향으로 진행될 것으로 예상되며 중독연구 및 치료의 전망과 과제는 다음과 같다.

- 다양한 치료법 개발: 전통적인 치료 방법 외에도, 약물치료나 심리치료와 같은 기존의 개입방법 뿐만 아니라 인공지능(AI) 기술이나 가상현실(VR)을 활용한 치료 방법 등 새로운 기술이 중독 치료에 활용될 가능성이 크다. 모바일 앱, 온라인 상담, 원격 치료 등으로 접근성을 높이고, 다양한 방식의 지원이 가능하게 된다. 또한 축적된 자료를 기반으로 중독의 다양한 유형과 그 원인을 이해함으로써, 개인에게 가장 효과적인 맞춤형 치료 방법을 제공할 수 있다.
- 통합적 접근: 중독자의 신체적, 정서적, 사회적 필요를 고려하여 종합적인 서비스를 제공하는 방식으로 개발될 것이다. 심리학, 의학, 사회학 등 다양한 분야의 전문가들이 협력하여 포괄적인 치료를 제공하는 다학제적 접근이 필요하다. 이는 중독 문제를 보다 효과적으로 해결할 수 있는 기반이 된다. 중독 치료가 우울증, 불안장애 등 동반 질환을 함께 다루는 통합적인 접근이 강화되어 중독자와 그 가족에게 더 나은 서비스를 제공하게 된다.
- 예방 중심의 접근: 중독 예방을 위한 교육 및 프로그램이 강화될 것이다. 조기 개입과 교육을 통해 중독의 위험 요인을 줄이고, 건강한 생활 습관을 촉진하는 방향으로 발전할 것이다. 중독 회복을 위한 지원 네트워크가 강화되어, 중독자가 사회에 통합될 수 있도록 가족, 친구, 지역 사회가 돕는 방향으로 나아갈 것이다. 중독 연구 결과를 기반으로 중독 예방을 위한 조기 개입과 교육이 중요해질 것이다.
- 공공 정책의 변화: 중독문제는 개인에게 미치는 영향뿐만 아니라, 사회적, 경제적 측면에서의 연구도 중요해지고 있다. 중독 예방을 위한 정책이나 사회적 프로그램에 대한 정책과 자원의 지원이 강화될 것이다. 중독을 범죄가 아닌 건강 문제로 인식하고, 치료 접근성을 높이는 방향으로 변화할 것이다. 그렇게 되면 중독자들이 필요한 치료 지원을 받고 재활과 사회 복귀에 도움이 된다.

이러한 방향과 과제들은 중독 연구 및 치료의 발전을 위한 중요한 요소들로, 향후 보다 효과적인 중독 치료 및 예방을 위한 기초가 될 것이다.

12

사회심리학적 관점

〈차별과 편견을 넘어서 공감으로〉

이번 장에서는 사회에는 어떤 차별이 있고 그 차별은 왜 생기는 것인가? 차별의 결과를 살펴보고 극복할 방법을 찾아보고자 한다. 구체적 목표는 다음과 같다. 첫째, 사회적 차별을 이해하기 위해 차별 개념과 유형, 차별이 개인과 사회에 미치는 영향, 그리고 차별의 메카니즘을 살펴본다. 둘째, Beck의 인지왜곡과 Allport의 접촉가설을 통해 혐오와 차별의 심리학적 관점을 이해한다. 셋째, 차별 사례로 최근의 코로나팬데믹 시대의 차별문제, 앞으로 중요한 문제가 될 인공지능시대의 차별을 탐색한다. 마지막으로 차별과 혐오를 넘어서 공감과 연대의사회로 나아가기 위한 방안을 모색한다.

1. 차별연구의 필요성

국내외에서 여성에 대한 폭력 사건과 성차별 문제, 그리고 최근에는 급증하는 디지털 성범죄가 지속적으로 보도되면서 여성의 권리에 대한 관심이 고조되고 있다. COVID-19 팬데믹 이후 아시아계 시민들이 공격당하거나 차별받는 여러 사건이 보도되었으며, 한국에서 열리는 퍼레이드 형식의 성소수자 축제를 둘러싼 갈등이 심화되면서 혐오 범죄와 소수자의 인권에 대한 논의가 활발해지고 있다. 이러한 사건들은 차별과 혐오가 여전히 전 세계적으로 심각한 문제이며, 사회적 논의와 인식 변화가 필요하다는 것을 강력하게 시사한다.

차별은 피해자에게 심리적 고통, 낮은 자존감, 사회적 고립 등을 초래할 수 있으며, 이는 건강과 삶의 질에도 부정적인 영향을 미친다. 차별은 집단 간의 긴장을 높이고, 사회적 갈등을 유발하여 폭력 사태나 사회적 불안정을 초래할 수 있고 사회 통합을 저해한다. 차별이 지속되면, 악순환 고리를 통해 사회적 불평등이 더욱 심화된다. 차별은 특정 집단이 교육 및 고용 기회를 제한받게 만들며, 이는 경제적 불이익으로 이어져 사회의 경제적 불균형을 초래할 수 있다. 이처럼 차별은 사회적 불평등과 빈곤, 교육 기회 등 다양한 사회적 격차를 심화시키는 복합적인 메커니즘을 가지고 있다. 따라서 인권 침해 사례를 드러내고, 차별의 원인과 영향을 이해함으로써, 이러한 차별적 구조를 이해하고, 사회적 불평등 해소와 사회적 통합을 촉진하는 실질적인 방안을 모색하기 위한 정책적 대응과 사회적 인식 개선을 위한 노력이 필요하다.

2. 차별의 개념

차별이란 무엇일까? 다르면 차이가 생겨 차별하게 되는가? 똑같이 입고 먹고 일하는 것이 평등인가? 하지만 이것은 우리는 모두 다르기 때문에 다르다를 틀리다로 인식하고 동일한 잣대로 평가하는 것은 획일화일 뿐이며 차이를 인정하지 않는 것이 오히려 차별이 될 수 있다.

차별은 동일한 상황에서 같은 조건을 가진 사람들 사이에서 불평등한 대우가 이루어지는 것으로 고용, 교육, 의료, 주거 등 다양한 사회적 영역에서 발생할 수 있다. 특정 개인이나 집단이 다양한 이유로 불평등한 대우를 받는 현상을 의미하는 사회적 차별은 개인의 자질이나 능력과는 무관하게, 인종, 성별, 나이, 성적 지향, 종교, 장애, 사회적 지위 등에 대한 사회적 편견이나 고정관념에 기반하여 부정적인 인식이나 행동으로 드러난다. 개인의 행동뿐 아니라 사회의 정책, 법률, 관행 등이 특정 집단에 불리하게 작용할 때 발생하는 제도적, 구조적 차별도 포함된다.

차별은 직접적인 행동으로 나타날 수도 있지만, 간접적인 태도나 언행에서도 무시하거나 배제하는 방식으로 나타나기도 한다. 직접차별은 채용과정에서 단지 여성이나 성소수자라는 이유로 채용 불가라고 명시하여 취업에서 불이익을 겪는 차별이다. 구체적으로 직접차별에는 통계적 차별과 선호적 차별이 포함된다. 통계적 차별은 특정 집단에 대해 통계적 정보나 평균적인 특성을 바탕으로 개인을 차별하는 방식이다. 예를 들어, 기업이 지원자의 성별이나 인종에 따른 평균 급여, 근속 기간 등의 통계적 데이터를 근거로 특정 집단을 차별할 수 있다. 만약 기업이 과거 데이터에서 여성 직원이 남성 직원보다 평균적으로 더 적은 급여를 받았다면, 이 통계적 정보를 활용하여 개인의 능력이나 자질과는 무관하게 여성은 더 낮은 급여를, 남성에게는 더 높은 급여를 제시할 수 있다. 선호적 차별은 개인이나 집단이 특정 그룹을 선호하거나 혐오하는 심리적 또는 사회적 이유로 발생하는 차별이며, 그 결과 특정 집단이 불리한 대우를 받을 수 있다. 예를 들어, 회사가 남성 직원

그림 12-1 인종, 장애인, 성, 나이에 대한 차별 등 다양한 차별의 사례가 나온 교과서

을 선호하여 여성 지원자를 차별하거나, 연령을 제한하는 경우가 이에 해당된다. 간접 차별은 표면적으로는 차별적인 요소가 없어 보이지만, 의도하지 않았지만 결과적으로 차별적 결과를 초래하는 특정 정책이나 행동이다. 모든 직원에게 동일하게 적용되지만, 특히 자녀를 돌봐야 하는 여성 직원에게 불리한 영향을 미칠 수 있는 근로조건이나 장애인의 편의시설이 마련되지 않은 통로나 접근성을 차단하여 장애인에게 불리한 결과를 초래하는 경우가 간접차별에 해당된다.

3. 차별의 사회적 영향

차별이 사회 전반에 미치는 영향은 매우 심각하며, 이를 해결하지 않으면 사회적 비용은 계속해서 증가하게 된다. 이는 개인의 잠재력을 저해할 뿐만 아니라, 사회 전체의 생산성 저하와 경제적 손실로 이어진다. 차별 문제를 해결하는 것은 단순한 인권 차원의 문제가 아니라, 지속 가능한 사회 발전과 정의로운 미래를 위해 시급히 해결해야 할 과제이다. 구체적인 차별의 부정적 영향은 다음과 같다.

첫째, 특정 인종, 성별, 장애인 등의 집단은 차별을 받게 되어 고용 기회가 제한된다. 차별을 받는 집단은 동일한 노동을 하더라도 낮은 임금을 받는 경우가 많아, 결과적으로 소득 불평등이 심화되고 경제적 자원에 대한 접근을 제한하여 빈곤을 초래할 수 있다.

둘째, 차별집단은 교육 기회의 불평등을 경험하여 향후 취업 기회와 소득에 영향을 준다. 차별받는 지역에서는 교육 자원의 부족으로 질낮은 교육을 받게 되며, 이는 개인의 능력 개발을 저해한다.

셋째, 차별은 특정 집단이 사회적 네트워크에서 소외되도록 만들며, 이는 정보, 자원, 지원 네트워크의 부족을 의미한다. 즉 사회적 지지망의 부족은 어려운 상황에 처했을 때 도움을 받기 어려워 개인의 회복력을 떨어뜨리고 빈곤을 악화시킨다.

넷째, 차별을 경험한 사람들은 자신의 가치와 능력을 부정적으로 인식한다. 지속적인 차별 경험은 스트레스와 관련된 질병, 심혈관 질환 등의 위험이 증가할 수 있을 뿐 아니라, 차별로 인해 소외감을 느끼고, 다른 사람들과의 관계를 맺기 어렵고 우울증이나 불안장애와 같은 정신 건강 문제를 유발한다.

마지막으로 차별을 받는 집단은 의료 서비스에 대한 접근이 제한되어 건강 격차가 확대되고, 장기적으로 건강 관리의 불평등은 심화와 함께 빈곤과 관련된 문제를 겪게 된다. 차별 경험은 스트레스와 불안을 증가시켜 정신적 및 신체적 건강 문제를 초래할 수 있다.

4. 차별의 메커니즘

사람들은 왜 차별을 할까? 차별은 사회적 불평등과 빈곤, 교육 기회 등 사회적 격차를 어떻게 심화시키는가? 다양한 이유가 존재하겠지만 자존감을 지켜내기가 힘든 우리사회에서 누군가를 내리누르면서 자신이 우위에 선다고 생각하고 싶은 것은 아닐까? 그러나 남보다 더 낫다고 잠시 우월의식을 가진다고 한들 비교우위에서 얻는 자존감은 유지되기는 힘들다. 차별의 메커니즘은 복잡하며 여러 요인들이 상호작용하여 형성된다. 이를 이해함으로써 우리는 차별을 줄이고 포용적인 사회를 만드는 방향으로 나아갈 수 있다.

차별은 개인의 실제 자질이나 능력과는 무관하게 종종 사회적 고정관념이나 편견에 의해 정당화된다. 고정관념(Stereotyping)은 특정 집단에 대해 일반화된 이미지나 특성을 부여하는 경향이며, 편견(Prejudice)은 특정 집단에 대한 부정적인 감정이나 태도를 갖는 것이다. 주변 환경과 타인으로부터의 학습을 통해 차별적인 행동이나 태도를 학습한다는 사회적 학습(Social Learning)이론에 의하면, 부모, 친구, 미디어 등에서 차별적인 언행을 보고 배우면 비슷한 언행을 학습할 가능성이 높아진다. 사람들이 특정 집단에 대해 가지는 고정관념이나 편견은 문화, 교육, 미디어 등을 통해 형성되며, 차별적 행동으로 이어질 수 있다고 볼 수 있다.

또 다른 차별의 원인은 개인이 소속된 집단을 긍정적으로 평가하고, 그에 따라 타 집단에 대한 부정적인 태도를 형성하는 사회정체성론으로 설명이 가능하다. 개인은 자신이 속한 집단(인종, 성별, 종교 등)으로부터 정체성을 형성함으로써 자신과 타인을 구분한다. 일반적으로 자신이 속한 "내 집단"을 긍정적으로 평가하고, "외 집단"에 대해 부정적인 태도를 취하는 경향이 있는데 이러한 평가가 차별과 편견으로 이어질 수 있다. 개인은 자신의 집단을 긍정적으로 평가하기 위해 타 집단과 비교하고 자신의 집단의 우월성을 강조하고 외집단에 대한 부정적 인식을 강화시킨다. 집단 정체성은 사회적 상호작용을 통해 강화되며, 집단 내의 응집력을 높이고 집단 구성원 간의 유대감을 증진시킨다. 사회 정체성 이론은 차별의 원인을 심리적 관점에서 설명하며, 개인의 행동이 집단 정체성과 어떻게 연결되는지를 이해하는 데 도움을 주고 사회적 지지와 소속감을 통해 개인의 복지를 증진할 수도 있지만, 갈등이나 적대감을 심화시킬 수도 있다.

사회적, 경제적 자원의 불평등 분배는 차별의 중요한 원인으로 특정 집단이 권력을 가지고 자원을 독점하면 다른 집단을 차별하고 소외시킬 수 있다. 더욱이 자원이나 기회를 두고 집단 간의 경쟁과 갈등이 심한 사회라면 이 과정에서 타 집단에 대한 적대감이 커질 수 있어 차별이 쉽게 강화된다.

집단에 대해 두려움이나 불안을 느낄 수 있고 이로 인해 차별적 태도가 강화될 수 있다. 사람들은 자신에게 위험을 느끼는 차별을 없애기 위해서는 우리부터 자신을 존중하고 모두가 존중받도록 사회를 바꾸어 나아가야 한다. 다름을 받아들이는 태도, 그리고 자신을 존중하는 태도가 만나야만 다른 상대방을 존재 자체로 존중하여 다양성이 인정될 수 있다.

5. 차별의 심리학적 이해

Aron Beck의 인지왜곡이론과 Gordon Allport의 긍정적 접촉가설은 차별을 이해하는 데 각기 다른 관점을 제공한다. Beck의 인지 왜곡 이론은 개인의 사고 패턴에 초점을 맞추고, Allport의 접촉 이론은 사회적 상호작용의 중요성을 강조한다. Beck은 우리가 세상을 어떻게 해석하고, 타인과 자신을 어떻게 인식하는지에 따라 형성되는데 증오와 혐오는 부정적 사고 패턴에서 비롯되는 인지적 왜곡으로 본다. Allport는 여러 연구와 실험을 통해 적대자들 사이의 접촉은 편견을 줄여 주고, 더 평화로운 관계로 이끈다는 이론을 개발하였다. 이 이론들은 차별을 줄이기 위한 다양한 접근 방식을 제공하며, 서로 보완적인 관계를 형성하고 있다.

1) Beck의 인지 이론에 기반한 증오와 혐오의 심리학

Beck은 우리가 세상을 어떻게 인식하고 해석하느냐에 따라 감정이 달라진다고 보았다. 혐오나 증오와 같은 감정도 이러한 인지적 왜곡(Cognitive Distortions)에서 비롯될 수 있다. 인지적 왜곡에는 자동사고, 세계관, 자아인식이 영향을 미칠 수 있다.

Beck의 이론에서 가장 중요한 개념 중 하나는 부정적 자동적 사고(Negative Automatic Thoughts)다. 사람들이 특정 상황에서 자동적으로 떠올리는 생각들은 대부분 부정적이고 왜곡된 경우가 많은데, 혐오나 증오도 반복되면, 특정 인물, 집단, 또는 상황에 대한 부정적인 자동적 사고가 발생된다. 예를 들어, 어떤 사람이 특정 집단에 대해 "모두 나를 미워한다"라는 생각을 지속적으로 가지면, 타인에 대해 증오와 혐오라는 감정으로 이어진다. Beck의 이론에서는 사람들이 세상을 어떻게 보는지가 중요하다. 세상을 "위협적이고 적대적인 곳"으로 보는 부정적인 세계관에서 타 집단에 대한 증오와 혐오가 형성될 수 있다. Beck은 자아와 타인이 공격적이거나 배신할 것이라는 생각을 품고 있으면 증오와 혐오의 감정을 유발할 수 있다. 이처럼 왜곡된 인식을 가지고 있을 때, 감정과 행동도 왜곡될 수 있다고 본다. Beck은 증오나 혐오를 일으키는 왜곡된 사고를 수정하고, 대신 더 건강하고 긍정적인 방식으로 상황을 해석하는 방법으로 재구성하도록 돕는 학습인지행동치료(CBT)가 유용하다고 하였다.

Beck은 증오와 혐오의 감정을 심화시킬 수 있는 주요한 왜곡으로 다음의 사항들을 지적하였다.

- 정서적 추론 : 자신의 경험을 근거로 하여 자신, 세상, 미래에 대해 자의적으로 판단
- 과도한 일반화 : 한두 가지 사건을 확대해석해 무리한 결론을 내림
- 임의적 추론 : 아무런 관련도 없는 문제들 사이에 비논리적이고 독단적 추론
- 흑백논리 : 모든 일을 흑 아니면 백으로 이분법적으로 보며 회색지대는 인정하지 않음
- 극대화 극소화 : 어떤 일에 대해 너무 큰 의미를 부여하거나 과소평가
- 파국화 : 재앙화라고도 하며 미래에 대해 현실적인 어떤 다른 고려도 없이 최악의 경우를 예상
- 개인화 : 무관한 특정한 사건이나 상황을 자기와 결부시켜 해석
- 선택적 추상화 : 중요한 것은 무시하고 부분적인 것으로 전체를 확대해석
- 잘못된 명명 : 어떤 사람의 한 가지 행동이나 부분적 특징으로 상황 전체를 낙인찍기
- 긍정격하 : 객관적으로 보지 않고 자신의 긍정적인 경험이나 능력을 낮추어 평가

그림 12-2 인지적 왜곡 (Cognitive Distortions)

사람들은 자신이 속하지 않은 다른 집단을 단순화시키고, 다른 집단이 열등하다고 생각하고 특정 집단을 배제하기 위해 증오와 혐오를 전파시킨다. 이 과정은 대체로 집단화, 비인간화, 그리고 악마화 3단계로 진행된다. 첫단계인 집단화는 특정 사람들을 하나의 집단으로 묶어서 그들이 같은 특성을 공유한다고 인식하게 만드는 과정이다. "우리"와 "그들"로 구분하고 그들에 속한 사람들이 그들만의 특성을 공유하는 것으로 간주하고 차별과 편견을 강화하는데 사용된다. 독일은 유대인을 하나의 집단으로 묶어서 독일인과 다른 존재로 보고 엄청난 혐오와 경멸을 조장하여 학살한 홀로코스트가 대표적인 사례이다. 두 번째 비인간화 단계는 인간으로서의 존엄성이나 가치가 없는 존재로 간주하게 만드는 과정이다. '맘충'은 엄마 입장을 내세워 상대방의 권리를 강탈하거나 주변 사람들과 사회 전반에 직간접적인 피해를 주는 행위를 하는 자녀를 키우는 여성을 묘사하는 표현이다. "해충" 같은 비인간화된 존재는 더 이상 인간적인 동정이나 윤리적 고려의 대상이 되지 않으므로, 그들 집단의 구성원은 더 이상 "사람"으로 보지 않고, 고통이나 권리를 존중할 필요가 없다고 느끼게 된다. 세 번째 악마화 단계는 특정 집단을 사회적, 정치적 또는 문화적 위협인 악의적인 존재로 만드는 과정이다. 이 과정에서 악마화 대상은 단순히 "다른" 사람들이 아니라, 마치 해를 끼치려는 의도를 가진 존재로 묘사되었던 중세 마녀사냥에서 찾아볼 수 있듯이 마녀로 지목된 사람들은 존재 자체가 위협으로 여겨져 고문과 처벌을 받았다.

집단화, 비인간화, 악마화는 서로 얽혀 증오와 혐오를 퍼뜨리고 발전시키는 역할을 한다. 이러한 과정들은 폭력과 차별을 정당화해 왔으며, 현재까지 다양한 형태의 피해로 나타나고 있다.

2) Allport의 접촉이론

긍정적 접촉 가설(Positive Contact Hypothesis)은 집단 간 편견을 감소시키기 위해 가장 포괄적으로 연구되어 온 이론 중 하나다. 사회심리학자 Gordon Allport는 편견에 대한 법적 역할이 중요하다고 주장한다. Allport는 법률이 인종, 성별, 종교, 성적 지향 등을 포함한 다양한 분야에서 법적 역할이 편견을 줄이고, 차별을 금지하여 사회적 통합을 촉진하는데 기여한다고 보았다. 법적 제재는 법률이 편견을 처벌하면, 편견으로 인해 발생하는 불이익이나 차별에 대해 피해자에게 적절한 보상을 받을 수 있게 하고 문제를 공론화하여, 사회 전반에 걸쳐 이러한 문제에 대한 인식을 높이고 사회적 규범을 변화시킬 수 있다. 법률이 편견을 처벌하면, 사회는 보다 포용적이고 차별 없는 환경을 지향하게 된다. 법적 시스템은 피해자들이 차별에 대해 소송할 수 있는 경로를 제공하여, 피해자는 편견으로 인해 발생하는 불이익이나 차별에 대해 보상을 적절하게 받을 수 있게 된다.

접촉은 외집단에 대한 지식을 고양시켜 주고, 외집단 접촉에 대한 불안감을 감소시켜 줌으로써 편견 감소에 기여하고 공감능력을 강화시켜 준다. 하지만 의외로 우리와 다른 의견이나 배경을 가진 사람을 만날 기회가 많지 않다. 우리는 함께 사는 가족, 직장 동료들, 가끔 만나는 친지들은 우리와 비슷한 직업과 수입, 정치적 의견 등을 가질 가능성이 크다. 그런데 2013년 아일랜드에서 진행된 '동성부부 합법화 여부'에 대한 시민의회에서 가능성을 볼 수 있었다. 시민의회는 다양한 문제들에 대한 협의를 진행하고 의견을 제시하는 기구로 '제도화된 접촉의 힘'을 보여주었다. 사회 분열을 극복하고 싶었던 정부는 적, 반대자, 다른 생각을 하는 사람들끼리의 만남을 주선하여 타인이 자신과 전혀 다르지 않음을 인지하며, 유사한 면이 있다는 것을 볼 수 있게 상황을 만들어주는 것이다. 이를 위해서는 동등한 지위, 공동 목표, 협력이 전제되어야 한다. 이 이론은 교육 프로그램이나 캠페인을 통해 인식 개선이 가능하다고 본다. 예를 들어 유소년 스포츠 리그 팀 구성 과정에서 다양한 배경의 아이들을 한 팀으로 활동하게 한다면 구성원들은 서로에 대한 이해를 증진시키고 차별을 줄이는 데 기여하게 된다.

6. 코로나 19 사례로 본 차별

살면서 차별을 경험한 적이 있는가? 최근 우리사회는 코로나 팬데믹을 통해 차별과 혐오, 증오의 주체가 빠르게 바뀌는 것을 경험했다. 확진자로 인해, 누구나 언제든 혐오와 차별의 대상이 될 수 있겠다는 불안은 급속하게 확산되었다. 중국에서 발생했다는 이유로 모든 아시아인에 대한 혐오가 세계적으로 확산되었고, 미국과 유럽 등지에서 아시아계 주민은 혐오의 대상이 되었으며, 그 결과로 신체적 · 언어적 폭력을 당하는 사건 사고가 증가되고 연일 보도되기도 하였다.

전세계를 공포에 빠뜨렸던 코로나 19 팬데믹 현상은 단순한 보건문제가 아니라 그동안 사회 전반에 걸쳐 우리가 가지고 있던, 차별, 혐오, 불평등과 같은 사회적 문제를 부각시켰다. 코로나 이후 부유층과 빈곤층, 고소득 국가와 저소득 국가 간의 경제적 불평등을 더욱 심화시되고 다양한 불평등은 더욱 심해졌다. 옥스팜(Oxfam) 보고서(2022년)에 따르면, 2020년~2021년 사이 세계 10대 부자의 재산이 두 배 증가하였지만 같은 기간 동안 전 세계 99%의 소득은 감소하였다고 한다. 2020년 세계 경제가 위축된 가운데, 저소득층은 경제적 타격을 크게 입었지만, 부유층은 더 부유해졌다. 한국은행 및 통계청 발표에 따르면, 상위 20% 가구의 평균 자산은 증가한 반면에 하위 20% 가구의 자산은 감소하였다. 집을 소유한 사람과 무주택자의 자산 격차가 커지고, 20대 청년층 실업률은 증가하였으며, 비정규직 노동자의 고용 불안은 매우 심각한 수준이다. 특히 언어 장벽과 불평등한 의료 접근성으로 인해 취약계층의 차별이 심화되었으며 이주민과 난민이 의료와 사회적 지원에서 배제되었고, 저소득층은 재택근무, 경제적 지원에서 차별받거나 소외되었다.

보건영역에서 보면 저소득 국가의 백신 접근성은 선진국에 비해 현저히 낮았다. 아프리카 국가들은 백신 공급 부족으로 인해 접종률이 1회 접종도 10%도 미치지 못한 반면, 선진국은 수차례 연속 접종이 진행되었다. 일부 국가에서는 신분증이 없는 이민자들이 백신을 맞기 어려운 상황이라 많은 사회적 약자(홈리스, 불법 체류자 등)가 백신 접종에서 배제되었으며, 우리나라에서도 초기 코로나 방역차원에서 이주 노동자에게만 코로나 검사를 강제하여 논란이 되기도 하였다. 이처럼 노동시장에서의 차별과 백신 배분 및 접종 과정에서 차별로 인해 비정규직, 저소득층, 이주 노동자가 더 큰 경제적 타격을 입었으며 부의 불평등이 더욱 확대되었다.

또한, 코로나19로 인한 교육격차는 더욱 심화시켰다. 디지털 기기 및 인터넷 접근성이 낮은 저소득층 학생들은 온라인 수업 진행으로 온라인 학습 참여율이 낮았으며 학습 격차가 확대되는 불리한 상황에 놓이게 되었다. 학교 및 보육시설 폐쇄는 가사 · 육아로 인한 돌봄을 여성들에게 부담지우며 여성 노동의 강도가 높아졌을 뿐 아니라 고용 시장에서 불이익을 초래하게 되었다. 이를 해결하기 위해서는 부의 재분배 정책, 사회 안전망 강화, 저소득층 지원 등 포용적인 정책과 사회적 인식 개선이 필요하다는 것은 자명하다.

코로나 19 팬데믹은 글로벌 사회의 취약점을 드러내는 동시에, 차별 문제에 대한 인식을 높임으로써 포용사회로의 변화를 촉구하는 계기를 마련하였다. 코로나19는 사회단체와 시민들이 차별 철폐를 위해 다양한 목소리를 내고 차별 문제에 대한 인식이 높아지면서 저소득층, 이주민, 난민 등을 위한 의료지원과 사회복지 정책이 확대되었다. 특히 온라인 교육과 원격근무가 보편화되면서 디지털 격차 해소에 대한 관심이 확대되었다. 또한 미국, 유럽 등은 아시아계 혐오 범죄에 대한 법적 처벌 강화와 신고 시스템 개선을 추진하여 혐오범죄 대응을 강화하게 되었다. 예를 들어 미국에서는 아시아계 혐오 방지를 위해 "Stop Asian Hate"와 같은 캠페인이 전개되었으며, 혐오범죄 신고를 위한 신고 시스템을 개선하고, 연방정부 차원에서 혐오범죄 대응을 강화하는 내용을 담고 있는 COVID-19 Hate Crimes Act를이 통과되었다.

한국은 초기 대응과정에서 대구코로나 용어에서 드러나듯 감염사례 지역(신천지교회, 집단시설 감염)에 대한 혐오와 배제, 그리고 이주민, 다문화 가족의 의료 접근성문제가 존재하였지만, 이러한 문제를 해결하기 위한 포용적 대응사례로 알려져 있다. 한국은 혐오표현과 차별적 언행에 대한 법적 제재를 강화하는 법률 개정을 추진하고 차별금지법 제정을 위한 논의가 활성화되고 있다. 지역사회 무료 코로나19 백신 접종과 민간 의료기관과의 협력 확대하고 장애인 콜택시와 의료기관 이동 지원, 다문화가족 대상 건강검진 캠페인 등 특수계층 대상 맞춤형 의료지원을 실시하였다. 또한 코로나19로 인해 소득이 급감한 저소득층, 실직자, 영세사업자 등을 대상으로 긴급 복지지원과 다문화 가정을 위한 언어 지원, 코로나19 관련 방역 안내와 의료 지원 등은 성공적인 정책사례로 꼽히고 있다. 앞으로도 차별 없는 사회를 만들기 위한 지속적 노력과 정책 개선이 필요하다.

7. 인공지능 시대의 공정성, 차별의 문제: 확증편향의 사례

디지털 세상에서는 인터넷 포털 사이트에 접속하여 검색하면 더 많은 정보를 더 빠르게 얻을 수 있는 편리한 세상이 되었다. 그런데 인터넷 정보는 무조건 옳은가? 인터넷 시대의 가장 큰 문제는 순식간에 이동되는 정보가 옳은지 그른지에 대한 판단이 서기 전에 누구나 쉽게 많은 정보에 노출되는 환경에 처해 있다. 인터넷은 생각의 오류나 잘못된 정보를 알아차리게 하지 않고 사실이 중요한 게 아니라 사실이라 믿는 사람이 많고 이들이 동의하면 확산이 된다. 그래서 차별과 혐오도 빠르게 확산된다. 최근 급격히 성장하고 있는 인공지능의 발전으로 앞으로 살아갈 세대는 새로운 공정성과 차별의 문제를 직면하게 될 것이다. 인공지능은 사람과 달리 개인적 감정이 배제되어 공정하리라 생각하지만 과연 그럴까? 인공지능의 작동방식은 데이터를 분류해 내는 것이다. 인공지능은 범주화된 정보를 기반으로 빠르게 의사결정을 할 수 있도록 돕지만, 알고리즘에 의한 차별과 공정성 논란으로 확대되기 쉽다.

자신이 믿고 싶은 것만 믿는 태도를 심리학에서는 확증편향이라고 한다. 인터넷 세상에서는 이문제가 더 심각하다. 알고리즘을 통해 컴퓨터가 시스템 명령에 따라 개인의 선호하는 것을 찾아내 제공하는 걸 지칭한다. 한번 본 유튜브는 유사한 내용을 찾아 소개하여준다. 이런 편리함은 매우 긍정적인 측면이다. 하지만, 거짓 정보도 사용자의 취향에 맞기만 하면 끊임없이 제시되어 보게 만든다. 비슷한 정보나 접하다 보면 편향성을 가지고 고정관념을 갖기 쉽다. 인공지능은 지금까지 쌓아 온 엄청난 자료를 정리하고 분석하는 시간을 획기적으로 단축했다. 하지만 그 자료 속에 담긴 인간의 편견까지 학습한 2016년 마이크로소프드사에서 개발해 서비스를 시작한 인공지능 '테이'와 2020년 국내에서 개발된 인공지능 '이루다' 챗봇 서비스는 차별과 혐오발언 논란으로 서비스가 중단되었다. 이는 이렇게 인간편견까지 학습한 인공지능의 한계라 할 수 있다. 포털사이트는 조회수가 많은 기사를 더 많은 사람이 볼 수 있도록 가장 먼저 노출시켜준다. 그건 다수의 의견일 뿐, 다수가 선택한 정보가 항상 옳은 것은 아니다.

빅데이터 인공지능 시대에서 공정성과 차별문제가 새롭게 부각된다. 알코리즘에 의한 차별과 공정성 논란이 나타난 것이다. 인공지능에서 차별이 발생하는 이유는 주로 데이터의 특성과 데이터에 기반한 학습 과정에서 비롯된다. AI에서 차별이 발생하는 주된 이유는 데이터의 불완전성, 편향성, 불균형과 같은 문제들이 반영되기 때문이다. AI 모델은 주어진 데이터를 기반으로 학습하고 예측을 하기 때문에, 데이터 자체에 존재하는 사회적 불평등이나 편견을 그대로 학습할 수 있다. 이로 인해 AI 시스템은 의도치 않게 특정 집단에 대해 차별적인 결과를 도출할 수 있다. 인공지능 차별의 악순환을 표 12-1에 제시되어 있다.

이처럼 인공지능 모델은 주어진 데이터를 기반으로 패턴을 학습하고 예측을 수행하는데, 이 데이터 자체가 이미 사회적 차별이나 불균형을 반영하고 있을 수 있다. 따라서 AI

표 12-1 차별의 악순환 내용과 사례

	내용	사례
불평등한 데이터로 시작되는 악순환	차별적 요소 학습	특정 직업이나 산업에서 여성 배제
차별적인 결과의 재생산	AI가 학습한 편향된 데이터를 바탕으로 차별적인 결정을 내리는 시스템	경찰은 그 범죄 데이터를 바탕으로 특정 지역을 더 많이 단속하면 범죄율 예측이 더욱 높아짐
새로운 불평등을 창출	불평등한 사회적 구조가 고착화	차별받는 집단은 계속해서 고용에서 제외되거나 불이익을 받게 되어불리한 상황
학습 데이터의 반복과 확대	자동화된 방식으로 차별적인 패턴이 반복	AI가 대출 심사를 자동으로 할 때, 특정 인종은 계속해서 대출을 받기 어려운 상황
사회적 불신과 갈등의 심화	시스템에 대한 불신을 인식하고 사회적 갈등이 심화	AI 시스템에 대한 반감으로 AI 기술에 대한 전반적인 신뢰도 하락

시스템에서 차별을 예방하려면, 데이터의 편향을 줄이고, 다양한 집단을 충분히 대표하는 데이터를 사용하며, 알고리즘의 투명성과 해석 가능성을 높이는 노력이 필요하다.

인공지능(AI)의 발전은 다양한 분야에서 혁신을 가져오고 있지만, 동시에 공정성 훼손과 차별 문제도 심각하게 대두되고 있다. 이에 대응하기 위해 여러 국가와 기관이 정책적 노력을 기울이고 있으며 정책적 목표로는 차별방지, 투명성 확보, 책임성 강화, 신뢰성 강화 등이 제시되고 있다. OECD는 이러한 AI의 차별 방지와 공정성 확보를 위한 국제적 기준 제시하였는데 AI 원칙 중 특히 포용성(Inclusiveness), 공정성(Fairness), 책임성(Responsibility) 강조하고 있다. 구체적인 사례로는 유럽연합(EU)의 AI 규제안 및 윤리 가이드라인을 제시, 미국 연방거래위원회(FTC)는 AI와 알고리즘의 공정성 평가를 권고하는 가이드라인 제시, 한국정보화진흥원 인공지능 윤리기준 제정이 포함된다. 인공지능 시대에는 기술 발전과 함께 공정성 확보와 지속적인 규제 강화와 기술 개발, 윤리적 기준 확립이 필수적이다.

8. 차별 감소를 위한 사회심리학적 전략

사회적 차별은 개인과 사회 전반에 걸쳐 심각한 부정적인 영향을 미치고 있다. 차별이 없는 사회는 없고 또 앞으로도 존재하지 않겠지만 차별을 감소시킬 수는 있다. 전 세계적으로 불평등과 차별에 대해 분노와 혐오가 확산 대신에 공감과 연대를 바탕으로 문제를 해결해야 한다. 책임 있는 미디어 활용을 통한 인식 개선, 차별 철폐 정책, 지역사회 연대를 향한 공감 교육 등은 더 공정하고 포용적인 사회를 만드는 데 필수적이다. 차별 문제를 이해하고 극복하기 위한 다각적 접근은 다음과 같다.

첫째, 개인적 수준에서의 개입으로 개개인들이 차별 문제를 인식하고, 고정관념에 대한 도전, 공감 훈련 등 일상에서 실천할 수 있는 방법들을 교육하고 실행해 나가야 한다. 일상생활에서 자신도 모르게 차별적 언어를 사용하는 경우가 많다. 나만 차별과 혐오표현이나 농담을 안한다고 문제가 없는 것이 아니라 그런 말이 오가는 상황을 용인하는 것이 다른 사람들의 생각이나 행동에 영향을 주게 된다. 혐오를 조장하는 표현(예: "중국 바이러스", "불법 체류자가 감염 확산")은 다른 이에게 상처를 주고 공동체의 인권감수성을 저해할 수 있다. 따라서 혐오 표현을 피하고, 개인의 미디어 리터러시 교육 강화하여 가짜 뉴스 및 혐오 표현을 비판적으로 분석하는 역량을 키우고 객관적이고 균형 잡힌 정보 제공하는지 플랫폼 차원에서 모니터링과 제재 강화하여야 한다.

둘째, 집단적 수준에서의 개입으로는 집단 간 갈등을 줄이기 위한 협동 작업, 상호 의존성 증진을 위한 노력을 해야 한다. 취약계층을 돕기 위한 지역사회 상호부조 네트워크 활성화, 기부문화 활성화, 기업 및 기관에서 포용적 고용 정책 도입 등 다양한 지역사회의 공동체 의식과 연대를 강화를 모색할 수 있다.

셋째, 차별금지법 도입과 다양성 교육의 실시 등 법적, 제도적 차원에서 개선이 이루어져야 한다. 사회의 수준은 그 사회가 가장 약한 구성원을 어떻게 대하는가에 따라 알 수 있다. 한국에서는 1999년에는 장애인차별금지법이 제정되고 2007년부터 7차례에 거쳐 차별금지법 제정에 대한 논의가 이어지고 있지만, 여전히 답보상태이다. 헌법에 "누구든지 성별·종교 또는 사회적 신분에 의하여 정치적·경제적·사회적·문화적 생활의 모든 영역에 있어서 차별을 받지 아니한다."고 규정하고 있지만, 많은 영역에서 차별이 여전히 발생하고 있고, 차별 피해가 발생한 경우, 피해자가 제대로 보호받지 못하고 있는 것이 현실이다. 차별금지법 제정은 다양한 차별 행위 중 무엇이 합리적인 차별이고 무엇이 부당한 것인지 판단하고 정립하는데 다양한 요소를 정리하는 과정이 될 수 있다.

13

윤리적 쟁점

초고령사회에서의 존엄사

이번 장에서는 초고령사회에 진입한 우리나라에서 왜 존엄사 논의가 필요한지, 존엄사의 개념과, 존엄사에 관한 심리학적 이해, 존엄사 법제화 동향과 관련된 윤리적 동향을 살펴보고자 한다. 구체적 목표는 다음과 같다. 첫째, 존엄사의 개념을 이해한다. 둘째, 죽음에 관한 심리학적 이론을 학습한다. 셋째, 존엄사 관련한 법제화 동향을 탐색한다. 마지막으로 존엄사와 관련된 윤리적 쟁점을 논의하고 존엄한 마무리를 준비할 수 있는 사회로 나아가기 위한 방안을 모색한다.

1. 초고령사회에서 존엄사 논의의 필요성

우리나라의 인구 고령화 추세는 급속히 진행되고 있다. 65세 이상 노인 인구가 전체 인구의 7%인 고령화사회는 2000년에, 14%에 이르는 고령사회는 2017년에 이르렀으며, 2025년 현재는 이미 20%를 초과하여 초고령사회에 도달한 상태이다.

세계보건기구(WHO)와 영국 임페리얼 칼리지 런던에서 경제협력개발기구(OECD) 35개 회원국의 기대수명을 분석한 결과에 따르면, 복지제도와 의학 발전 덕분에 90세 장벽은 깨지고 있다. 한국이 여성이 91세, 남성은 84세로, 남녀 모두 세계 최장수국으로 나타났다. 하지만 급격한 사회변화과정에서 65세 이상 노년층 중 1인 가구가 급격히 증가하고, 노인들이 겪는 소외, 사회적 배제와 차별, 노인 빈곤 등 사회문제도 더불어 늘어나고 있다. 2023년 기준 우리나라의 노인 빈곤율(40.4%)과 자살률(42.2명)은 OECD 회원국 중 1위이고, 이는 OECD 평균(빈곤율 14.2%, 자살률 16.5명)보다 두 배 이상 높아 노인 빈곤 문제가 심각하다. 2022년 보건복지부에서 실시한 건강통계에 의하면, 65세 이상 노인의 70% 이상이 2개 이상의 만성질환을 앓고 있으며, 정신 건강도 급격히 악화되는 추세로

정부와 민간이 부담하는 노인 돌봄 및 복지 비용은 매년 증가하고 있다. 또한 연평균 약 2,000건 이상의 고독사(홀로 사망 후 발견)가 보고되고 있어, 사회적 고립이 심각한 문제임으로 보여준다. 이러한 통계는 이미 우리나라의 노인 돌봄의 문제가 심각한 수준의 위험에 처해 있다는 것을 알려준다.

기후위기와 AI 기술의 확산 추세, 고령화와 저출생문제, 사회적 · 경제적 양극화 심화 등 급격한 사회변화과정에서 이전에는 상상도 하지 못한 죽음에 관한 낯선 문화와 윤리적 쟁점이 제기되고 있다. 현시점에서 우리나라도 돌봄에 대한 사회적인 관심과 더불어 존엄사 논쟁에 대한 입장을 정리하고 체계적인 정책을 마련하는 것이 필요하다.

영화나 드라마 콘텐츠는 시민들의 안락사 인식에 영향을 미치거나 안락사에 대한 사회적 논의를 촉진시키는 기능을 할 수 있다. 많은 나라에서는 아직도 말기환자 또는 생명 종료에 대한 결정권에 대한 법적 금지 또는 제한적 허용 정책이 유지되고 있다. 이렇게 종교적, 문화적 가치관이 충돌하는 상황에서 영화는 삶과 죽음에 대한 생각을 재조명하고, 말기 환자의 자율적 선택권과 존엄한 죽음에 대한 의료진 또는 가족의 역할에 대한 다양한 시각을 탐색하게 한다.

최근 존엄사라는 주제를 개인의 선택, 사회적 책임, 그리고 삶의 질에 대한 깊은 질문을 던지며 선택할 권리를 고민하게 했던 영화로는 “룸넥스트도어”, “유돈노잭”, “소풍”, “씨인사이드”, 그리고 “플랜 75”가 대표적이다. 이러한 영화의 줄거리와 사회적 배경을 간략히 살펴보면, 먼저 “룸넥스트도어”는 말기암에 걸린 종군기자가 안락사를 결심하고 작가인 친구에게 죽음을 지켜보아 달라는 제안하는 과정에서 겪는 고뇌와 주변인의 반응을 담고 있다.

유명한 존엄사 옹호자인 잭 케봇의 전기 영화 “유돈노잭”은 환자들의 고통을 줄여주기 위해 존엄사를 지지하며, 생명윤리운동이 활발히 전개되던 1970-1980년대를 시대적 배경으로 법적, 윤리적 논쟁을 보여준다. 잭 케봇의 활동은 미국을 비롯한 여러 나라에서 많은 종교권과 보수적 집단은 생명권을 강조하며 강하게 반대하는 목소리도 높이고 동시에 존엄사 허용을 위한 법적 · 윤리적 움직임을 촉발시켰다. 이 영화는 존엄사에 대한 법적 기준과 사회적 인식 변화를 탐구하며, 개인의 권리와 사회의 책임 간의 복잡한 관계에 대한 다양한 의견을 제시한다.

한국 영화 “소풍”은 주인공이 병원에서 투병 중 만난 간호사와의 관계를 통해 자신의 마지막 순간을 어떻게 맞이할 것인지 고민하며, 사랑과 우정, 그리고 선택의 중요성을 깨닫는 과정을 그린 이야기이다. 현대 사회에서는 환자의 삶의 질이 중요한 가치로 자리 잡으며, 사랑과 우정을 통해 마지막 순간을 의미 있게 보내려는 움직임이 늘고 있다. 말기 환자와 의료진 간의 소통, 그리고 환자와 가족 간의 의사소통을 촉진하는 프로그램이 확산되는 추세이다.

"씨 인사이드"는 다이빙 사고로 인해 28년간 전신마비 환자로 살아온 라몬 삼페드로가 진행성 질병으로 인해 극심한 고통을 겪으며, 존엄사를 선택하고, 이에 대한 자신의 삶의 질에 대한 고민을 담은 이야기이다. 영화는 주인공의 내적 갈등과 주변 사람들과의 관계를 탐구하는 과정을 다루며, 마지막 순간의 감정과 결단의 중요성을 강조한다. 진행성 질병 환자가 극심한 고통 속에 존엄사를 선택하는 것은 환자들이 자신의 선택에 따라 죽음을 맞이할 수 있도록 허용하는 방향으로 변화하고 있지만 여전히 종교적 · 도덕적 이유로 반대가 많아, 사회적 공감대가 형성되지 못하고 있다.

"플랜 75"는 노인 인구가 급증하는 일본을 배경으로 한 공상과학 영화이다. 노인들에게 자발적으로 생을 마감할 수 있는 선택을 제공하는 정부 프로그램으로 플랜 75에 참여할 것인지에 대한 고민을 중심으로 전개되며, 노인의 삶과 죽음, 그리고 사회적 압박과 개인의 선택 간의 갈등을 탐구하는 영화이다. "플랜75"는 세계에서 가장 빠른 고령화 국가인 일본의 사회문제를 배경으로, 노인들이 자발적 죽을 권리에 대한 윤리적 · 사회적 논의를 촉진한 영화다. 이 영화는 일본 사회 내에서 '존엄사'와 '자발적 죽음'에 대한 인식을 새롭게 조명하는 계기를 마련하였으며, 이에 따른 정책적 · 사회적 변화도 유발하고 있다. 실제로, 이와 관련된 윤리적 논의와 함께, 공공 및 민간 차원에서 노인들의 선택권을 존중하는 방향으로 인식이 점차 변화하고 있다. 일부 지역에서는 존엄사 관련 법률의 개정을 추진하는 움직임이 나타나고, 고령자와 그 가족들의 심리사회적 지원 프로그램도 확대되고 있다.

이 영화들은 모두 개인이 자신의 삶을 끝낼 권리가 있는가? 지속적인 신체적 고통을 덜기 위한 선택이 윤리적으로 정당화될 수 있는가? 존엄사에 대한 사회적 인식과 법적 기준이 어떻게 개인의 선택에 영향을 미치는가? 개인이 자신의 삶을 끝낼 권리가 있지만, 이를 둘러싼 사회적 압박이 존재하는 상황에서 개인의 결정이 진정한 자발적인 선택인가? 등 많은 윤리적 질문과 고민을 보여준다. 이렇듯 대중매체는 환자들이 자신의 삶과 죽음에 대해 결정할 권리에 대한 논의가 활발해지는데 기여하고 있다. 안락사와 관련한 위 영화들은 누구나 자기 삶을 존엄하게 마무리할 수 있어야 한다고 주장하면서 삶과 죽음의 과정을 성찰하게 해준다.

2. 좋은 죽음과 나쁜 죽음이 있을까?

좋은 죽음(Well Dying)은 개인의 가치, 신념, 그리고 주변 환경에 따라 다를 수 있지만, 좋은 죽음은 고통이 적거나 개인이 생을 마감하는 순간까지 자신의 가치와 의미를 되새기면서 평온을 유지하는 것, 그리고 가족이나 주변 사람들과의 관계가 긍적적으로 정리되는 경우를 말한다. 공통적으로 평온함, 의미 부여, 가족과 화해, 그리고 자신의 삶에 대한 긍정적 평가가 중요한 요소로 포함되는 것이다. 말기 암 환자의 경우라도 통증 완화와 정서적 지원을 받으며, 자신의 삶을 돌아보며 평화롭게 임종하는 경우라면 환자는 죽음을 두려워하지 않고 수용하며, 남은 시간 동안 의미 있게 보낼 수 있고 존엄하게 삶을 마감할 수 있다. 물론 의학의 발전과 돌봄의 역할이 중요하다는 것을 간과해서는 안된다.

대표적인 “좋은 죽음” 사례로 자신의 신념과 삶의 의미를 끝까지 지키며 평화롭게 생을 마감한 이태석 신부의 죽음을 꼽을 수 있다. 그의 삶과 죽음은 “울지마 톤즈”라는 제목의 책과 영화로 만들어져 많은 사람들을 감동시켰다(그림 13-1). 이태석 신부는 2004년부터 2010년까지 가나 지역에서 헌신적인 의료 활동과 선교 활동을 펼쳤으며, 말기 암 판정을 받고도 생을 마감하는 순간까지 환자들과 함께하는 사명을 다하며, 자신의 죽음을 받아들

그림 13-1 영화 “울지마 톤즈” 포스터

이고 평화롭고 의미 있게 생을 마감했다. 이처럼 이태석 신부는 자신의 삶의 목표를 끝까지 실현했으며, 죽음을 자연스럽게 수용하면서도, 자신의 신념을 마지막 순간까지 지킨 사례이다. 이는 '좋은 죽음'의 중요한 요소인 '삶의 의미 실현'과 '평화로운 수용'을 잘 보여준다.

3. 존엄사란 무엇인가?

최근의 최고령 과학자 데이비드 구달(사망 당시 104살)과 가톨릭 신자인 드리스 판아흐트 전 네덜란드 총리 부부가 존엄사로 세상을 떠났다는 뉴스가 또다시 존엄사에 대한 사람들의 관심을 불러모으고 있다. 이들이 의식이 명료한 상태에서 자신들의 의사로 연명치료보다는 그동안 쌓아온 명예와 인간의 존엄성을 지키기 위하여 존엄사를 선택했다는 것을 분명히 밝혔다. 존엄한 죽음은 대부분의 사람들 간절히 소망하는 죽음의 유형일 것이다. 존엄사(death with dignity)는 환자 자신의 의사대로 인간의 존엄성을 지키며 죽는다는 의미이며, 죽음의 과정에서 환자의 고통을 줄여준다는 의미로 흔히 사용되는 안락사(euthanasia)와 대비된다. 연명의료결정법 3조 1항은 '호스피스와 연명의료 및 연명의료 중단 결정에 관한 모든 행위는 환자의 인간으로서의 존엄과 가치를 침해하여서는 아니 된다'라고 하여 인간의 존엄성 존중을 명문화하고 있다. 어떻게 하면 존엄한 죽음을 맞이할 것인가하는 문제는 개인 당사자 및 가족의 문제일 뿐만 아니라 지역사회를 포함한 문화적 · 정책적 맥락에서도 진지하게 존엄사를 논의할 때가 되었다.

통상 '존엄사'라는 용어는 '소극적 안락사'와 동일한 의미로 통용되며, 인간으로서 지녀야 할 최소한의 품위와 가치를 지키면서 죽을 수 있게 하는 행위를 말한다. 안락사(euthanasia)라는 말은 아름답고 존엄한 죽음 또는 행복한 죽음을 뜻하는 그리스어 'euthanatos'에서 유래하였다. 안락사는 일반적으로 의료진이 직접 인위적으로 죽음을 앞당기는 '적극적 안락사'와 생명유지에 필수적인 영양 공급이나 약물 투여 등을 중단함으로써 환자가 죽음에 이르게 되는 것은 '소극적 안락사'로 나눌 수 있다. 또 의료진이 약물 등을 마련해주고, 환자가 자신에게 그 약물 등을 직접 투여해 사망에 이르는 것은 '조력 사망'(조력 자살)이라 하는 존엄사에 포함되기도 한다. 그림 13-1은 다양한 사망의 유형을 제시한 것이다.

지난해 한국보건사회연구원의 '미래 사회 대비를 위한 웰다잉 논의의 경향 및 과제' 보고서에 따르면 82%가 조력 존엄사 합법화에 찬성한다고 응답했다. 조력 존엄사는 심한 고통을 겪는 말기 환자가 의사의 도움을 받아 스스로 약물을 주입하는 등의 방식으로 삶을 마감하는 것이다. 위 연구에서 조력존엄사 동의 이유는 '무의미한 치료 불필요, 죽음 자기결정권, 죽음고통의 감소'라는 이유를 들었다. 또한 연명의료에 대해 91.9%가 중단의향이 있다고 응답했다. 중단을 원하는 이유는 '의미없는 삶, 가족에게 부담, 고통 없는 죽음' 때문이라고 응답하였다. 최근에는 삶으로의 회복이 불가능한 특정 상황에서 연명치료를 시도하지 말라는 치료제한 요구내용이 포함된 사전의료지시서를 작성하는 사람이 점점 증가하고 있다.

생명 윤리에 대한 각 문화의 태도는 각 존엄사에 대한 생각에 큰 영향을 미친다.

표 13-1 사망의 유형

<table>
<tr><td rowspan="5">환자자발성 유</td><td rowspan="3">의사도움 유</td><td>의사처치</td><td>직접조력자살</td><td rowspan="2">존엄사</td><td rowspan="2">법적 요건 충족시 합리적 자살 허용</td></tr>
<tr><td>의사처방</td><td>간접조력자살</td></tr>
<tr><td>생명유지장치 제거</td><td>소극조력자살</td><td rowspan="2">협의존엄사</td><td rowspan="2">사전의료지시서에 따름</td></tr>
<tr><td rowspan="2">의사도움 무</td><td>의사도움 치료거부</td><td>소극 안락사</td></tr>
<tr><td colspan="3">자살</td><td>생존능력자가정지</td></tr>
<tr><td rowspan="2">환자자발성 무</td><td>자연사</td><td colspan="3">자연사</td><td>생존능력 소멸</td></tr>
<tr><td>인위적 죽음</td><td colspan="3">타살</td><td>범죄에 의한 생존능력 제거</td></tr>
</table>

예를 들어, 서구 사회에서는 개인의 자율성을 중시하는 경향이 강한 반면, 전통적인 사회에서는 공동체의 가치가 더 강조된다. 좋은 죽음에 대한 평가도 문화마다 차이가 있다. 하지만, 일반적으로 좋은 죽음은 고통없이 평화롭게 생을 마치는 것을 의미하고 반면에 바쁜 죽음은 고통스럽거나 비극적인 상황에서 생을 마감하는 것이다(표 13-2).

표 13-2 국가별 좋은 죽음의 개념

한국	미국	영국	일본
1. 가족에게 부담주지 않는 것 2. 가족이 함께 있 는 것 3. 주변 정리가 마무리하는 것 4. 통증으로부터 해방	1. 통증으로부터 해방 2. 영적인 평화 3. 가족이 함께 있는 것 4. 정신적인 각성	1. 익숙한 환경 2. 존엄과 존경 유지 3. 희망하는 곳에서 임종 4. 의료진과의 좋은 관계	1. 신체, 심리적 편안함 2. 희망하는 곳에서 임종 3. 의료진과의 좋은 관계 4. 희망과 기쁨 유지

4. 죽음에 관한 이론들

1) 존엄사와 관련된 사회심리학 이론

존엄사와 관련된 사회심리학 이론은 주로 개인의 선택, 고통, 그리고 죽음에 대한 태도를 이해하는 데 도움이 된다. 존엄사 이해를 돕는 이론은 각각의 철학적 기반과 심리적 접근에 뿌리를 두고 있어 서로 죽음을 다루는 방식에서 다른 관점과 강조점을 가지고 있다. 이들의 주요 개념과 차이점을 비교한 내용은 다음과 같다.

표 13-3 존엄사 관련 심리학 이론 비교

이론/대표학자	관점	핵심 개념
의미 이론 (Meaning-Making Theory) (Viktor Frankl)	의미 중심의 심리학자 Frankl은 사람들이 고통과 죽음의 경험을 어떻게 의미화하는지를 탐구한다. 인간은 상황에 관계없이 태도를 선택할 수 있는 자유가 있으며, 고통 속에서 삶의 의미를 찾으려는 노력은 존엄사에 대한 수용에 영향을 미칠 수 있다.	삶의 의미, 고통의 가치, 자유의지, 존재의 초월
자율성 이론 (Autonomy Theory) (John Stuart Mill)	Mill은 죽음을 공리주의적 관점에서 바라보며, 개인의 자유와 사회적 행복의 맥락에서 이해한다. 자율성 이론은 개인이 자신의 삶과 죽음을 선택할 권리가 있다는 개념에 기반한다. 특히 말기 환자들이 고통을 선택적으로 줄이기 위해 존엄사를 고려할 수 있다고 본다.	공리주의 개인의 자유 고통과 쾌락 사회적 책임
두려움 이론 (Fear of Death Theory) (Irwin D. Yalom)	Yalom은 인간이 죽음을 인식함으로써 삶의 의미를 찾고, 고립감을 느끼면서도 타인과의 관계를 깊게 할 수 있다고 본다. 이 이론은 사람들이 죽음에 대해 느끼는 두려움과 고통을 최소화하려는 욕구가 존엄사를 선택하는 데 영향을 미칠 수 있다고 주장한다.	죽음의 불가피성, 존재의 의미, 고립감, 관계의 중요성
회복적 정의 이론 (Restorative Justice Theory) (Howard Zehr)	Zehr은 범죄와 피해를 사회적 관계의 손상으로 보고, 사회적 관계 회복에 중점을 둔 회복적 정의 관점에서 죽음을 탐구한다. 죽음도 사회적 관계의 손상으로 보고, 존엄사는 환자가 고통을 최소화하며 서로의 감정을 회복할 수 있는 기회를 제공할 수 있는 존엄사와 관련하여 사회가 어떻게 반응하고 지원해야 하는지를 성찰하게 한다.	회복적 정의, 인간의 가치, 서사적 접근, 관계의 회복

비교 요약
- 죽음의 인식: Yalom과 Frankl은 죽음인식이 개인의 삶의 의미와 관계에서 어떻게 인식하느냐를 강조하고 반면에 Mill은 사회적 영향을 고려한 개인의 선택, Zehr은 공동체적 맥락에서 이해한다.
- 고통과 의미: Frankl은 고통을 통해 의미를 찾는 과정, Yalom은 고통을 포함한 죽음의 불가피성, Mill은 고통을 경감하는 방법으로 죽음을, Zehr은 고통과 연결된 사회적 관계의 회복을 강조한다.
- 자유와 선택: Mill과 Frankl은 개인의 자유와 선택, Mill은 사회적 책임, Frankl은 개인의 내적 태도 선택, Yalom은 개인적 관계와 자기 수용 중요하게 생각한다.
- 관계의 중요성: Yalom과 Zehr은 관계의 중요성을, Yalom은 개인의 고립감과 관계의 깊이를, Zehr은 공동체와의 관계 회복을 강조한다.

2) Kubler-Ross의 죽음의 진행과정

정신과 의사인 Kubler-Ross는 임상경험을 통해 죽음 앞에서 대부분의 사람은 부정, 분노, 타협, 우울, 수용이라는 5단계를 경험하다고 주장한다. 첫 단계는 죽음을 부정하고 저항하는 죽음을 받아들이기 어려운 시기이다. 아무리 부정해보아도 해결되는 것이 없어 계속 머물 수는 없는 단계이다. 두 번째는 스스로에게 절망하는 분노 단계이다. 다가오는 죽음에 대한 원인을 찾으면서 원망과 분노를 표출하는 시기이다. 세 번째는 타협단계이다. 죽음을 피할 수 없다는 것을 알지만 연장하고자 하는 미련과 애착으로 타협을 시도하는 단계이다. 자녀의 결혼식이나 졸업식까지만 살기를 기대하게 된다. 네 번째는 죽음에서 도피도 타협도 불가능하다는 것을 인식하고 깊은 좌절과 우울에 빠지는 우울단계이다. 깊은 좌절, 상실, 무기력과 함께 죽음에 대한 불안과 절망에 빠지게 된다. 다섯째는 겸허하게 수용하는 단계로 죽음의 불가피성을 인식하고 삶을 정리하고 죽음을 준비하게 된다. Kubler-Ross가 이해한 죽음의 5단계는 호스피스 돌봄으로 이어진다. 모든 사람이 5단계를 경험하지 않거나 다른 방식으로 죽음의 과정을 거치는 사람이 있을 수 있다.

죽음을 수용한 사람은 자신의 인생을 부정하거나 과장하지 않고 있는 그대로 의미있다고 평가하고 결과적으로 편안하게 죽음을 수용한다. 인생회고치료는 남은 시간 동안 의미 있게 살아갈 수 있도록 지원하고 마지막 순간을 존엄하게 맞이하도록 돕기 위해 고안되었다. 이 프로그램은 말기 환자나 노인, 죽음을 앞둔 사람들에게 적용되며, 개인이 자신의 삶을 돌아보며 의미를 재구성하고 수용하도록 돕는다. 과거의 중요한 사건, 성취, 어려움, 관계

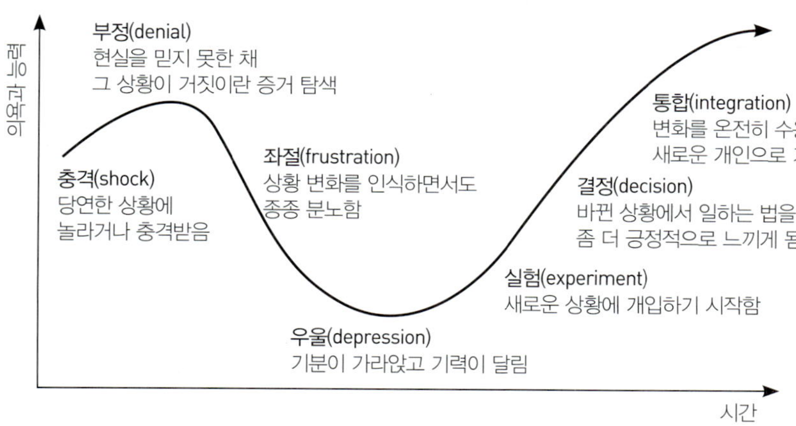

그림 13-2 Kubler–Ross 변화 곡선

등을 회상하며 이야기 나눔으로써 기억을 재구성하여 삶의 의미를 발견하고 삶의 경험을 긍정적으로 재해석하는 과정을 통해 자기 수용과 죽음에 대한 두려움 감소시킬 수 있다.

죽음을 받아들이는 과정은 매우 개인적이지만, 죽음에 대한 평온함과 내면의 평화 도모할 수 있는 명상이나 감정표현을 도와주는 예술치료, 영적 믿음을 통한 평화감 증진, 그리고 가족과의 정서적 강화 등의 다양한 심리사회적 중재 프로그램은 품위와 평화를 유지하면서 삶을 마지막을 효과적으로 돕는 역할을 할 수 있다.

5. 존엄사 법제화 동향

죽음의 선택은 기본적 인권으로 인식될 수 있지만, 존엄사에 대한 수용 여부는 문화적, 종교적 가치에 따라 달라지므로 존엄사는 사회적 허용의 문제로 보는 시각이 존재한다. 생명과 죽음에 대한 고유한 종교적 관점, 가족의 결정이 개인의 선택보다 우선시되는 문화권, 존엄사에 대한 법률의 유무, 죽음에 대한 사회적 인식과 낙인 등 이러한 문화적 차이는 존엄사에 대한 논의와 결정 과정에서 중요한 요소로 작용한다.

결국, 이 문제는 사회적 합의와 법적 제재를 반영하게 된다. 말기환자 또는 생명 종료에 대한 결정권은 각국의 법률에 따라 다르다. 일부 국가에서는 환자의 자율권을 인정하여 안락사 또는 존엄사 허용, 일부는 엄격히 금지하거나 제한적 허용하는 정책을 시행하고 있다. 특히, 존엄사를 세계 최초로 법적으로 허용한 네덜란드를 비롯해 벨기에, 룩셈부르크, 스위스, 캐나다, 콜롬비아, 뉴질랜드 등은 안락사를 허용하고 있으며, 이러한 법률적 허용은 1990년대 이후 빠르게 확산되었다. 캘리포니아, 오리건주 등에서는 '죽음에 대한 자기 결정권 법률'(Death with Dignity Act)은 1994년에 제정되어, 환자가 자기 결정권에 따라 합법적으로 안락사를 선택할 수 있도록 허용하였다.

스위스에선 '조력 사망'이 인정되어 죽음을 찾아 스위스로 떠나는 외국인들의 사례가 보고되고 있지만, 일반적으로 생명의 신성함을 내세워 존엄사를 허용하지 않는 국가가 훨씬 많다. 하지만, 존엄사를 허용하는 국가는 점진적으로 증가하는 추세이고, 이미 시행되고 있는 나라에서는 말기상황에서 회복가망이 없는 환자, 정신적 질병, 치매 포함, 그리고 미성년자까지 존엄사 대상이 확대되고 있다.

대한민국의 경우 환자의 생명에 대한 의사의 책임 논란에 불을 지핀 보라매병원 사건은 가족이 경제적 이유로 퇴원을 요청했고 의료진은 퇴원하면 사망할 수 있다고 판단하였으나 가족의 요청을 받아들였고, 환자 가족과 의료진 모두 살인죄로 기소되어 의료진의 생

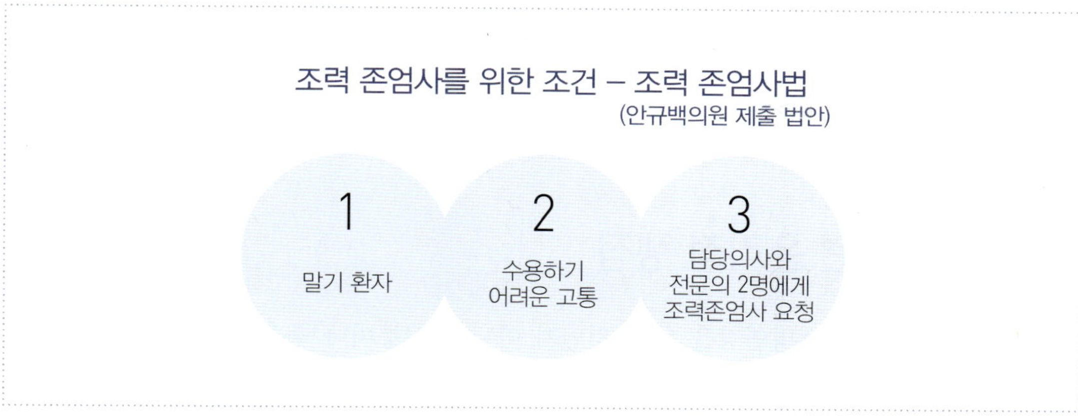

그림 13-3 조력 존엄사를 위한 조건–조력 존엄사법

명 유지 원칙이 천명되었다. 세브란스 김할머니 사건은 할머니의 생명유지장치 제거를 대법원에서 판명하였으나 장치제거 후 환자가 210일을 더 생존한 사건으로 행위의 정당성을 숙고하는 기회를 만들었다. 한국 사회에서는 환자가 연명의료 중단을 요청했으나, 의료진과 가족 간의 의견 차이로 인해 갈등이 발생하였던 2017년 목동이대병원 사건이 존엄사 논의를 촉발하는 계기가 되었다.

한국에서는 아직 '존엄사'라는 명칭으로 법률이 제정되어 있지 않으며, 대신 '연명의료결정제도'를 통해 말기 환자 또는 생명이 위태로운 환자가 치료 중단 또는 연명치료를 거부할 권리를 법제화되어 있다. 연명의료결정법 (2016년 2월 시행)은 병원에서 말기 환자 또는 생명이 위태로운 환자가 본인의 의사를 존중받아 치료 중단을 선택할 수 있도록 하는 제도이다. 환자 본인 또는 법정대리인의 사전 연명의료 결정서 또는 임종과정에 있는 환자의 유언에 따라 의료진이 생명연장을 위한 치료를 중단하는 것이 허용된다.

정부는 고령화와 함께 노인 돌봄, 연명치료 결정권 확대, 호스피스 · 완화의료를 지원하는 정책을 지속적으로 추진하고 있다. 특히, 생명 연장보다 삶의 질과 존엄성을 중요시하는 방향으로 인식이 변화하는 추세이며 '호스피스 · 완화의료 정책 강화'와 '생명과 존엄성 존중'을 강조하는 방향으로 정책개발을 하고 있다. 연명의료결정제도 도입 이후, 병원 내 윤리위원회와 환자권리 옹호단체들이 환자 자기결정권을 적극적으로 지원하는 역할을 하고 있으며, 관련 교육과 상담 서비스도 확대되는 추세이다.

2018년에는 연명의료결정법[1], 2019년에는 호스피스 · 연명의료 종합계획(2019～2023)을

1) 2018년부터 시행된 말기 환자의 연명치료 중단에 관한 법은 환자의 자율적 판단을 존중하면서도 그 판단 내용이 명료하지 않을 경우 간접적인 방법으로 환자에게 유익한 의사를 추정하도록 규정한다.

발표해 시행 중이며, 2022년 존엄사 법안 제출, 2024년 조력존엄사법(안)이 재발의되면서 사회적 토론과 공론화 과정이 다시 중요해지고 있다. 아래 그림은 2023년 재발의된 조력 존엄사를 위한 조건을 제시한 것이다.

6. 존엄사 관련 윤리적 쟁점

의료기술의 발전이 생명연장을 위한 것인가 아니면 고통이나 죽음과정의 연장인가? 의사의 소명이 생명을 살리는 것인가? 아니면 환자가 원하는 죽음을 돕는 것인가? 죽음의 과정에서 자기결정권을 유지하고 존엄성을 지키는 것은 어떻게 가능한가? 안락사 · 존엄사는 국민 모두의 삶에 영향을 미칠 수 있는 의학, 법, 윤리, 철학 등이 얽힌 주제다. 한국의 존엄사 논쟁은 다양한 사회적, 윤리적, 법적 측면에서 활발히 진행되고 있다.

균형 있는 사회적 토론과 공감대 형성을 위해 존엄사 관련한 윤리적 쟁점들을 크게 인간의 자율성, 생명보호와 관련된 의료진의 역할, 사회경제적 자원의 영향 세 개의 범주로 나누어 정리해 보려 한다.

첫째, 인간은 자신의 죽음을 선택할 권리가 있는가? 먼저 존엄사는 자기결정권 존중이라는 기본권 관점에서 볼 수 있다. 인간의 자율성은 삶을 지속하는 행동뿐만이 아니라 삶의 마지막 순간 고통을 경감하고 스스로의 선택으로 삶을 마감할 수 있는 권리가 보편적 가치로 인정되어야 한다. 특히 극심한 정신적 · 신체적 고통을 겪고 있는 환자들에게 존엄사는 삶의 질을 향상시키는 방법으로 고통을 줄이는 유일한 방안으로 인식될 수 있다. 따라서 존엄사를 찬성하는 입장에서는 고통이 극심하고 의학적으로 희망이 없을 때 죽음만이 환자의 고통을 종식시키는 데 도움이 될 뿐만 아니라 중증 환자와 가족에게 불안감을 줄이고, 심리적 안정감을 제공할 수 있다고 본다. 그러나 반대하는 입장에서는 인간은 삶의 마지막까지 주어진 고통을 감내해야 하는 하며 살인이 도덕적 금기인 것처럼 자신의 생명을 종식하는 행위도 비윤리적이라고 본다. 또한 존엄사는 통증없는 죽음으로 인식되고 환자의 자기결정권이 핵심임에도 불구하고, 환자가 선택할 수 없는 마지막 단계에 이르면 보호자쪽으로 결정권이 넘어가고, 환자의 치료 경과나 예후에 대해서도 당사자보다는 보호자 중심으로 이야기가 이뤄지는 것이 현실이다. 통상적인 가족은 주어진 상황 속에서 환자의 가치관과 그들이 원하는 것을 잘 알고 있기 때문에 환자를 대변할 수 있지만 모든 가족의 판단이 온전히 환자의 권리가 보장될 수는 없는 결정이라는 점도 감안해야 한다.

둘째, 의사가 존엄사에 개입하는 것이 윤리적으로 정당한가? 의사의 역할과 직업적 의무와 관련하여 '생명존중' 내지 '생명보호'의 의미를 재평가할 필요가 있다. 의료진의 전문성은 복잡한 윤리적, 법적 문제에서 존엄사가 환자에게 가장 적합한 선택인가를 결정하는 데 중요한 역할을 할 수 있다. 환자의 상태와 질병의 평가하고 적절한 치료나 대안에 관한 전문 지식은 의료진만이 가지고 있고 환자의 상태와 가능성을 기반으로 윤리적 기준에 따라 판단할 수 있다. 의료인은 지금까지 생명을 구하는 것을 사명으로 알고 그런 역할을 수행해왔다. 그러나 존엄사를 선택한 사람을 돕는 역할을 수행할 경우 의료진은 생명보호에 반하는 역할에 대한 부담뿐 아니라 형사적 책임까지 제기될 수 있다. 1997년 보라매병원 사건의 예를 보면 가족의 요구로 의식 없는 환자의 인공호흡기를 제거했던 의사가 살인방조죄로 처벌을 받았다. 이 사건 이후 병원들은 소생 가능성 없는 환자의 퇴원을 거부하게 되었다. 존엄사를 찬성하는 입장에서는 존엄사가 합법화된다면 의사는 처벌 위험 없이 합법적인 의료행위의 일환으로 환자의 고통 제거를 도울 수 있고, 극단의 고통을 호소하는 환자를 돕는 행위가 생명주권을 해하는 것이 아니라는 입장이다. 반면에 의사조력자살 반대론에서 초점이 되는 것은 의사조력자살의 악용 및 남용에 대한 염려이다. 이는 기대수명의 증가와 이에 따른 의료비의 급격한 증가로 인해 존엄사 선택이 진정한 자기결정이라기보다는 경제적 부담이나 가족 등에 대한 죄책감과 같은 외적 상황에 따른 압력으로 인한 어쩔 수 없는 선택일 수 있다는 점을 지적한다. 즉, 존엄사는 자기결정으로 왜곡되어 제도의 악용 및 남용가능성이 존재한다는 것이다.

셋째, 경제적 자원과 사회적 여건이 존엄사 선택에 미치는 영향은 무엇인가? 사회적 압박이 존재하는 상황에서 과연 온전한 개인의 자기결정이 가능한가는 의문이다. 존엄사에 대한 사회적 대화가 촉진되면, 죽음과 관련된 사회적 인식이 변화하고, 삶과 죽음에 대한 보다 성찰적인 대화가 가능해진다는 점은 의심할 여지가 없다. 그러나 경제적, 사회적 여건에 따라 존엄사를 선택할 수 있는 기회가 달라질 수 있으며, 이는 사회적 불평등을 더욱 심화시킬 수 있다는 우려도 존재한다. 즉 존엄사 합법화가 인도적인 차원에서 시작했다 하더라도 일단 합법화되면 결과적으로 악용될 가능성이 존재한다. 존엄사 제도가 잘못 활용될 경우, 죽음이 자유로운 선택이 아니라 냉혹한 사회 현실에 내몰린 결과로 사회적 압력이 작용할 수 있다. 존엄사 합법화는 자살이나 환자의 죽음을 이용하려는 기획살인으로 오 · 남용될 수 있다. 특히 장애인 등 사회적 약자들은 경제적 이유나 장애가 있는 사람 고령자들에게 개인적 선택이 아니라 사회적 압력결과로 작용할 수 있다. 선택이 강요될 수도 있다.

존엄사의 법제화는 생명이 연장되기 어려운 상황에서 비효율적인 치료를 줄이고, 의료 자원을 보다 효율적으로 활용할 수 있지만 결과적으로 생명 경시 행위를 차단하기 어렵다고 볼 수 있어 복잡하고 민감한 문제이다.

7. 존엄한 마무리를 준비하는 사회로

초고령화사회에 진입한 우리사회는 '어떻게 살 것인가'뿐만 아니라 '어떻게 죽을 것인가'에 대한 논의를 활성화하여 존엄한 마무리를 준비하는 사회로 나아가야 한다. 우리는 모두 태어나면 죽는다는 것을 알지만 나와 관련이 있다고 생각하지는 않는다. 오히려 Kubler-Ross가 희망이라는 이름으로 죽음을 받아들이려 하지 않는다고 말했던 것처럼 우리는 죽음이 사실로 명백해질수록 외면하려 한다. 그러나 존엄사 관련 논의는 시민 간의 소통 차원에서도 활발해져야 하고 그러한 소통의 기반 위에서 공론이 형성될 필요가 있다. 실제 사례로 영국의 "죽음 카페(Death Café)"와 "죽음 주간(Death Week)"[2]은 사람들이 죽음을 자연스럽게 이야기할 수 있는 공간을 제공하는 프로그램이다. 죽음이라는 주제를 통해 삶을 더 깊이 이해하고, 서로의 경험을 나누는 중요한 장을 제공하는 역할을 하고 있어 우리사회에도 시도해 볼 만하다.

20세기 후반부터 의료기술의 발전으로 말기 환자의 고통을 덜어줄 수 있는 다양한 방법이 등장했으며, 이에 따라 존엄사를 지지하는 움직임이 확산되고 있다. 종교적 단체는 생명권을 존중해야 한다는 입장으로 강하게 반대하는 반면, 인권단체와 윤리학자들은 개인의 선택권과 삶의 질을 우선시하는 입장을 내세워 논쟁이 계속되고 있습니다. 그러나 여전히 법적 · 윤리적 논쟁이 지속되고 있으며, 특히 환자의 자기 결정권과 의료진의 책임 간의 균형을 찾는 것이 주요 쟁점이다. 과거에는 생명을 연장하는 것에 초점이 맞춰졌으나, 최근에는 삶의 질과 존엄성을 존중하는 방향으로 변화되고 있다. 병원 내 윤리위원회와 의료지침이 발전하며, 개인의 선택권이 점차 확대되는 추세이지만, 아직도 많은 나라에서는 마지막 순간의 선택권 허용이나 제한에 대한 논란이 계속되고 있다.

초고령사회에서 존엄사 법제화는 여러 긍정적인 영향을 미칠 수 있지만, 그에 따른 윤리적, 사회적 부작용도 함께 논의되어야 한다. 특히 독거노인의 경우 스스로 정해놓은 죽

2) 편안한 분위기에서 죽음에 대한 생각과 경험을 나누는 비공식적인 모임인 죽음카페와 죽음을 주제로 한 다양한 행사와 활동이 진행되는 일주일로, 사람들에게 죽음을 자연스럽게 이야기하도록 장려하는 죽음에 대한 대화를 촉진하는 죽음주간.

음의 방식이 있더라도 이를 실현하기는 매우 어려운 현실이다. 존엄사 결정 과정에서 환자 본인의 의사가 최우선시 되어야 한다. 개인의 삶과 죽음에 대한 선택권은 기본적인 인권이므로. 환자가 자신의 치료 및 존엄사에 대한 자기결정권이 인정되어야 하지만 가족과 의료진의 의견도 고려하는 균형 잡힌 접근 역시 매우 중요하다. 이를 위해 사전의사명세서나 환자와의 대화가 필요할 수 있다. 물론 사회적 논의과정에서 존엄한 죽음을 뒷받침할 시설과 제도, 즉 의료비 지원과 간병지원 체계마련, 호스피스 완화의료 확충 등 실질적인 제도적 확충을 위한 노력은 필수적이다.

찾아보기

한글

저자소개

윤혜영

고려대학교 심리학과 졸업
고려대학교 심리학과 박사
한국임상심리학회 학술이사 역임
한국인지행동치료학회 편집위원장 역임
현) 계명대학교 심리학과 부교수
저역서) 정서중심인지치료, 타임큐어 등

유 민

연세대학교 생물학과 졸업
Kent State U. 생의학박사
대한의생명과학회 회장 역임
현) 계명대학교 생명과학과 명예교수
저서) 유전학, 결혼 - 암이라고요 외 다수

장승옥

연세대학교 사회학과 졸업
U.C. Berkeley 사회복지학 박사
대구도박문제예방치유센터 운영위원장 역임
현) 계명대학교 사회복지학과 명예교수
저서) 알코올문제와 사회복지실천, 사회복지학개론: 원리와 실제 공저 외 다수
저서) 사회복지학개론: 원리와 실제, 알코올 문제와 사회복지실천 공저 외 다수

저자와의 협의로 인지생략

인간심리의 이해

발 행 일 2025년 6월 20일 1쇄 인쇄
2025년 6월 30일 1쇄 발행
저 자 윤혜영 • 유민 • 장승옥
발 행 인 김재민
발 행 처 정문각JMK
서울특별시 마포구 백범로 104, 봉화빌딩 4층
출판등록 2011년 1월 19일 제2011–000035호
전 화 02)713-0421~3
팩 스 02)704-6265
전자우편 jmk@jmkp.co.kr
홈페이지 www.jmkp.co.kr

JUNGMUNKAG JMK, 2025, Printed in Seoul, Korea

정 가 **28,000원**

ISBN 979-11-6260-440-3 93510